ミネルヴァ日本評伝選

西田幾多郎

本当の日本はこれからと存じます

大橋良介著

ミネルヴァ書房

刊行の趣意

「学問は歴史に極まり候ことに候」とは、先哲荻生徂徠のことばである。

歴史のなかにこそ人間の智恵は宿されている。人間の愚かさもそこにはあらわだ。この歴史を探り、歴史に学んでこそ、人間はようやくみずからの正体を知り、いくらかは賢くなることができる。新しい勇気を得て未来に向かうことができる。徂徠はそう言いたかったのだろう。

「ミネルヴァ日本評伝選」は、私たちの直接の先人について、この人間知を学びなおそうという試みである。日本列島の過去に生きた人々の言行を、深く、くわしく探って、そこに現代への批判を聴きとろうとする試みである。日本人ばかりではない。列島の歴史にかかわった多くの異国の人々の声にも耳を傾けよう。

先人たちの書き残した文章をそのひだにまで立ち入って読み、彼らの旅した跡をたどりなおし、彼らのなしとげた事業を広い文脈のなかで注意深く観察しなおす――そのとき、はじめて先人たちはいまの私たちのかたわらによみがえってくる。彼らのなまの声で歴史の智恵を、また人間であることのよろこびと苦しみを、私たちに伝えてくれもするだろう。

この「評伝選」のつらなりのなかから、列島の歴史はおのずからその複雑さと奥ゆきの深さをもって浮かび上がってくるはずだ。これを読むとき、私たちのなかに新たな自信と勇気が湧いてきて、その矜持と勇気をもって「グローバリゼーション」の世紀に立ち向かってゆくことができる――そのような「ミネルヴァ日本評伝選」にしたいと、私たちは願っている。

平成十五年（二〇〇三）九月

上横手雅敬
芳賀　徹

西田幾多郎と琴夫人
（燈影舎提供）

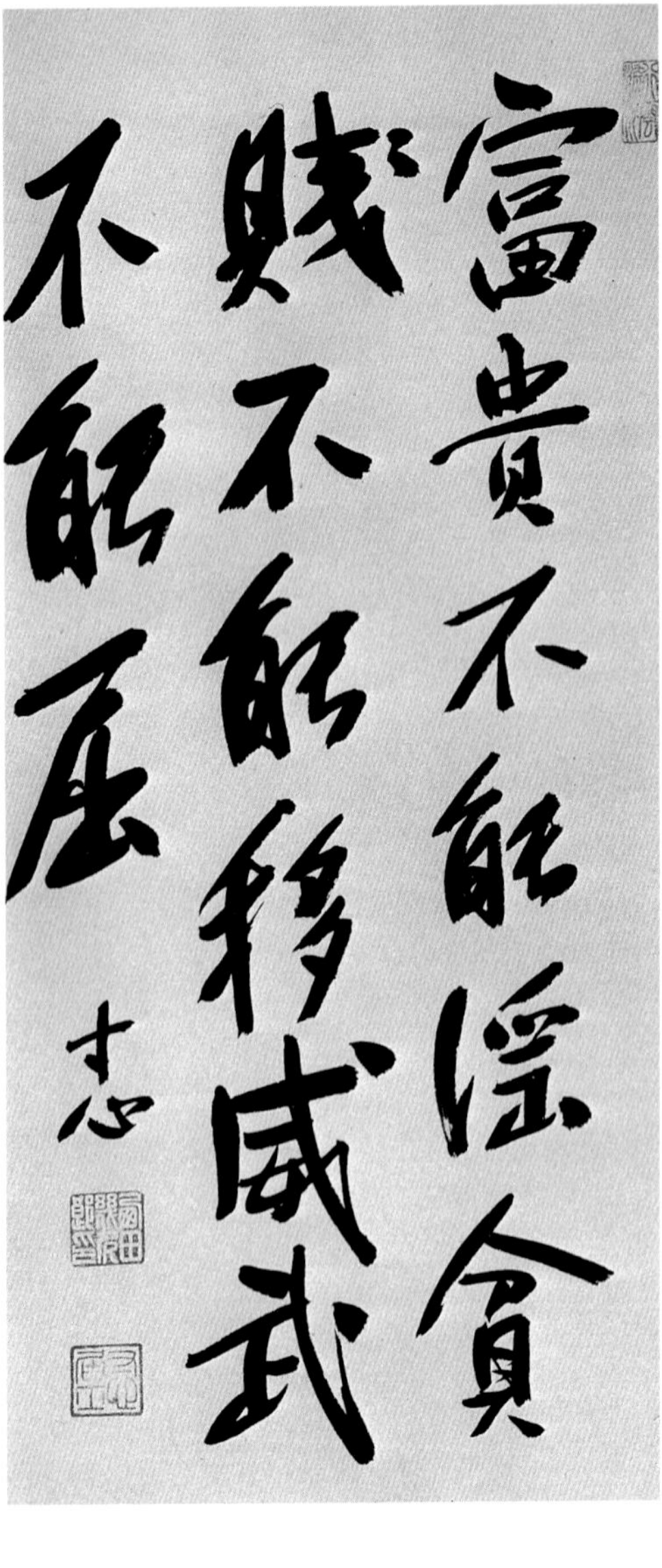

富貴も淫する能わず、貧賤も移す能わず、威武も屈する能わず　寸心
（『西田幾多郎遺墨集』燈影舎、より）

はじめに

西田幾多郎の「伝記」は、これまですでにかなりの点数が出ており、それらはいずれもそれぞれの特色をもっている。

際だったものを、何点か挙げておくなら、まず直弟子たちが記した一群の文献がある。なかでも、西谷啓治「西田先生の人格と思想」「西田哲学」〔『西谷啓治著作集』第九巻、創文社、一九八七年、に所収〕と、下村寅太郎『西田幾多郎　人と思想』〔一九七七年、『下村寅太郎著作集』第一二巻、みすず書房、一九九〇年、に所収〕、の二点は、西田に直接に師事し、かつ自らもすぐれた思想家だった者たちが西田の人と思想を記したものとして、貴重である。

次に親族が記したもののなかでは、西田静子・上田弥生『わが父西田幾多郎』〔弘文堂書店、一九四八年〕と、上田久『祖父西田幾多郎』〔南窓社、一九七八年〕、同『続　祖父西田幾多郎』〔南窓社、一九八三年〕、の三点を挙げておきたい。これらは、親族であるがゆえに見えてくる西田の像を記したものとして、やはり貴重である。

第三に、研究者による伝記も多くある。いちいち挙げていくときりがないから、特に私の印象に残っているものという、はなはだ主観的な基準で、比較的最近の数点を挙げておきたい。まず竹田篤司『西田幾多郎』〔中央公論社、一九七九年〕は、竹田氏のすぐれた歴史感覚がよく生かされた好著だと、私は思う。詳細な史料収集という点では、遊佐《ゆさ》道子『伝記　西田幾多郎』〔『西田哲学選集』別巻一、燈影舎、一九九八年〕が、なんといっても際立っている。西田の伝記的史料を長年にわたって丹念に網羅的に収拾したもので、史料調査の宿命として修正されるべき個所も散見されるが、とにかく、よくこまで調べたものだと感嘆するほかない。最近のものでは、小林敏明『西田幾多郎の憂鬱』〔岩波書店、二〇〇三年、岩波現代文庫版、二〇一一年〕がある。丹念な史料渉猟と批判精神に裏付けられた、精神分析論的な力作である。

「直弟子」でも「親族」でも「研究者」でもないが、西田に最も「近い」人の著という意味で、上田閑照の『西田幾多郎——人間の生涯ということ』〔岩波書店、一九九五年〕をも、挙げておかねばならない。「生涯」という語をキーワードとして西田の人生を随想する、味わいのある書である。

なお書肆心水社から出ている『西田幾多郎著　西田幾多郎の声——手紙と日記が語るその人生』〔前篇・後篇、二〇一一年〕は、副題だけを取れば、本書とおなじ狙いをもっている。「書簡」と「日記」のめぼしい個所を読みたいという読者には、便利なアンソロジーである。惜しむらくは、本書で重視した、西田の弱冠一七歳から始まる初期の書簡、約五十通が、まったく採録されていない。採録されているのは、西田の二五歳以降の書簡である。

もし本書がなおも、屋上屋を架するにとどまらない意味をもち得るとすれば、それはひとえに、西田の「書簡」と「日記」を軸に、そして「短歌」を副軸にして、西田自身にその内面史を語らせてみた、という点にあるであろう。ある人物の伝記は、単に外面的な出来事を列挙するだけでなく、その人の「内面史」をも伝えるものでなければならない。それも、外部から主観的に投げ入れた解釈としてではなく、その人みずからが語りだす内面史である。それが可能となる条件は、内面史を記録した史料が存在する、ということである。西田の場合、その内面史の記録は何よりも「書簡」において、そして次に「日記」と「短歌」において、見出される。

この三つの史料を本書が特に重視する理由を、さらに詳細に述べておきたい。思想家の内面の発展史という意味では、当然ながら西田が渾身の力を投入して書きつづけた「論文」が、いちばん基本的な史料である。ただし、それはどこまでも「思想」のレベルにおいてであって、「伝記」というレベルではない。次に、西田が残した「書」がある。「書」は西田の「手」を直接に感じさせ、作品としても第一級の質をもっている。しかしこれらは「芸術的創作」のレベルであって、やはり「伝記」の史料という意味は少ない。そこで「書簡」と「日記」と「短歌」が浮上するのであるが、この三つはおのおの史料性格を大きく異にしている。

まず「短歌」は、芸術的創作の領域ではあるが、西田の場合は身辺に生じた出来事の表現でもある。そして何よりも、素っ気ない記述の「日記」と抑制された表現の「書簡」の底流をなす、西田の深い情意が、不意に地表に噴出するかのような観を与える。折々の成立事情を知った上でこれらの短歌を見ていくなら、そこには、日記にも書簡にも表現され得ない西田の表現世界が見えてくる。

次に「日記」は、明治三〇年（一八九七）、すなわち西田の二七歳（ただし戸籍の年齢では三〇歳）のときから始まり、昭和二〇年（一九四五）六月一日の記事が最後である。実に四八年間に及んでいる。これだけ長期にわたる日記が、もし保存されていなかったとしたら、「伝記」の史料状況は決定的に貧しくなっただろう。日記の記事の大部分は、その日の出来事を一、二行で書き記した素っ気ない文体で、かつ人名や事由名が説明なしに出てくるので、しばしば後世の読者には取りつく島がなくなる。しかしよく注意して読めば、伝記作成のための宝の山となるような史料でもある。西田の「日記」を収録した西田の新版『西田幾多郎全集』第一七巻と第一八巻のうち、第一七巻の「後記」に、編者・竹田篤司によるすぐれた解説があるから、まずは氏の解説に拠りつつ「日記」の史料価値を確認することにしよう。氏は、次のことを指摘している。

西田の「日記」はすべて、当時売り出されたばかりの「博文館日記」という、小型日記版に記された。その版型の制約もあって、西田の日記は簡潔である。次に、従来の西田像が「只管打坐」とか「己事究明」とかの禅宗語に収斂させる単一主義だったのに対し、竹田は、西田の「日記」に「無数のディテール」ないし「多彩」が記されることを、指摘する。テニス、フットボール、ボート、弓、将棋、トランプ、等々がそれであり、また西田の「多相的・瑣事的生活様相」がある。そこで竹田は、こう記す。「そのような〈瑣事〉が、西田の〈哲学〉の理解にとってなんぼのものかと問われれば、黙して引き下がるほかはない。だが、同時に私は、次のように呟き続けることもまた已《や》めないだろう。〈神は細部に宿りたまう〉と」。

以上に引用したごとく、私は竹田篤司の見識に大なる敬意を払うものであるが、ただ一点だけ、少し異論を兼ねて注釈しておきたいことがある。それは、西田が日記執筆の第一年だけドイツ語で記したことに関してである。竹田は、「奇とするのは、〈日記〉中のドイツ語および英仏語の、あまりに幼稚であることだ」と、記している。「初歩文法〈しかも初歩中のそのまた初歩〉の誤りの頻出である」と酷評している。そして「正面からこれを取り上げたのは、小林敏明ひとりである」とも書いている。小林敏明もまた、前注に挙げた著書のなかで、西田のドイツ語日記を「ほとんどは日本語をそのまま横にしたドイツ語」と評しているからである。

しかし正直に言って、私はこれらの批評はすこし一面的ではないかと思う。西田の語学力の全体に言及しないと、象の腹をなでて象の形となす結果になりかねない。たしかに西田の「日記」のドイツ語は、こなれてはいない。しかしそれほど酷いとも、私は思わない。むしろ文法的には、結構きちんとした骨格をもつドイツ語だと思っている。「と思っている」では主観的だから、具体的に言うなら、西田の間違いの個所は、竹田の言う「初歩中のそのまた初歩」の部分にあるのではなくて、たいていは、ちょっとした「言い回し」や前置詞の使い方にある。これらは適切な言語環境さえ整えば、すぐに改善できるものばかりである。もちろんこのことは逆に言えば、「ほとんどは日本語をそのまま横にした和製ドイツ語」という小林の評に結びつくかもしれない。しかし私はその点についても、すこし保留をしたい。

周囲を見回しても、また自分自身を振り返っても、和製ドイツ語の域を出るドイツ語を書ける日本人は、実は現在でも寥々《りょうりょう》たるものである。上記の批評者たちは人も知るドイツ語の達人たちだから例外であろうが、一般には独文学関係者も含めて、五十歩百歩である。私自身も論文や講演の原稿作成の際は、必ずネイティブ・チェックを受けなければならない。自らの鈍才を一般基準のごとくに持ち出すのは厚顔だろうから、少し付け加えるなら、私も欧米言語での発表論文なら分量だけは五〇点を超え、欧米言語での講演も、回数だけは一二〇回ほどになるから、そう初歩ではない。しかし原稿作成に際しては、依然として和製ドイツ語（および英語）の域を脱し得ない。ネイティブ・チェックを受けると、ずいぶん訂正される。これも私の非才のゆえといえばそれまでだが、周囲を見てそれほど自分が例外でもないところを見ると、やはり母国語と大学生になってから習った外国語との差という、本質的な問題を感じざるを得ない。

このことを念頭において改めて西田の語学力を垣間見ると、おそらく喋ったり聞き取ったりという点では時代的制約からして「初歩的」だっただろうと思うし、「日記」の時代もまだ初歩的かもしれないが、後にフッサールやリッケルトに宛てた書簡などは、実に格調のあるドイツ語である。それらはドイツ人のチェックを受けていたかもしれないが、基本的な部分は、やはり西田自身のものと見なければならない。諸文献に見る限りでの当時の他の学者たちのドイツ語の書簡文は、西田のそれに比して、軽い。

また、他人の力を借りることのできない「読解力」に関しては、西田の実力には驚嘆すべきものがある。西田はドイツ語文献のみならず、英語の文学作品やエッセイ、フランス語の哲学・科学論文などを、「手当たり次第」といった感じで読んでいる。参考までに、西田がフランス語文献をどれくらい読んでいたかを窺わせる書簡を、番号で挙げておこう。比較的頻繁に出てくる年という意味で昭和一三年だけに限っても、この一年だけで、2513, 2519, 2625, 2653, 2662, 2668, 2692, 2701, 2705, 2711, 2727, 2858（『西田幾多郎全集』新版の番号による）等々がある。諸文献のタイトルを拾っただけ、というのでない。ちゃんと中身にも言及している。英文学も、ずいぶん読んでいる。そういった英独仏三言語にわたる読解力の全容は、初期の西田の語学力を評する場合にも勘案しておかないと、批評がブーメランになりかねない。

なお蛇足ながら、西田自身も「和製ドイツ語」にならぬようにという意識を、明確に持っていた。当時の語学教育は、日本語で書いてそれを外国語に訳すという傾向にあり、それが「日本語風ノ外国語トナルノ弊」を生ずることを、西田は早い時期に指摘している［四一、山本良吉宛、明三二・一一・二〇］。そういった意識のゆえに、西田は最初からドイツ語で書くという試みをしたのである。

竹田の「日記」解説とならんで、もうひとつ、西谷啓治の編になる『寸心日記』に下村寅太郎が記した序文をも、引用しておこう。

「厳しい参禅求道と烈しい学問的思索との相剋する悪戦苦闘の時代であった。家庭生活の内外も多難であった。十年にわたる不退転の精進の裡から後の〈西田哲学〉の基盤となる処女作『善の研究』が生まれたのである。『寸心日記』はこの根本思想の成立過程の背景を示す鮮烈な人間記録である。読者は単なる思想形成の背景だけでなく、その深部にひそむ先生のデモーニッシュなものの露出、躍動に深い感銘を受けるであろう」〔『寸心日記』（『燈影撰書二』、一九八五年）、二頁〕。

西田の日記三〇冊は、全集に収録される前に、まずその一部が西谷啓治によって書き起こされ、『寸心日記』として、弘文堂（アテネ文庫）から出た。これは明治三〇年（一八九七）一月から明治四三年（一九一〇）八月に到るまでの一三冊分、つまり西田が四高で最初に教職についた明治三〇年から、山口高校時代、再度の四高時代、学習院時代、京都帝国大学文科大学に招かれるまでの時期の、日記の抄録である。本書の第一章「黒板を前にして」で扱った時期は、この『寸心日記』に採録された範囲と一致する。この『寸心日記』は、昭和六〇年（一九八五）に燈影舎から復刻版も出ている。

ちなみに下村は、この『寸心日記』への序文の最後に、「他日、日記に出ている人々についての解説がなされることを期待したい」と記した。この語を承《う》けてであろう、下村の弟子でもある竹田篤司は、新版の西田全集における「新しい試み」として、「日記」および「書簡」の巻末に、「人名解説と索引」「関係事項解説」を付すことを企てた。竹田は「日記」の最初の巻（新版の第一七巻）が出たあと急逝したから、この仕事は新版の別の編者・藤田正勝によって、続行された。ネット検索が容易になった今日とはいえ、かくして出来上がった「人名解説と索引」は、下村が「他日」なされることを期待した仕事に該当する内容を、もっている。

四八年間にわたって淡々と記された日記は、最後になって異様な様相を帯びてくる。ほぼ同じペースで走り続けている車に喩えるなら、走路の最終コースに入って、車の後部から黒煙が出始める。時代は、国家全体が戦争へと突入しはじめる局面となり、その記述が混じり始めるからである。暗雲が世の中を覆い、やがて嵐の場面になり、空襲が九州から始まって東京へ、そして関西の大都市へと広がる。この空襲の記述が、猛煙に包まれた車のようにも見える。軍部・当局へのはげしい批判が、日記の各所に記される。そして車は燃え尽きた。終戦二カ月前の昭和二〇年（一九四五）六月七日に、西田は絶命した。

「短歌」と「日記」の他に、第三の史料である「書簡」は、史料性格においてさらに独自のものがある。まず開始の時期が「日記」と大きくちがう。「日記」は上に述べたように明治三〇年（一八九七）から始まるが、「書簡」はそれよりさらに十年も前にさかのぼる、明治二〇／二一年（一八八七／八）からである。西田はまだ一七／一八歳である。西田は第四高等中学校の生徒だった。後年に西田はこの時代を、「最も愉快な時期」だったと、何度も語っている。この時期の書簡は、「西田の青春」を生き生きと彷彿させる場でもある。ほぼ六十年にわたるこれらの書簡群が存在しなかったら、西田の「伝記」は、「日記」以上に重要な部分が欠けることになっただろう。

西田の「日記」の大部分は、これも繰り返しになるが、一行から数行の短文がほとんどで、感想もほとんど記されることがない。それに対して「書簡」は、しばしば折々の用件ないし出来事についての、きわめて長文の懇々たる心情の吐露となる。それは、「書簡」には、かならず書簡の宛先となる「他者」がいる、ということである。もちろん「日記」にもいろいろの他者が言及されるが、それは西田の記述を読む他者ではない。それに対して「書簡」には、何よりもこれを受け取って読む他者がいる。

これら他者たちの存在は、「書簡」の背景でもあると同時に、書簡の触発契機でもあり、西田をめぐる社会的関係の標識でもある。大きな思想家の書簡集がしばしばそうであるように、西田の書簡も歴史世界のドキュメントという意味を伴っており、読みようによっては、それは日本近代史のプロフィルにもなる。

以上のような「書簡」の史料性格は、裏を返せば、記述の背後に籠められた意味の掘り起こし作業が「日記」にくらべて格段に広がる、ということでもある。発信者である西田と受信者である受取人とのあいだだけで了解されている関係が、「書簡」では前提されており、それは後世のわれわれにはすぐには見えないからである。われわれは、「書簡」に籠められた意味を知らぬまに読みすごしてしまう。それだけに、書簡の意味の掘り起こし作業は、時として意外な事実の発見にもつながる。その意外な事実の諸例は、本書でつぎつぎに浮上するであろう。事実、私自身が知らなかった西田像が次々に立ち現れてきて、何度も驚いた。

このことと関連して付け加えるなら、読者は本章の構成が、一般に流布している西田の人生イメージとずいぶん違った全体像を提示していることに、すぐ気づくであろう。これまで西田の人生は、よく知られた西田自身の次の語によってイメージされてきた。

「回顧すれば、私の生涯は極めて簡単なものであった。その前半は黒板を前にして坐した、その後半は黒板を後にして立った。黒板に向って一回転をなしたといえば、それで私の伝記は尽きるのである」。

西田の人生を語るときは判で押したように引用される語であるが、しかし実際は、黒板に向かっての一回転だけでは西田の人生は終わらなかった。西田の言う一回転は、西田が京都帝国大学を「退官」した際のある会合で語った語であるが、このあと、西田の人生はさらに一七年間つづく。本書では、それは第三章と第四章（「黒板を去って（上）」および「黒板を去って（下）」）となる。そしてこの一七年間こそが、西田の人生および時代の、最も激動の時期となるのである。これに比べるなら、ほぼ同じ長さの一八年間つづいた「黒板を後にして」の時期は、西田の人生および時代としては、比較的おだやかな時期だったのである。

西田はある書簡で、「哲学者の伝記などは外面的事実に乏しく［、］専門家以外の人の興味を引くや否や疑わしく候」（一八八四、明四三・三・一九）と記した。本書も、「専門家以外の人の興味を引くや否や疑わしい」が、そして私は自信をもち得ないでいるが、ただ、西田の最後の一七年間の人生と時代が、他のどの哲学者の人生にくらべても「外面的事実」に富んでいることだけは、まちがいないと断言できる。

〔付記〕

「西田史料」は、京都大学文学研究科図書館、石川県西田幾多郎記念哲学館、石川近代文学館、学習院大学資料館、等に散在している。最近、ネット検索が可能な「京都学派アーカイブ」(http://kyoto-gakuha.info/)が出来て、そこで西田史料も簡単に検索やダウンロードができるようになった。ただし、現在のところは西田の論文類に限られ、本書で最重要視した日記と書簡類は、まだ収録されていない。そしてウインドウズに限定されて、まだマックでは使えない。いつかこの限定が外され、日記や書簡も収録されたなら、本書においてもダウンロードしたいものが無いでもないが、基本的には現在の『西田幾多郎全集』に収録のもので、本書としては十分とみなしてよいとも、考えている。

西田幾多郎——本当の日本はこれからと存じます

目次

目　次

図版写真一覧

＊口絵2頁解説
文章の出典は『孟子』「滕文公」下。文中の「淫」は、過剰放恣にのめり込む、といった意。「移」は、心が動じるといった意味。書体から推定するに、西田の三十代の作であろう。本書第一章の第一節「小生には尚《なお》一片の脊梁骨《せきりょうこつ》あり」で取り上げた西田の人生段階の作である。

凡例

西田の原文は、論文と日記と書簡とでは、それぞれに非常に異なった、しかしやはり共通する、独特の文体をもっている。そしていずれも、現代の読者には読みやすい文体とは言えない。そこで、できるだけこの文体を保存しつつ、しかし現代の読者にも読めるようにと、以下のような工夫を加えた。

- 仮名づかいはすべて現代仮名づかいに直した。ただし短歌の場合だけ、原文のままとした。
- 論文では濁音は使われるが、書簡では、濁音が清音で表記される場合が多い。これも現代文に準じて濁音に替えた（「候えは《ママ》」→「候えば」、「厭はす」→「厭わず」、など）。
- カタカナ文は、平仮名になおさず、そのままにした。少し改まった姿勢で書く、という趣きを残したかったからである。
- 現代では読みづらくなった漢字表現は、煩を厭わずルビの振り仮名を添えた。たとえば「之」は、「これ」と読ませる場合と「の」と読ませる場合があるが、すぐに判別できるようにルビを添えた。
- 原文の一字空けの部分は、角括弧つきの読点に替えた（例・「山本君急死［、］実に私も五十年来無二の親友を…」）。また現代文なら読点が必須と思われる個所も、同じ仕方で角括弧にくくって句点を補った。
- 原文にはしばしば漢文だけの表記あるいは欧文だけの表記が出てくる。必要と思われる場合は、これらには角括弧［ ］を追加して、和訳を挿入した。
- 明らかに書き違え、ないし書き落としと思われる個所も、角括弧［ ］を追加して、必要な文字を補った。
- 原語だけではやや意味不明の単語や人名、そして一般には「注」として別記すべき記述も、本書の表記方式にしたがって、角括弧［　］のなかに補った。

―『西田幾多郎全集』は、同一出版社（岩波書店）から同一の名称のもとで二種類の版が、刊行されている。そこで、最近の慣例にならって従来の全一九巻の全集を「旧版」（これまでに四版を重ねている）、全二四巻の全集を「新版」と、表記した。そして引用に際しては、ゴシック体で「旧」ないし「新」と表記して、巻数とページ数を（たとえば「旧」四・一八〇、「新」三・三九三、という風に）記した。

―年代表記は、原則において日本暦を用いつつ、（　）に西洋暦を付した。文献の書誌事項においては西洋暦が主となっているが、一般の慣用を尊重したためで、表記の不統一ということではない。

―書簡の引用には、ゴシック書体で「新版」での通し番号を付した。テキストの引用とおなじく、厳密には「旧版」の通し番号を併記すべきかもしれないが、「旧版」に無いもので「新版」に初めて収録された書簡が多数にのぼるので、後者の通し番号だけに限定した次第である。また日付や宛名は、特に必要でない場合は、煩雑を避けて略した。同様に、明治、大正、昭和の時代表記も、一々記載する煩雑を避けるため、「明」「大」「昭」とだけ記し、年月日の数字をそのあとに付した。そして本文を読みやすくするため、これらの表記の活字は一ポイント小さくした。かくして、例えば書簡番号四三六六、昭和二〇年二月二五日付、西田外彦宛の書簡は、（**四三六六、西田外彦宛、昭二〇・二・二五**）となる。日記の場合も同様である。

なお、活字を小さくして一字下げで続く文章において、「＊」が付くものと付かないものと、二種類がある。本文に「準じる」文章の場合は「＊」が付かず、「注」に類するものには「＊」が付く。もっとも、この印の有無のちがいは相対的であることも、断っておきたい。

序章　「われ死なば…」

ダンテと西田

まず、よく知られた西田の短歌をここで引用しよう。よく知られている割には、その背景はそれほど知られていない歌である。

われ死なば《ば》故郷の山に埋《うずも》れて昔語りし友をゆめみむ

別にむずかしいところは何もない歌である。ややセンチメンタルな響きをもつが、おおらかでもある。この故郷に生まれ、故郷を出ていろいろの人生行路を歩み、いま自分の死に思いを馳せるにあたり、西田は故郷の山々と昔の友を想い出している。

しかし実はこの歌には、いくつかの意味が埋もれている。まずこれは、小川水明という詩人の三巻の歌集『水明歌集』（一九一八年）に西田が序文を寄せた際に、その末尾に付された〔かつて旧著『西田哲学の世界』（筑摩書房、一九九五年）の序章で、この短歌を取り上げたときは、その成立時期を『善の研究』

（一九一一年）の少し前と推定した。いま、この推定を訂正しておきたい」。

小川水明は、新潟県出身の、本名が小川茂辰《ぼしん》という詩人で、歌集には、西田とおなじ石川県出身の真宗の学者、暁烏敏《あけがらすはや》（一八七七―一九五四）も、一文を寄せている。西田の序文は、「或時《あるとき》の感想」と題され、その書き出しはこうなっている。

「私の故郷は決して好ましい所ではない、よい景色があるのではない。賑やかな晴々しい所でもない。野も山も深き雪に鎖《とざ》されて、荒れ狂ふ木枯《こがらし》の音のみ聞く、長き冬の夜は言うまでもなく、小春といわるゝ秋の日も鉛色の雲重く垂れて、地平線上入日《いりび》の光赤暗く、〈我を通つて悲《ひ》の都に入る〉と題せる死の国の入口をも思い出でらるゝのであるが、私は此上《このうえ》なく此《この》故郷を懐《なつか》しく思う」

（「旧」一二・一九四、「新」一一・二五五）

この個所のあとにさらに二行ほどの文章がつづいたあと、「われ死なば故郷の山に埋《うず》もれて昔語りし友をゆめみむ」の歌が、出てくるのである。この序文の文章は、最初にわれわれが感じた西田の短歌の、「おおらか」とか「センチメンタル」とかという印象と、一致しない。むしろ唐突なほどに沈鬱である。昔語りし幼なじみの友を夢見ることは、同時に雪にとざされて木枯らしの荒れ狂う「死の国の入口」に立つことと、重ねられている。

西田はどうしてこのような奇怪で唐突な連想をしたのだろうか。その意味は、「我を通つて悲の都に入る」という語に込められている。これは、ダンテの『神曲』の「地獄界」の入口に掲げられた語である。西田は四高《しこう》すなわち旧制第四高等学校に在職中、「ダンテ会」という読書会を組織してダンテの作品を輪読し、ダンテについて講義したこともあった。西田の第四高等学校時代の「日記」には、「ダンテ会」でダンテの『神曲』を輪読する記事が、所々に出てくる。

地獄界の第一圏で出会う亡霊たちは、ソクラテス、プラトン、アリストテレス、といった「哲学者の一族」である。地獄界は、まずは哲学者たちにとって「悲の都」ないし「死の国」の、入口なのである。『神曲』の第三歌の冒頭に掲げられた、この地獄門上の語を、野上素一《そいち》の訳で見ることにしよう。

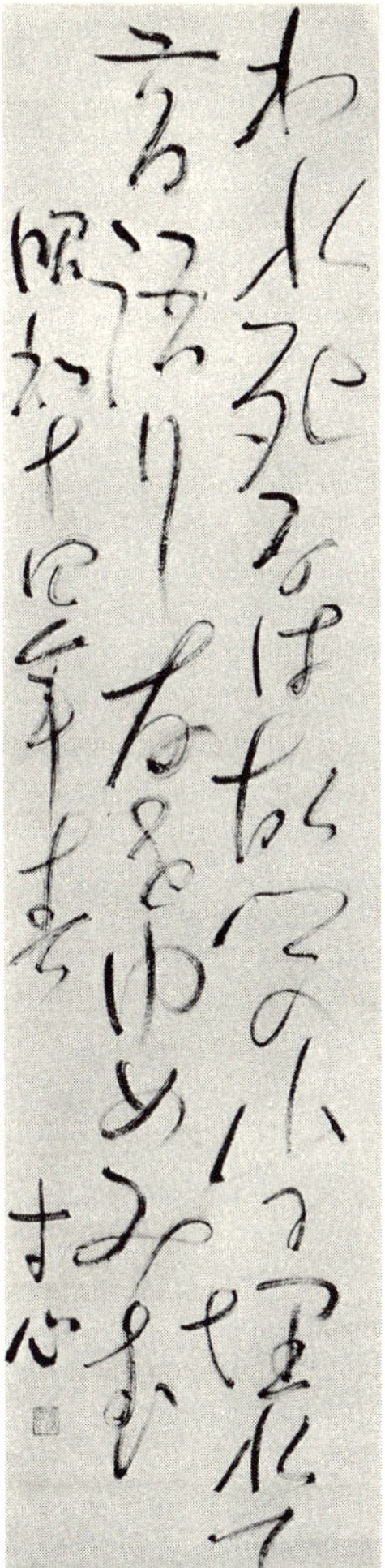

われ死なば故郷の山に埋れて
昔語りし友をゆめみむ
昭和十四年春　寸心
（『西田幾多郎遺墨集』燈影舎、より）

われを通るものは苦悩の市《まち》にいたる、
われを通るものは永遠の苦患《くげん》にいたる、
われを通るものは絶望の民のもとにいたる、
……
われを入るものは一切の希望を捨てよ

野上素一訳、ダンテ『神曲』（『世界文学大系六』筑摩書房、一九六二年）、一一頁

野上訳で「われを通るものは苦悩の市《まち》にいたる」となっている冒頭の句が、西田の訳では、「我を通つて悲の都に入る」となる。しかしそれにしても、なぜ西田は、そこをくぐれば「哲学者の一族」の亡霊たちが住むという地獄門上の語句を、引用したのだろうか。

西田は第一作『善の研究』を、明治四四年（一九一一）に出したあと、思索の難路に行き当たっていた。第二作『自覚に於ける直観と反省』（大正六年／一九一七）で惨憺《さんたん》たる苦心の歩みが始まっていた。その序文に西田は、「刀折れ矢竭《つ》きて降を神秘の軍門に請うたという譏《そしり》を免れないかもしれない」と記した（「旧」二・一一、「新」二・一一）。この告白を記した一年後の大正七年（一九一八）に、西田は上に挙げた短歌を詠んだのである。西田は自分の遍歴が、「死の国」に屯《たむろ》する哲学者の亡霊たちの運命と重なることを、つまりは行き倒れとなる覚悟を、上記の歌にさりげなく詠みこんだのである。

これから見て行くように、西田は四〇歳になるまでは、不遇感に苛まれる苦しい人生を送った。人生の後半は一転して、栄誉と名声に包まれ、思索は開花し、弟子たちにも恵まれた。とはいえ、つぎつぎと先立つ我が子の死や妻の死、そして友人たちの死に遭遇し、「悲哀」と「淋しさ」の二語が、西田の書簡を貫く鍵語になっていった。やがて再婚により家庭内ではようやく休らぎを得たが、それと反比例するかのように日本全体は戦争に向かい、「暗い Undercurrent〔地下流〕」が勢いを次第に増し、やがて濁流となって日本を呑みこんだ。西田はその流れに対して、書簡でしばしば絶望を漏らした。しかしまた、そのたびに「一片の脊梁骨《せきりょうこつ》」を伸ばした。

「われ死なば」という歌は、西田後半の人生においては、いつも死を念頭におきつづけた西田の心境と最後まで響き合う。それは厳冬の木枯らしの道に行き倒れる覚悟と、故郷で竹馬の友と語りあう安らぎの、両方を含んだようなところがある。――西田の語で言えば、「矛盾的自己同一」の詩的表現のような趣がある。

第一章　黒板を前にして（一八七〇―一九一〇）

第一節　人生軌跡「小生には尚《なお》一片の脊梁骨《せきりょうこつ》あり」

一七歳の西田幾多郎と、心友・山本良吉

「梅檀《せんだん》は双葉より芳《かんば》し」という語があるが、西田の書簡の最初の五〇通はこの語を想起させる。これらの書簡は、ほとんどが石川県専門学校時代からの級友、山本良吉（一八七一―一九四二）に宛てられたものである。日付が明示されているものとしては、明治二二年（一八八九）三月一三日が最初で、それ以前と思われる二通は、内容からしてその前々年の明治二〇年か、前年の二一年である。明治二〇年であれば、西田が旧制第四高等中学校（以下、「四高」と略称）に入った年で、年齢は一七歳である。

西田は四高に入るまえ、石川県専門学校で三人の心友を得た。そのひとりが、山本である。山本はのちに帝大の法科と文科で学び、一時期、学習院教授にもなったが、最終的には武蔵高校の校長とな

我尊会（明治22-23年［1889-1890］頃）
前列左から藤岡作太郎，川越宗孝，松本文三郎，後列左から長谷川貞一，山本良吉，岡真三，西田幾多郎（19-20歳）（燈影舎提供）

り、西田に先立つこと三年先の昭和一七年（一九四二）に逝った。その山本に加えて、あとふたりの心友は、四〇歳で夭折した国文学者の藤岡作太郎（一八七〇―一九一〇）と、後に禅を欧米に広めて禅者として世界的に知られるようになった鈴木大拙《だいせつ》（一八七〇―一九六六）である。山本宛と同様、このふたりに宛てた西田の書簡も、この頃から多く存在したはずであるが、石川県専門学校時代のものとして残っているのは、ほとんどが山本宛（山本は当時は金田の姓を名乗っていたから、金田宛）である。後に言及するように、大拙宛書簡のいくつかは『鈴木大拙全集』に収録されている。

この五〇通が残っているか、いないかで、われわれが若き西田を知る手がかりの量と質は、大いに変わってくる。それらは何よりも、青春期の西田の、感性と真情の芳香をつたえるドキュメントである。その真情は、山本良吉という心友に触発されて初めて迸《ほとばし》り出た。西田は山本に、「君は実に余の One & only one true friend［ひとりの、ただ一人の真の友］なり、後日共に与《くみ》せんとするもの［、］ただ君あるのみ」（三、明二二・三・一三）と記した。「友はもうひとりの自分である」というアリストテレスの語［『ニコマコス倫理学』第九巻、1176 b 6］を、思い起こさせるような、友情告白である。そのような友も稀有なら、その友をもち得た西田の心性もまた、稀有と言わなければならない。

晩年に西田は、山本に「君はどうもよく古い手紙を保存している［。］そんなものを出されては困る［。］小生のものだけはどうか全部焼きすて、くれ玉え」（一三二〇、昭五・四・七）と書いたが、そして実際、自分宛の書簡はほとんど残していないが、しかし山本は、西田の書簡を焼かなかった。両者それぞれに、一貫している。

ちなみに上に引用した「書簡」三は、明治二二年（一八八九）三月一三日付であるから、西田は一八歳。第四高等中学校の本科第二学年、哲学専攻の学生で、今日で言えば大学の一回生の年齢である。この手紙に先立つ年月日不明のふたつの書簡がある。

全集での「書簡」一と「書簡」二の配列順序は、実際は逆ではないかと思われる。「書簡」一は「余ハ今日君ノ精神不朽ノ事ヲ論ズルヲ読ミ　又一ノ愚考ヲ惹起セリ」で始まる。つまり山本の一文をすべて読了した上での感想である。それに対し「書簡」二は、「余《よ》未ダ足下ノ貴文ヲ読了セザレドモ　少々其《その》始メヲ読ミタレバ少《ちょっと》ト一言申シ上マス」で始まり、山本の一文を読み始めた段階での、とりあえずの感想である。

このふたつの書簡のなかで、西田は、精神の不朽と神の存在について論じた山本の一文に対して、熱くこれに呼応し、遠慮なく批判している。「斯様《かような》コトニテハ感服スル能ハス《ワズ》」と。そして「ヒーロン」［イギリスのロマン主義詩人「バイロン」Georg Gordon Byron, 1788-1842, のこと。バイロンは明治の頃に、大いに読まれた］の言を引用した山本に対して、西田はミル［ジョン・スチュアート・ミル、John Stuart

Mill, 1806–1873]、ヘーゲル［Georg Wilhelm Friedrich Hegel, 1770–1831]、といった哲学者の名前を挙げて、「夫《それ》ノ如ク博識ヲ以テ尚《なお》無神論者ノ本尊タルニアラズヤ」と述べ、自らは無神論を支持している。そして当時の知識水準の故もあったであろうが、ヘーゲルをも無神論者に数えてしまう。「哲学者・西田幾多郎」の一般的イメージからすれば、一七歳の西田は、速度制限を無視してオートバイで爆走する若者を、彷彿させる。

十代おわりの意気軒昂の哲学青年・西田は、無神論者だった。ただしそれは、西田の正義感が要請する、その限りでは内面性に根ざした無神論だった。西田はこう考えた。神が存在するなら、なぜその神は洪水でもって天下の悪を掃蕩しないのか、なぜ山本のごとき正しき人を世に顕揚しないのか、それをなさないような「奇怪千万ノ神アランヤ」と。生涯にわたって宗教哲学の思索を深めゆく西田も、この時期は、「宗教ハ皆一《ひとつ》ノ迷ニテ決シテ信ズベキ者ニアラズ」と言い放つ。この語は「書簡」二にあるから、西田は一七歳ないし一八歳である。若気に満ちた西田は、さらにこう言い続ける。「実ニ宗教心ハ己ノ智力及バザル所〔、〕何トナク恐怖ヲ生ジ〔、〕一個ノ妄念ヲ発スル者タルニ相違ナシ」、「何《いず》レヨリシテ考ヘ見ルモ〔、〕宗教ハ妄想ニシテ信ズベキニアラズト信ズ」(二、明二〇)。ただし、一七歳あるいは一八歳という年齢で神の存在・非存在の議論にのめりこむ、ということ自体は、単なる若気とも言えない。すでに栴檀の双葉の香りをもつ精神が、そこに兆している。

この頃の西田の文体は、時にカタカナで綴られた、漢文を多用する「候《そうろう》文」である。手紙の長さは、しばしば一千字を優に越える。こういった手紙をひとつひとつ書くことに要する「時間」は、めまぐるしい現代では、もう稀にしか見出すことができない。ワープロもメールもなかった時代だからこそ、かえって手紙というものが書き手の人柄をあらわす場となり得たのかもしれない。西田の手紙の文体も内容も、ひとつの時代局面をあらわしている。参考のために、先に引いた、「書簡」三からさらに別の文章を引いておこう。

「序《ついで》に申上候〔、〕君みだりに学に耽《ふけっ》て身体を顧《かえりみ》ざるは〔、〕小生《しょうせい》甚だ遺憾《いかん》に存じ候〔、〕ナポレオンの勇あればとてニュートンの智あればとて〔、〕夭折《ようせつ》致し候わば何の楽《たのしみ》か御座候《ござそうろう》べき〔、〕君〔、〕異才を抱きて空しく北海の煙波と消失《きえ》せ候ては〔、〕実に遺憾《いかん》千万ならずや〔、〕日本の国会は君これを見るを欲せざるか〔、〕日本の将来は君これを計画するを欲せざるか〔、〕天下の自由〔、〕君これを保するを欲せざるや〔、〕君何とて少しく御顧慮《ごこりょ》遊ばされず候や」。

一九歳の西田が、学業にいそしむあまり健康を顧みない「唯一にして真の友」山本に、切々と忠告の言葉を記している。山本に託す雄渾な夢と抱負は、西田自身も分け持ち共鳴するものだった。ふたりは神の存在をめぐる議論に口角泡を飛ばすと同時に、自分と時代の将来を夢見つつ、苦学する仲だった。開国してまだ間もない一九世紀末の、しかし日清戦争に勝利して列強とならんで富国強兵の道を歩み始めた勃興期の近代日本は、国全体の気分としては、旧制高等学校青年たちに気宇壮大にして純真な心情を抱かせるものがあった。「ナポレオンの勇」と「ニュートンの智」が、国家と目標を共有する個人の理想であり得た時代だった。西田も、「日本の将来」と「天下の自由」を信じている。そのことと、「君何とて少しく御顧慮《ごこりょ》遊ばされず候や」［君はどうして、すこし顧みて思慮してくれないのか」という親友・山本への忠告とは、不可分の関係にある。

焦燥の日々

日清戦争の勝利で得た莫大な賠償金は、明治二六年（一八九三）の日本の国家予算の四倍強の二億両《テール》にのぼった［下関条約第四条の冒頭に「清國ハ軍費賠償金トシテ庫平銀二億兩ヲ日本國ニ支拂フヘキコトヲ約ス」とある］。賠償金の大半の約八割は、軍備に注ぎこまれた。戦勝国として獲得した新領土に対するロシア・フランス・ドイツの三国干渉が、臥薪嘗胆のモットーを国民に浸透させ、その軍備増強は国民的に支持された。賠償金による軍備改造の成果は、一〇年後の日露戦争において、三国干渉をリードしたロシアを敗北に追いやるという結果となってあらわれ、ロシアは手痛い報復を受けた。つづく第一次世界大戦では、おなじく三国干渉に加わって、「受諾しなければ戦争になる」という文言を突きつけて日本を威嚇したドイツに対し、日本はいち早く宣戦した。そしてドイツの植民地・青島をもぎとるという、これもまたドイツにとって手痛い報復をおこなった。

しかし、そのようにして大国化した日本が、今度は昭和に入ってから自らも軍国主義化し、アジア大陸への侵略に歯止めがかからなくなり、やがて日米開戦という無謀と破局へ、突っ走ることになる。陸軍の日米開戦論に反対し、海軍の良識派として京都学派と連携し、戦争を早期終結に転換させようとした高木惣吉大佐（終戦時は少将）の回顧を、引用しておこう。

「敗戦後に満足に残ったのは、製鉄、造船、製油工業ぐらいのもの、なかでもあの国民輿望の的でもあった連合艦隊…思えば先人七十余年の苦心の結晶を、狂乱三年余にして滅し去った」［高木惣吉『太平洋戦争と陸海軍の抗争』経済往来社、一九八二年、九九頁］。

　高木は海軍調査課に属し、西田幾多郎および田辺元の了解のもとで、京都学派の学者たちを中心とするブレーントラストの秘密組織を結成し、太平洋戦争中、ずっと秘密会合の研究会を催した。研究会は海軍調査課から最新の世界情報をもらい、研究会での世界情勢分析や歴史観の研究の成果が、海軍調査課に届けられた。陸軍の右派に知られたら、西田以下の京都学派の学者たちが一網打尽に逮捕されかねない、「虎の尾を踏む」に似た秘密会合だった。これについては、拙著『京都学派と日本海軍――新史料「大島メモ」をめぐって』（ＰＨＰ新書、二〇〇一年）を参照。そこに、上記の引用個所の前後関連も記した。

ただ、日清戦争当時の新興国家の青年たちに、「日本の国会」への疑念は、当然ながらまったく無かった。後年の西田が、軍部の暴走を憂い、極右の攻撃にさらされ、時局に否応無しに巻き込まれていくことを思えば、時代の差は大きいと言わざるを得ない。一九歳の西田は当時の青年一般とおなじく、勃興する日本国家を担った国会に懸念を抱くことなく、国の将来図はそのまま自分たちの将来図だった。

　とはいえ、彼らの現実の個人的状況は、国家の勃興とは対照的に、一向に順風満帆《まんぱん》ではなく、むしろ惨憺たるものだった。「神ならぬ身のいかで未来を計るべき」という嘆きは、国家にではなくて、自分と友人たちの実際生活の局面に向けられた。山本は西田に「家貧〔家まずしく〕、学資不足」と、西田に書き送り、西田もまた山本に「勧君非以暴虎馮河《ぼうこひょうが》」〔君に勧む、虎を叩いたり河を無理に渡ったりすることなかれ〕と、自暴自棄を諫めている（一一、明二五・三・一三）。その前の「書簡」（七、明二四・一〇・六）では、山本と自分が共に病床に伏して、「吁《ああ》〔、〕同情相憐れむ〔、〕余にあらずんば〔、〕誰か君之《の》胸裡を知らんや」と記している。

山本はその後、東京帝国大学選科に転じ、明治四一年（一九〇八）には京都帝国大学の学生監に就任した。西田にも学生監の話があったが、西田が純学者となることを望んでいた文科大学長の松本文三郎は、これに反対して山本を選んだ。西田のある書簡に、「余は松本が好意を多とす〔、〕京大の学生監は余の親友山本良吉氏が任命せられる事に内定し居り」（一三一、明四一・六・一八）とある。

西田自身も後に、山本が京大の学生監となった翌年に、学習院教授となり、そのさらに翌年に京都帝国大学に招聘される。つまりは「黒板を前にして」の時代を終えて「黒板を後にして」の時代に入る。しかしそれまでの西田は、十年にわたって現実生活の苦労がつづき、病苦がそれに伴った。明治二四年（一八九一）に帝国大学選科に入ったが、選科の学生として味わったいろいろの差別待遇から、後年の西田は「私は何だか人生の落伍者となった様に感じた」（「或教授の退職の辞」、「旧」一二・一七〇、「新」七・三四七）と記している。実際、人生の落伍者そのもののような心境の生活がつづいていた。明治二七年（一八九四）に選科を卒業して金沢にもどった西田は、石川県尋常中学校の英語教師となることをまず取り消され、明治二八年（一八九五）には石川県尋常中学校の分校の主任となったが、不遇感と焦りは依然として消えず、それが書簡の随所に洩らされる。抜き書きのかたちでそれらを見ておこう。

「兼《かね》て御存知の如く〔、〕小生方は頗《すこぶ》る手狭にて四畳半に書生二人起臥《きが》いたし居る有様に有之《これあり》」（五二、明三六・一・一六）。

「余輩は大学卒業後十年の歳月を無益に消し去り候〔、〕小生も近頃何事をなしても成功の少なきを思い〔、〕憤慨に堪えず候」（五八、明三六・一一・二九）。

「小生も久しく田舎に居り己を指導しくれる先達もなければ学徳日に荒廃に趣き〔、〕今年はもはや四十に三年を余すの状態と相成り候」（七〇、明三九・三・六）。

「特に余が目下の貧窮は出京にはもっとも困る点に御座候」（一〇〇、明四〇・七・一一）。

「小生も来年は四十に相成り〔、〕回顧すれば何一つ纏《まとま》った事ができたでもなく今後幾年《いくとせ》生き得るは知らぬが〔、〕何だか日暮れて途《みち》遠しの感なき能わず候」（一五〇、明四一・一一・九）。

四〇歳に近づいてもなお、西田は満足のいく職にめぐまれず、焦燥に明け暮れている。西田にとって「四〇歳」という年齢は、よほど大事な人生年齢だったと見えて、その年齢に近づくにつれて、希望する職につけない焦りが増大し、その記述が書簡に頻出する。こういった不遇は西田だけの特殊ケースではなかった。後に西田は、定年退職のあとのある書簡で、こう記している、「京大哲学を出たものなどの中に〔、〕相当学門もでき〔、〕人物もよかろうと思うものもないではないが、此等の徒も全く職なく〔、〕唯〔、〕僅少の私学の時間にて下宿代を補って居るものが幸という如き有様にて〔、〕結婚のできる様な境遇のものが此頃〔、〕実に少ない様に思います」（一三五八、昭五・八・五）。

現在の日本でも、哲学科を出て同様の境遇に甘んじる研究者が多いが、当時もおなじだった。私はあまり恵まれない若い学究の徒たちに、日本近代を代表する思想家・西田も長くおなじような人生の局面に呻吟していたことを知ってもらって、すこし元気を出してほしいと思う。そして、西田がこの境遇にあって記した次の一語を、受け取ってほしいと願う。西田は親友・藤岡作太郎に、こう書いた。「小生には尚《なお》一片の脊梁骨《せきりょうこつ》あり〔、〕何処までも自己の境遇と戦う覚悟に御座候《ござそうろう》」（一〇〇、明四〇・七・一一）。

この書簡は明治四〇年（一九〇七）と推定される時期のものであるから、西田は三七歳。後述するように、次女の幽子と五女の愛子が死去し、西田自身も乾性肋膜炎の長患いが始まる年である。不遇についての綿々たる嘆息もまた、西田の正直な告白である。しかしまた、その嘆息のなかで、「自分にはなお一片の背骨がある」と言い聞かせる西田が、もう一方にある。綿々たる嘆息と、背筋を伸ばした気概とが、交互する。それが西田の初期の書簡を貫く、通底的なリズムである。その嘆息と気概を、西田は心友・山本良吉に吐露する。若き西田の「書簡」三は、最後にはこう締めくくられる。私には、この締めくくりがとても気に入っている。

「歯痛《はいた》〔、〕小生も時々苦《くるし》むところに御座候〔、〕定めてご苦痛と奉察《ほうさつ》候〔、〕静に御ようじょう〔養生〕あれ　幾多郎拝」。人生に対する青年・西田の真剣さと高邁さが、目下の「歯痛」に収斂されるというところが、なんとも可笑しい。

心友・山本は、半世紀を経て昭和一七年（一九四二）七月一二日に、急死した。西田は自らの痛恨の思いをもうひとりの心友・鈴木大拙にこう記した。「私もあの山本の書斎兼応接室の宝を想起すると〔、〕山本が眼前に浮び来り実にたまらない心地がする〔、〕今の処《ところ》山本の事はできるだけ思わぬ様にして居る〔、〕何か思うと胸迫り涙こぼる、ばかりだ〔、〕どうか君は長生してくれ〔、〕腰はどうか」(三六―一九、昭一七・七・一八)。そして別の友、堀維孝《これたか》にはこう書いた。「朝〔、〕山本宅からの電報に対し万感胸にみち〔、〕終日氷嚢《ひょうのう》を頂いて臥《ふ》してしまいました」(三六―一八、昭一七・七・一七)。

五十年来の「昔語りし友」・山本を失ったことの悲痛の念は、おなじく五十余年を共にした別の友・鈴木大拙でなければ、通じなかったであろう。そうであれば、ここで山本と並ぶ西田のもうひとりの心友、鈴木大拙について、どうあっても述べておかなければならない。

西田幾多郎と鈴木大拙

大拙の側からしても、西田と山本は特別の親友だった。昭和一七年(一九四二)に『文化と宗教』を出版した際に、大拙は「自分は昔からの友達二人に序を書いて貰ふつもりで居た」と「自序」に記し、「西田君がその一人で、今一人は山本良吉君であった」と書いている。「ところが、山本君は去る七月中旬卒然として彼世に旅立った。吾等はしばらく驚愕と悲嘆にくれた」(『鈴木大拙全集』第一九巻、岩波書店、一九六九年、五頁)。この書を戦後に再刊したとき、大拙はその序に、こう記した。「これにつけても憶い出すのは西田君の長逝である。此書に序文を書いてくれた頃は頗《すこぶ》る元気であった。それが三年後に亡くなって、今年はもう三年忌になると云ふのだ。彼は終戦に先だつこと二箇月前に亡くなったので、無条件降伏後の今日の惨憺たる社会情勢については何も知るところがないのである」(同上、七頁)。

西田にとって山本良吉と鈴木大拙は、おなじく心友といっても、おのずから少し種類を異にしていた。山本に対するときは、「己の得たる丈《たけ》は世に顕《あら》わし世を進めざるべからず〔、〕是《これ》吾人の義務なり」(一二三、明二八・九・八)と述べる。立身出世の大志をもつ西田が、そこに立っている。しかし大拙に対するときの西田は、「余は宗教的修養は終身之《これ》をつづける積《つも》りだが〔、〕余の働く場所は学問が

鈴木大拙
（上田閑照・岡村美代子『相貌と風貌』禅文化研究所，より）

最も余に適当でないかと思うが、貴考いかん」（一〇一、明四〇・七・一三）と述べている。「宗教」と「哲学」の真理を第一の事柄とする西田が、そこにいる。どちらも、西田自身の姿であろう。「友はもうひとりの自分である」というアリストテレスの語を、もういちど援用するなら、大拙と山本は、西田にとりそれぞれの「もうひとりの自分」だった。いずれも、西田自身のふたつの部分に呼応する友だった。ただし、山本が西田にとり一心同体の友だったのに対して、大拙は、単に気性が合って親友になった、という関係ではない。そうではなくて、ふたりがそれぞれに「宗教」と「哲学」を自分の世界として建立しゆくことによって、深まっていった関係である。両者は、互いに自分が自分自身にもどったところで出会った友であり、自己の内の他者ともいうべき友だった。古語で言うなら、「両鏡相照らす」心友だった。

「相照《あい》らす」というからには、元来は大拙の側から見た西田の像があっても良いであろう。『鈴木大拙全集』第二八巻、三六九―三八二頁に所収の、「西田の思い出」と題する二編の小文が、その像を示してくれる。「西田の人生を知らないでは、彼の思想も十分には看取出来ぬであろう」という語〔同書、三七八頁〕は、本書からしても深く共鳴するほかない。

ちなみに、大拙から見た山本像にも触れておこう。「友達のうちで、山本は馬のようだし、西田は鈍牛だと評したものがあった」〔『鈴木大拙全集』第二八巻、「西田の思い出」、三八頁〕。大拙が記すこの「友達」が誰であるかは分からない。ただ、こういう親しく的確な批評を西田と山本に対してなし得る友達がいたとすれば、それは藤岡作太郎に他ならなかったと思われる。四〇歳で夭折した国文学の学究・藤岡（一八七〇―一九一〇）もまた、西田の親友のひとりだった。西田幾多郎、鈴木貞太郎、藤岡作太郎の三人を称して「金沢の三太郎」と一括りにする呼び方すら、地元・金沢にはある。

西田と大拙の関係に少し立ち入ってみよう。西田は二二歳の年の暮れ、山本宛書簡に、「人は皆来れる春を喜べども〔…〕吾はただ碌々犬死《ろくろくいぬじに》之《の》時近くと思えば〔…〕転《うたた》慨嘆に堪えず」（一〇、明二四・一二・一八）と、ずいぶんペシミスティックなことを記している。自分も犬死の時が近いというのは、普通の心理ではない。西田はこのとき、石川県専門学校と四高で友人だった川越宗孝が自殺したことに、気を落としていたのである。そして「鈴木君在円覚寺日為坐禅〔鈴木君は円覚寺に在って一日坐禅をしている〕、又非浮世之人可羨慕〔また浮世の人に非ず、羨み慕うべし〕」（同上）と記している。

しかし大拙も、友人の死にわれ関せずと、ひとり坐禅していたのではない。川越の自殺を聞いて、彼も「川越宗孝氏自殺を企て創傷遂に愈《い》えず〔…〕空しく黄泉《よみ》の客となりしかとかや〔…〕予始め之《これ》を聞きて驚愕一方《ひとかた》ならず」〔大拙書簡、『鈴木大拙全集』岩波書店、第三六巻所収、明二五・五・二三〕と、山本宛に記している。

本書のこの部分を執筆していた時点で、筆者はウイーン大学に客員教授として赴任していたため、大拙の全集を手にすることが出来なかった。それを聞いて、遊佐《ゆさ》道子氏が肝腎の部分をPDFで送ってくださった。同氏に厚くお礼を申し上げたい。なお、大拙全集の書簡の部には、西田に宛てた大拙の書簡も相当数ふくまれている。本書ではあまり引用できなかったが、若き西田と鈴木大拙の交流を証言する貴重な史料である。

大拙もまた、最初から大拙自身になっていたわけではなかった。いちおうの「見性」〔坐禅修行での悟りのこと〕をして、居士号〔雲水とならずに世俗の身のままで禅修行をする上での名前〕「大拙」をもらっていた鈴木貞太郎ではあったが、それでも自殺を考えていた時期もある。西田の山本宛、明治二八年（一八九五）五月二〇日の書簡に、こんなことが記されている。

「鈴木兄非常に厭世的なる手紙を送り自殺をもほめ候故《ゆえ》〔、〕小生大《おおい》に反対の旨申《もうし》送り候〔、〕元来同氏は何故《なにゆえ》左程《さほど》厭世に入られ候や〔、〕大兄時々御面会のこともあらんと存し候故《ゆえ》〔、〕何とか御慰《お》めありて一生を誤らん様《よう》〔、〕御注意の程くれ〴〵も奉願上《ねがいたてまつりあげ》候」（二二、明二八・五・二〇）。

大拙がどういう意味で厭世的になって、自殺まで考えたのかは、この頃に大拙が山本宛に送った書簡から推察することができる。西田の上記山本宛書簡から六日後の、五月二六日の書簡に、大拙は、「予が宿痾《しゅくあ》〔慢性病〕未だ癒えず」として、学業を止めてインドへ渡ることを考えていた。それも青雲の志としてでなく、死地を求めてである。「もし印度へ行くとせば死ぬまで帰らぬつもりなり、多分二、三年のうちに熱病にかゝるか或は脳病に侵さるゝか。何れにしても永き命にはあらざるべし。（…）生まれて世に益なくば寧《むし》ろ死して名を成さんのみ」。

大拙はこのとき、まだ二五歳。「室内」〔禅宗の用語で、師匠と対座して公案の修行をする部屋のこと、ないし、その部屋での修行のこと」での悟りが、そのまま現実世界の悩みと対峙する力になるには、人生経験はまだ不足していた。大拙の自殺を恐れて山本にケアを頼み込んでいる西田も、すでに数年まえに「寸心」という居士号を雪門老師からもらっていたが（「日記」明三四・三・一七）、おなじく多感にして苦悩多き二五歳だった。そして山本は二四歳。いちばん若い山本が西田と大拙から相談を受けているから、社会人的な意味ではいちばん成熟した位置に立っているようにも見える。

この三人が心友としてむすびついていたことは、大拙の書簡からも分かる。大拙の「書簡」三〇（山本宛、明二六・七・二〇）には、「君は金なきに苦《くるし》み、西田君は家なきに苦む」とある。前年に西田の家が破産し、山本は貧困に苦しんでいた。大拙自身も病苦をかかえている。「予等《われ》三人が色々に苦むも」みな前世の業縁によるものだと、大拙はつづけている。

ちなみに、『鈴木大拙全集』に所収の大拙の書簡は、明治二一年（一八八八）七月一日の山本宛から、始まっている。これは西田の書簡集の場合とほぼ同じである。最初の四五通がすべて山本宛であることも、西田の書簡の場合と同じである。これは偶然ではなくて、山本が西田と大拙の書簡を保存していた、ということを意味している。もうひとつ付け加えるなら、大拙の書簡には西田宛のものも多数含まれ、その最初のものは、明治三〇年（一八九七）に大拙が米国に渡ってから西田に宛てたものである。他方の西田は、自分宛の書簡はほとんど保存していないが、流石《さすが》に大拙からの書簡だけはいくつか保存していたのである。西田と大拙の交流の深さが、こういった思いがけない角度からも、偲ばれる。

しかし、社会人的な成熟だけでは片付かない精神的問題が、若き西田と大拙の双方に存在していた。二十代なかばの西田と大拙は、その精神上の問題と対峙していたがゆえに、それぞれに両鏡相照らす心友となっていったのである。この問題を、「禅と哲学」という語であらわしておこう。大拙においては「禅」が生き方となったが、西田においてはそれに加えて「哲学」が肝腎の事柄となっていた。「大拙と西田」の関係は、「禅と哲学」の関係に呼応するところがある。それぞれが自らにおいて熟し、それぞれが自分自身になって行く、ということと、同じである。

このように言えば、簡単なことのようにひびくが、具体的にそれはどういうことだっただろうか。西田が大拙を語るときに、その答えも盛られている。「大拙君は高い山が雲の上へ頭を出して居る様な人である。そしてそこから世間を眺めて居る、否、自分自身をも眺めて居るのである。全く何もない所から、物事を見て居る様な人である」〔『鈴木大拙全集』第一九巻、『文化と宗教』、西田の序、三頁〕。雲の上の高い山から世間を眺めるということは、哲学の立場ではない。現象に即してその本質と由来と意味とを問いつづけ、根拠づける、という営みではない。そうではなくて、そのような現象全般をいったんは突き抜けたところから現象を、そしてそのように問う自分自身をも無くしたところから自分自身を、見る立場である。見るということも無くなったところで見るという、禅の立場である。

しかし西田にとっては、事はそれだけでは済まなかった。そういう立場を離れないままで「思索する」という哲学の課題が、あったからである。「不立文字、教外別伝」〔文字に依ることなく、教義の外に別に伝わっている〕という「禅」と、どこまでも思索という場で、文字をつづって展開する「哲学」

道
（『西田幾多郎遺墨集』燈影舎，より）

とが、西田自身において具体的にどのように融合していくのか。それは西田哲学の思索の秘密を解く鍵ですらある。

西田は当初、禅の修行にその鍵を求めた。西田の禅修行の出発は、かなり遅かった。明治三〇年（一八九七）に妙心寺での大接《おおぜっ》心《しん》に参加したあたりから、つまり西田の二七歳の頃から、やっと禅修行への集中度が高まっていく。その年の一月から西田は、「日記」をつけ始めている。明らかに西田の「日記」は、「禅」修行の発心にともなって自分に向き合うところから、始まっていた。

西田は、四高でドイツ語の教諭をつとめながら、思索と坐禅に打ち込む自分の日々を、自分だけのために、自分の内部の告白として、自己の内面の証言として、「日記」に記しつづけた。明治三〇年の日記の表紙と見返しに、西田の心境モットーが十数行で記されている。その最初の行はこうである。

「非凡の人物となり非常の功を成さんとする者は天地崩るゝも動かざる程の志と勇猛壮烈鬼神《きじん》も之《これ》を避くる程の気力あるを要す」。

これは、一般に禅修行に求められる猛烈さと、響きをひとつにしている。

しかし、西田は禅僧になるつもりはなかった。また、そういう資質でもなかったと思われる。禅修行の猛烈さという点で、西田は日記にも書簡にも繰り返し、「余は勇猛心に乏し」という反省の語を記している。「小生が欠点は勇猛決烈之《の》精神に乏しく〔、〕一生懸命の場合に臨んで退く故《ゆえ》何の功もなく」（三九、明三二・九・一五）といった調子である。加えて、「余はあまりに多欲あまりに功名心に強し」（「日記」明三六・六・一一）とも記している。

誤解のないように付け加えたいが、西田がここで言う「多欲」「功名心」は、必ずしも世俗的の意味ではない。その前に記される「余は時に仏教の歴史的研究をもなさんと欲す」を、読み取らねばならない。西田は学問において、多欲と功名心を抱いていたのであり、且つそれを反省しているのである。だからこの日の日記も、「多く望む者は一事をなし得ず」で締めくくられる。その「一事」への道に、禅とならんで読書と思索が属していた。だから西田は日記を書き始めたときの心境モットーの全体を冠するような位置に、Non Multa sed Multum というラテン語の格言を引用している。英語でなら、not many, but much と、ストレートに訳せるし、またドイツ語なら nicht vielerei, sondern viel と訳し得るが、日本語では、multa も multum も、ともに「多」となるから、すこし訳しにくい。新版の西田全集の編者は、「多読ヨリ精読ヲ」という意訳を添えている。読書だけに限定するなら、それで良いであろうが、もっと一般的に訳するなら、「広さでなくて深さを」としてみたい。

そのように「哲学〈と〉禅」の道を志していた西田にとり、大拙は「禅」において先を行く友だった。明治三二年（一八九九）の一二月二〇日、第四高等学校の論理学とドイツ語の教授になっていた西田は、山本宛の書簡で、「禅ノ一事ハ小生何事モ申上グルヲ得ズ〔、〕唯《ただ》大拙兄ニ御相談アレ」（四一）と記している。しかしまた、「禅の一事は」という言い方のなかに、自分は「哲学」の道を行くということが、言外に含まれている。

そもそもこの「書簡」四一は、山本の言う「思想ノ統一ニ達スル」方法への言及から始まっている。思想の統一とは、おそらく西洋から入ってきたさまざまな思想や、東洋の伝統的な諸思想の統一という意味であろう。西田は、思想の統一にあたっては「禅法ヲ最捷径《しょうけい》ナラント思ウ也〔、〕余ハ所得《えるところ》ノ有無ニ関セズ一生之《これ》ヲ修行シテ見ント思ウナリ」と述べている。禅が最短の径であるからには、一生これを修行するのだと。しかし「思想の統一」への径として禅を修行するのは、純粋に禅的とは言えない。否、むしろ不純ですらある。ただし哲学からすれば、必ずしも邪道とは言えない。

西田における「禅〈と〉哲学」の事態をもうすこし見ておこう。明治三五年（一九〇二）一〇月二七日、大拙に宛てた西田の書簡がある。「久しぶりにて面白き御手紙を拝見し空谷《くうこく》の足音の如き感あり」で始まっている。

「空谷《くうこく》の足音」は、今日ではまったくの死語となっているが、『荘子』に出てくる語である［ただし「足音」は、『荘子』の原文では「跫音」と記される］。人のいない山奥（空谷）に隠棲する者に、たまに訪れる人の足音がするという意味であるが、そこから転じて、たまに人の便りに接すると嬉しい、という意味にもなる。西田はこのとき三二歳。前年（明治三四年）に「寸心」という居士号を雪門老師からもらっていたことは、すでに記した。そしてこの頃は年の暮れになると、雪門老師の「洗心庵」で接心をし、その上で正月を迎えていた。四高の教授としてドイツ語や論理学や心理学を教えているから、生活の苦はないが、心においては西田は満足していない。この年の二月二四日の日記には、「学問は畢竟 life の為なり〔、〕life が一等の事なり〔、〕life なき学問は無用なり」と記している。そして早朝に「起、坐、拭」〔起は起床、坐は坐禅、拭は冷水摩擦〕といった記事が相継ぐ。西田の内面では、まさに「空谷」に在って life〔人生、いのち、生〕の探求にいそしんでいる状態である。そのような空谷に彼を訪ねてくる「足音」の主は、大拙をおいてほかにない。

その大拙に、西田は上記の書簡でいろいろと告白する。昨年から四高で倫理の講義をしているが、「自《みずから》救う事の難にして人に向かって道を説く〔、〕君乞う〔、〕盲者が盲者を導くを笑い玉《たも》うこと勿《なか》れ」。自分自身をも救えていないのに、他人に向かって倫理を説くことの心苦しさも、「今日の職務上已《や》むを得ざる所〔、〕恥を忍んでこの事をなすのみ」と。西田は自分が教えている西欧の倫理学が、知識的研究に終始して精密な議論をするが、「人心の深き soul-experience〔魂の経験〕に着目する者」はひとりもいないと、批判する。みな「自己の脚根を忘却し去る」学者ばかりである。あたかもパンや水の成分を分析的に説明するが、パンや水の味を説くことを忘れているのに似ていると、西田は大拙に記す。

しかし、西洋の倫理学を批判する西田自身も、実はまだ人生について確信を得るに到っていない。

「唯己《ただおのれ》の心の薄弱にして世の俗事にひかさるゝ恥《はずか》しき有様《ありさま》より今日に至りて何等の得処《うるところ》なく」、「今は心静に坐禅と読書の外《ほか》他念なく候」。

その禅修行も、なかなか心境がすすまなかった。「今年までは無字を参究し居り候が［、］雪門和尚は隻手《せきしゅ》の方可ならんとて取りかえられ［、］只今は隻手に向って参究致し居り候」。

「無字」というのは、『無門関』の百則の公案の第一として出てくる。「犬に仏性はあるかという僧の問いに、趙州が〈無い〉と答えた、さあ、その意味は何か」、という問題である。臨済系の禅修行のときに、修行者が最初にもらう公案である。宗派によっては、「隻手《せきしゅ》」の公案を最初にもらう場合もある。これは白隠禅師がつくった公案で、「隻手《せきしゅ》の音声《おんじょう》を聞いてみよ」［片方の手だけで両手を打つときとおなじ音を発する、その音を聞いてこい（その音を出してみよ）］というものである。

修行者によっては、勘が働いてすぐに「透過」［パス］したり、提出した見解《けんげ》がまぐれに型に合って、師匠がいちおうそれを許す場合もあると聞く。しかし本当の見性《けんしょう》［悟り］でなかったときは、修行者自身がいちばんよくそのことを分かるという。師匠が仮りに許しても、それが自分自身において「life［人生、いのち、生］の為」の答えとして得心できなければ、意味がない。西田も上記の大拙宛書簡に、「和尚公案を許したりとて自分にて不満足なれば何の功もなし」と書く所以である。

この手紙に先立つ三年まえの、西田の明治三二年（一八九九）四月の「日記」の扉には、「一、無字ノ公案［、］寸時モ打失《だしつ》スベカラズ」とあるから、もう三年まえから西田は無字の公案に取り組んでいたことになる。明治三五年（一九〇二）八月八日の「日記」には、「朝参［、］無字と隻手《せきしゅ》と替えらる」とあるから、時に師匠が「無字」の公案をしばらくお預けにして「隻手」の公案に替えたことも、垣間見られる。通常の僧堂のやり方からすれば、ほどほどのところで師匠が見解《けんげ》を教えて修行者を次の公案へと進ませるから、三年は異例の長さである。そして大拙宛の書簡の十カ月後、明治三六年(一九〇三)八月三日に、西田はようやく大徳寺の広州宗沢老師のもとで、「無字」の公案を透過した。しかし、その日の日記にはこう記している。「晩に独参無字を許さる〔、〕されども余《よ》甚《はなはだ》悦ばず」。「独参」とは、僧堂で大勢の修行僧がいっしょに修行する「接心」や、日課となった僧堂内での参禅修行とは別に、修行者が「独り」で師匠の室内に「参」じて「問答」〔公案修行〕をすることである。西田はこの日の独参で、「無字」の公案を、四年をかけてやっと透過した。無字だけで四年というのは、きわめて長い年月である。西田が鈍かったとは、とうてい思われない。まちがいなく、自分で一応納得する見解の提出に、年月をかけたのである。しかし、それでも自分としては悦べなかった。

ところで、「余《よ》甚《はなはだ》悦ばず」の語はよく引用されるが、これにつづく記述は、一般にはあまり注意を引かない。まず西田は、この日の日記に「公案　鐘の音を止めよ」と、記している。これは「無字」の公案の付則のひとつで、「鳴っている鐘の音を、いますぐここで止めてみよ」というものである。「無字」の応用篇だから、「無字」の公案を一応きちんと透過したら、鐘の音を止めるということの意味は、比較的すぐに見当がつくはずのものである。しかし西田は、この付則の公案は透過しなかった。だから翌四日には、「此日ふら〳〵してくらせり」と記している。そして翌々五日には、「晩に参禅［〔〕前の公案をとらる」と記した。「前の公案を取られる」という意味は、前にもらった公案への見解《けんげ》がいちおう合格とされても、その見解が本物でなかったとして、師匠から合格を取り消されることである。修行は振り出しにもどる。

西田の「余甚《よはなはだ》悦ばず」の語はよく知られているが、師匠の広州老師もまた甚だ悦ばなかったこと、そして西田の合格を取り消したことは、あまり知られていない。

もともと西田にとって、伝統的な禅修行の型に沿うかたちでの見性《けんしょう》だけでは、満足できないものもあったと思われる。大拙に対して「何卒《なにとぞ》時々宗教上の話をか［書］きてくれ玉《たま》え」と頼み、「余も俗界に頭出頭没しながら」宗教上のことを成就したいと書き加えるが、それは裏をかえすなら、「俗界に頭出頭没」する立場には禅修行だけでは片付かない問題が含まれている、ということでもある。それも、外の現実にかかわる政治や経済の問題という意味ではない。まさしく「life［人生、いのち、生、生活］」の問題という意味である。次節に述べる「家庭」の問題などが、そうである。西田がながく苦労した「就職」も、そうである。

しかしまた、そういった世俗レベルでの life の問題とはさらに別に、まさに内面の life の問題に取り組む道として、西田の前に、「禅〈と〉哲学」という、相互に不可分でありながらしかもなお別々の道が、横たわっていた。西田は「哲学」の道を採った。しかし「禅」を去るということは、しなかった。そもそも「宗教」を去る、ということはなかった。むしろ禅あるいは宗教は、哲学の最後の領域ですらあった。『善の研究』の最終篇が「宗教」と題されていることを、想起したい。

五十年の友の死

「昔語りし友」大拙との交わりに叙述をもどそう。大拙は明治三〇年（一八九七）二月に、アメリカへ渡った。大拙の世界的な活動の準備期が、そこから始まった。西田との心の交流は、書簡を通してつづいていた。大拙は西田に、「願はくは吾《わが》東洋の光輝［、］貴下の悟道と共に世界を輝かし得んことを」（大拙書簡六三、明三〇、月日不明）と記している。彼もまた、西田がやがて思想界における大きな光輝となりゆくことを、直観していたのである。

一二年後に大拙が帰国するが、その帰国を待ちわびる心情を、西田はいろいろの友人に記した。そしていよいよその帰国の日、西田は東京から京都まで出かけて、逢いに行った。いまなら新幹線で三時間たらずだが、明治四二年（一九〇九）四月一日の「日記」では、こうである。「午前八時十五分の汽車にて出立［、］午後五時京都着」。車中九時間の旅である。日本からヨーロッパへ空路で赴くと、十時間半だから、ほぼそれに匹敵する。東南アジアなら、九時間あればどこの国でも往復すらできる。当時、東京から京都まで出かけるということは、そういう距離を意味したのである。

車中の九時間は、さぞ、もどかしかったであろう。京都について、得田家《とくだ》（西田の妻・寿美《ことみ》が得田の姓であるから、その親族であろう）での夕食もそそくさと、「直に山本方に至り［、］十数年ぶりにて鈴木大拙に逢う」。一二年ぶりに、いまは京都大学の学生監となっている心友・山本良吉の家で再会する西田と大拙。ドラマの光景を見るようでもある。否、ドラマを越えた現実の、深い魂のつながりを三人が再確認する光景だっただろう。

この光景から一転して、西田の死を聞いて駆けつけたときの大拙の姿を、見ておこう。西田の葬儀は昭和二〇年（一九四五）、はげしい空襲下で、交通機関がさらに不便を極めたときのことだった。「（…）ところが六月七日の午前突如として彼のもはや此世の人でないことを伝えて来た。何時《いっ》向うへつけるか分からないので、早速弁当をこしらえて出かけた。どうかこうか電車には乗れた。降りるとすぐ大急ぎで、姥ケ谷の谷間を上がった。迎えに出られた夫人を見ると、泣くまいと思っていたのに、入口の柱につかまって泣いた」〔鈴木大拙「西田の思い出」、初出『思想』第二七〇号、昭和四五年一〇月号、九―一〇頁。現在は『鈴木大拙全集』第二八巻、岩波書店、昭和四五年、三七九頁〕。

五十年の友と死別するということは、天地も崩れる思いで入り口の柱につかまって泣く、ということである。西田が五十年の友・山本に先立たれたとき、西田は終日氷嚢《ひょうのう》を頭にのせて寝込んでしまった。いま、その西田に先立たれて、同じく半世紀にわたる友・大拙は、死者の部屋に入る前に入口の柱につかまって泣いた。しかしその悲痛のなかで、絶対に隔てられた死者と生者のあいだの壁が、逆対応的な透過性を得たはずである。

家庭という鬼窟《きくつ》

西田の言う「俗界」には、職務としての学問のほかに、「家庭」もあった。明治二九年（一八九六）、二五歳の西田は山本にこんなことを書いている。「小生は今にして family life〔家庭生活〕を後悔いたし居り候故〔、〕切に大兄もこの鬼窟《きくつ》に陥り給わざらんことを望む」（二九、明二九・三・三一）。

家庭が「鬼窟」だなどと、よく言えたものだと、現代感覚の人なら思うであろう。前年五月に得田《とくだ》寿美《ことみ》と結婚し、いま長女の弥生を得た直後の書簡である。そんなことを思うなら、そもそも家庭など持つべきでなかったと、哲学者の身勝手を非難する人もあろう。西田哲学を嫌悪する批判家は、またひとつ好材料を得たと思うかもしれない。

しかしただちに若き西田を非難するまえに、もうすこしその真意を掘り起こしてみたい。まずこの書簡は、親友・山本が「鵬翼《ほうよく》万里の雲を衝《つ》かんか〔、〕将《ま》た peaceful life〔平和な生活〕を取らんか」との考えを西田に書いてきたことへの返事である。鵬翼とは、『荘子』に出てくる大鵬という巨鳥の翼のことである。大鵬は一飛びで十万里の雲を突き抜けて飛ぶという。ここでは、明治の青年たちが抱いた大志のことを指している。その志を抱く山本への忠告として、西田は自分が、飛空をさまたげる家庭生活を後悔している旨を記し、山本にはその鬼窟に陥るなと、述べるのである。

それならなおさら身勝手ではないかと、逆に非難の声が高まりそうだ。西田がさらに次のように続けると、もう弁論の余地は無いとすら思われる。「本月二十五日〔、〕小生方に一女児を挙げたり〔、〕余は多く浮世の網をつづる身となれり〔、〕日々己《おのれ》が気力の衰えん事を恐る」。

いったい、妻の出産に際して、また生まれ来たった子を前にして、自分の気力が衰えることを恐れるとは、どういうことか。この哲学青年の頭は、一体どうなっているのか。

しかし、あとほんの少しだけ、怒れる批判者にはなおも堪忍を請うて、実際の事態を見届けておきたい。西田が記したことは、やがて西田自身が思い知ることとなって跳ね返ってきた。妻・寿美が家出をしたのである。明治三〇年（一八九七）五月。「当たり前だ、寿美の家出は当然だ」との声が、聞こえてきそうだが、もう少し叙述をつづける。

この年は、西田の禅修行が本格化し、「日記」が始まった年である。この年の日記はドイツ語で記されている。禅の修行と並んで、ドイツ語の向上も期したのであろう。二月に鈴木大拙がアメリカに出発したことも、奮起の一因だったであろう。この頃の「書簡」は数通しか現存していないから、ドイツ語の日記を、原文と翻訳との対訳で見てみよう。

五月九日の記述の後半に、„Kotomi ging aus dem Hause ohne Grunde. Wir alle schlafen nicht“とある。全集での訳は、「寿美、理由なくして失踪。皆眠らず」。訳としては、「失踪」よりは「家出」とすべきであろう。それはともかく、理由のない家出・失踪など、あるわけはない。若干の背景は、日記を精読するとおぼろに見えてくる。その前月の四月一六日、西田の父がやってきて、„mit dem wir den Streit gehabt haben“. 全集訳は、「父来宅、我らと口論となる」。初歩文法に忠実に訳すなら、現在完了形をも映して、「父と我々は口論した」となるであろう。さらに前々月の二月一六日には、„Wir wurden auf den Vater verdächtig“［我々は父に疑惑を抱いた］とある。そして一月二五日には„Zum unseren Erstaunen besuchte der Vater unser Haus“［父、我が家へ至り、我ら皆仰天した］とある。

前年、つまり西田の長女が生まれた明治二九年（一八九六）の一二月、父の得登《やすのり》は、菩提寺の住職に宛てて「不幸ノ長男幾多郎外《ほか》三名之《の》子供並《ならび》ニ不《ふ》貞操《ていそう》不人情ノ妻とさ［寅三］と記し、幾多郎および妻・寅三《とさ》の参拝焼香を禁じて欲しいとの「遺言御依頼書」を書き送っていた［この情報は、『西田幾多郎の声・前篇』書肆心水社編、二〇一一年、二三―二四頁に拠った］。西田家の家族内で、父と家族の対立という深刻なトラブルが絡んでいたことが、察せられる。しかし、父とのトラブルだけであれば、寿美が家出する理由にはならなかったであろう。むしろ、父とのトラブルのなかで、夫・幾多郎が禅と学問に夢中になって、自分を護らないという寿美の不満も、原因だったのではないかと、推測したい。

妻の家出と離婚

西田は虚を突かれて狼狽した。妻の家出の日、ドイツ語で„Wir alle schlafen nicht"［皆、眠らない］と記している。「鬼窟」が空になって喜んだとは、書いていない。翌日も消息なし。西田は„Ich ging nicht nach Schule"［学校へは行かなかった］と記す。心痛していたことが窺える。やがて寿美はもどってきた。しかし西田の父の激怒に遭って、すぐ離縁となる。ただし離縁は父の意志ではあって、西田自身の意ではなかった。そのため、翌年に父が死去したあと西田は寿美と和解して、復縁となった。日記や書簡から垣間みる限りは、ほぼ、そのような経過である。ただ、さらに書簡の行間を読むと、意想外の事態が見えてくる。

まず、寿美の家出と離縁のあとの明治三〇年（一八九七）一一月一一日に、西田は山本宛にこう記した。「今余が肉体上死するとすれば［、］第一に余が念頭に浮ぶことは父母妻子のことならん［、］余は誠に此間に洒々落々《しゃしゃらくらく》たる能わざるなり［、］唯近頃マタイ伝第六章の［、］神は蒔《ま》かず収めず蓄えざる［、］鳥も之《これ》を養うとき丶て［、］少しく心を安んじうるなり」（三四、明三〇・一一・一一）。

この書簡が、妻と離婚中のときのものであることを見るか見ないかで、書簡内容の理解は、まったくちがってくる。すなわち日記等から割りだされる年譜では、寿美との離縁は明治三〇年五月二四日であり、この書簡に先立つこと半年前である。そして復縁は、二年後の明治三二年（一八九九）二月である。しかし長男の謙は、その中間の明治三一年（一八九八）六月に生まれている。一目瞭然。西田と寿美との実質的な夫婦の交わりは、離婚直後も途切れていなかったのである。離婚後三カ月の明治三〇年（一八九七）八月二四日の日記には、„Heute kam Kotomi wieder in mein Haus“［今日寿美、再び我が家へ来た］とある。この日も、夫婦の関係確認の機会という風に読んでもいいであろう。長男・謙の誕生月から逆算しても、そうなる。

以上のことを押さえて上記の書簡を読むなら、ある紛れもない事実にぶつかる。それは、この書簡の時点で、離縁したはずの妻の胎内に、妊娠三カ月の子がいた、ということである。西田が書簡で「余が念頭に浮ぶことは父母妻子」と述べるとき、その「妻子」のなかに、寿美の体内に宿っていた子も含まれていた。西田はそれを知っていたであろう。否、知っていたが故に「父母妻子」のことを念頭に浮かべ、窮し、マタイ伝にすがったのである。

西田は、自分が死ねば娘を連れて離婚した妻の生活と、妻の胎内に宿った子がどうなるかを案じた。それと同時に、離婚中であっても夫婦にとどまるということも、人情の上ではともかく、社会的には問題がないことはなかった。果たして、書簡の終わりにはこう記されている。「先日鈴木兄の手紙を見たり［、］男女交際の論は固《もと》より余輩が年来の考と一致せり［、］唯《ただ》大拙の口より此事をきくは大に之《こ》の事を真理とするの価あらん」（同上）。

ちなみに大拙も、「男女交際の論」を考えていた。大拙の書簡に眼を転じると、「先日の手紙」すなわち、大拙が西田に宛てた明治三〇年一〇月二六日（大拙書簡、七二）に、以下のようなくだりがある。

「予は敢て米国の風をまねびて爾《し》か言ふにあらず、本国にて青年の男子が酒色に溺れて、一身を誤るは勿論、妻子あるものさへ、よからぬ道に踏み迷ひ、芸者娼妓なければ社会の交際出来ぬやうな姿に相成りをるは畢竟《ひっきょう》ずるに、男女の交際自由あらざるによるなきか。(…) 故に今男女の交際を開放して両性相知り相近くの機会を与ふれば自然に相互の感化によりて思想情操高潔になるべしと思ふ」。

男女のまじわりは、「自然に相互の感化によりて思想情操高潔になるべし」、というのが大拙の考えだった。西田は大拙からその考えを聞いて同感し、また力をも得た。「性」は人間の自然でもあるが、単にそれを肯定するだけなら、本能的生活のままにとどまって、向上ということがない。向上心もまた人間の本性に含まれている。そしてその向上心とひとつになるとき、性もまた思想と情操の向上の糧となる。

しかしながら、当時の西田の状況が、このようにきれいに割り切ることで済む問題でなかったことも、たしかである。それに、性の問題も上のように割り切れば済む、というものでもないであろう。西田と大拙がこういったことについてもやり取りをしていたのは、修行や学問探求から横道へ逸れる脱線ではなくて、本来の life の研究の延長上にあった。だから、しばらく後の明治四四年(一九一一)の大拙宛て西田書簡にも、「君が Sexual life〔性生活〕の説はき丶たい者である」(一〇一、明四〇・七・三〇)と記したあと、「西洋では凡て Sexes〔性〕が文化の中心となり、東洋では Nature〔自然〕が中心となって居る様《よう》のことはないか」と、つづけられている。

ちなみにその大拙においては、「宗教と性欲」という短いエッセイ〔『鈴木大拙全集』第二八巻、五二二—五三八頁〕のほか、結婚問題があった。明治四四年（一九一一）にビアトリス夫人を娶ることとなるが、その結婚のすこし前に西田は、別の友人にこんなことを書いている。「一時〔…〕前米国大使の日本人と結婚しても不幸なりという妙な反対にて結婚ものび候が〔…〕唯《ただ》同夫人が仏教信者の交際嫌《ぎらい》故〔…〕所謂クリスチャンの外国婦人より嫌われ〔…〕口さがなき婦人のいろ〳〵の事を云いしものにて反《かえ》って同情すべく憐むべきものと存じ居候」（二二二、明四四・一一・二〇）。

少し長々となってしまった。「家庭は鬼窟」という西田の表現は、学問向上と求道に急ぐあまりの力《りき》みにすぎなかった。西田の本領は、むしろこまごまとした情に溢れていた。後年に、西田は京都大学のある同僚への慰留の書簡で、その締めくくりに突如、こう記している。「余の妻よりよき妻は多かるべく〔…〕余の友よりよき友は多かるべし〔…〕併し余の妻は余の妻にして余の友は余の友なり」（四七六、大八・一〇・一〇）。

子の死別、妻の死別

西田は寿美と復縁したあと、次々に子宝にめぐまれた。しかしまた、次々に子に死別する悲劇に見舞われた。西田の人生は、その節々でどこまでも「死」の悲哀に彩られている。まず子が生まれた順を記すなら、明治三四年（一九〇一）に次男外彦《そとひこ》、明治三五年（一九〇二）に次女幽子、明治三八年（一九〇五）に三女静子、明治四〇年（一九〇七）に四女友子と五女愛子。明治四二年（一九〇九）に六女梅子。平均、二年ごとに子が生まれている勘定になる。三女静子が生まれたとき、西田は、「現在は男二人女二人にて今度五人めなり」（六七、明三八・九・二〇）と、ある書簡に記したが、その後さらに三人生まれて、合計八人の子宝にめぐまれた。しかし後年、西田自身が死去する四カ月前に、西田は次男の外彦に宛てた書簡で、こう記さねばならなかった。「私も七人の子供をもちましたが〔、〕もはや四人は私に先だって逝き、あと三人になりました」（四三六六、昭二〇・二・二五）。

八人のはずなのに七人と記したのは、五女愛子が生後ひと月で死去し、子としての存在感がなかったためと思われる。正確に数えるなら、西田に先だって死去した子は四人ではなくて、五人である。その順を記すなら、明治四〇年（一九〇七）に次女幽子、同年さらに五女愛子、大正九年（一九二〇）に長男謙、昭和一六年（一九四一）に四女友子、昭和二〇年（一九四五）に長女弥生。

残った三人のひとり、次男の外彦に、西田は、「どうか残る三人〔、〕相親しみ〔、〕相助け、共に美しき情愛の生涯を送って下さい」と記している（同上）。

「日記」には、子の死は淡々と記される。しかし短歌と書簡には、子を失った悲哀が綿々と綴られる。次女幽子が五歳の幼さで死去したとき、西田は心友・藤岡にこう書き送った。「丁度五歳頃の愛らしき盛《さかり》の時にて常に余の帰《かえり》を迎えて御帰《おかえり》をい〔言〕いし愛らしき顔や〔、〕余が読書の際〔、〕傍《かたわら》に坐せし大人《おとな》しき姿や美しき唱歌の声や〔、〕さては小さき身にて重き病に苦しみ哀れなる状態や〔、〕一々明了に脳裡に浮び来りて誠に断腸の思いに堪えず候〔、〕余は今度多少人間の真味を知りたる様に覚え候」。そして、こうつづく。「小生の如き鈍き者は愛子《いとしご》の死というごとき悲惨の境にあらざれば〔、〕真の人間というものを理解し得ずと考え候〔、〕草々」（八一、明四〇・一・一四）。

弟・憑次郎《ひょうじろう》を日露戦争の旅順総攻撃の折りに失ったときは、「当世の流行語にては名誉の戦死とか申すべく〔、〕女々しく繰言《くりごと》をいうべきにあらぬかも知らねど（…）一本の新墓標の前に一束の草花を手向けて泣くより外になき有様〔、〕人生はいかに悲惨なるものに候わずや」（六一、明三七・一二・二五）。弟の墓標の前で一束の草花を手向けて泣いたと、西田が告白する。告白の相手は、もちろん山本良吉でしかない。

長男・謙が腹膜炎で入院のときは、親友・山本には、「天〔、〕何故にかく貧弱なる一老学究を苦《くる》しむるか」（四九七、大九・四・二九）と書き、さらにひと月後に、「長男入院後〔、〕腹膜の方はよくなり候えども〔、〕病菌血液中に入り〔、〕遂に心臓に入りて心臓内膜炎を起し〔、〕昨今は医師も余程《よほど》六ケ敷様《むずかしきよう》申し居り」（四九九、大九・五・二六）と、記した。そして遂に謙が死去したときは、いくつかの短歌を詠んだ。そのひとつは、こうである。「担架にてこの途ゆきしその日よりかへらぬものとなりにし我子」。

このとき妻・寿美は寝たきりで家に臥していたことも、付け加えておきたい。別の友人・田部隆次《たなべりゅうじ》には、「何等か罪悪の報《むくい》かも知らぬが具《とも》に人生の惨事を味い候」（五〇八）と記し、妻と共に惨憺たる思いをかみしめていることを告白した。

その妻・寿美も、ついに大正一四年（一九二五）一月に死去した。西田は「日記」に、「三十年生を共にし彼女は小壺中の白骨となって帰り来る」と記し、田辺元宛「書簡」には、こう記した。「されど今は〔、〕我家という如きものが消え失せて遠き国にさまよう旅人の様な心持がいたします〔、〕此心いかに動き行くならん」（七四四、大一四・一・二八）。

最晩年の昭和二〇年（一九四五）に、西田自身の死に先立つこと四カ月、長女弥生に死別したときは、「無限の淋しさと深き悲哀に沈んで居ります。（…）幽子の死にはじめて子を失いし悲哀を味わい、弥生の死に［、］子に先立たれし老人の悲哀を知りました」（四三六六、西田外彦宛、昭二〇・二・二〇）。

かつて家庭を「鬼窟」と評し、学問と修行の妨げとみなした若き西田の力《りき》みは、次々に死別していった子供たちと妻への思い、そして生死の悲哀のなかで、跡形もなく融け消えている。

第二節　思想と時代　明治の勃興と「純粋経験」の思索

「悲哀」という根本気分

「悲哀」あるいは「悲惨」という語が、西田の書簡には最初期から何度も登場してくる。いくつかの個所はすでに挙げたが、もうすこし補っておこう。心友・藤岡作太郎が父を失ったことに触れて、西田は藤岡にこう記した。「併しどうもこれが人生に不得已《やむをえざる》のことなれば［、］あきらめ得ざる所にあきらめて悲哀の中に一種の慰を求められたく候」（七九、明三九・一二・二三）。この書簡は、まだ他人の悲しみを慰めるという域を出ていないが、その翌年に西田の次女幽子が病死したときは、ちがっていた。そのときの断腸の思いを藤岡に書き記した書簡は、すでに引用したとおりである。そしてそのさらに三年後に、今度はその藤岡自身が病没した。

西田は別の友にこう書き送っている。「私にして二十五年来の親友を失いし事［、］悲哀の念に不堪《たえず》候」（一八三、明四三・二・一一）。

感受性の強い西田は、すでに一三歳のときに姉・尚との死別から、強い衝撃を受けていた。「余は亡姉を思うの情に堪えず、また母の悲哀をみるに忍びず、人無き処に到りて、思う儘《まま》に泣いた」（『旧』一・四一六、『新』一・三三〇）。

「悲哀」は、西田哲学の根本感情だった。西田自身が、「哲学の動機は〈驚き〉ではなくして深い人生の悲哀でなければならない」（「場所の自己限定としての意識作用」一九三〇年、『旧』六・一一六、『新』五・九二）と述べたのは、単なる一時の感想としてではなく、彼の人生をつらぬく実感だった。西田の論文には強靭な論理主義が貫通し、ごつごつとした特異な用語が到るところで結節点をなしているが、しかし読み進むにつれて、その論理主義を包みこむ深い情意と気分とが、感じとられるようになる。その気分を、西田は「悲哀」と呼んだ。それは彼の人生そのものを見るとき、実感の表現にほかならなかったことが分かる。

「悲哀」は、感傷的な気分と取られやすい。しかし、単にそれだけと取ると、ぼたんの掛けちがえを生じる。悲哀が「哲学の動機」となり、哲学することの根本感情になるということは、その気分が生死そのものの根本気分として、論理すらもそこで成立するような場所になる、ということである。

論理はどこまでも根拠づけという働きをなし、かつ根拠づけられた仕方で展開する。「根拠」とは合理ということであり、理性によって捉えられるものでなければならない。哲学的思考は、理性をもつかぎりの人間の営みとして、自然科学すらも基礎づける普遍性をもっている。しかしながら、根拠づけそれ自体はさらに別の根拠をもつわけではない。根拠それ自身には、他を根拠づけるものという性格のほかに、それ自身としては無根拠的という性格が、含まれている。根拠とは常に、何かの問題についての根拠であるが、その何かが問題になるかということ自体は、無根拠である。たとえば、ある人にとっては時間が、別のある人にとっては存在と無が、そしてさらに別のある人にとっては善と悪が、抜き差しならぬ問いになるとして、そのことは他人にはもちろん、当の本人にも説明できない。なぜそれが問いになるのか、という問いは、答えをもたない。それは無底的な事態である。人はひとつの問題を抱くとき、すでに深淵に面している。

この深淵は、いつも特定の「気分」に刻印されている。ギリシア哲学においては、それは「驚き」だった。現象への驚きである。そこから「なぜ」の問いが展開され、現象の「本質」が探求され、形而上学が始まった。近代哲学は「不安」という根本気分をもっていた。「神」信仰に裂け目が走ったことにより、絶対者を思惟において確保しようとするドイツ観念論が成立し、神の死によって「生」が無目的の虚無へ転げ出るという不安から、ニーチェの哲学が出てきた。哲学的論理が自然科学的論理に直面してどこまで論理であり得るのかという不安から、論理実証主義や言語哲学が成立した。

こういった哲学の始まりとしての気分というレベルで、西田の言う「悲哀」をも捉えることができるであろう。西田の場合、それは概して人の「死」に直面しての気分だった。そこでは、現象への驚きでもなく、生への不安でもない、説明の入る余地のない悲しみが湧き上がる。ただし、それだけなら誰もが身近の人の死に際して抱く気分である。しかし誰もがその気分を「哲学の動機」にするわけではない。哲学の根本気分となるような悲哀は、根拠づけをなす理性的な思惟そのものを、ひとつの問題方向へと向ける気分である。その意味で、思索成立の場所である。

そのような意味での「悲哀」は、個人的な感情であるとともに、単に個人的とも言えない側面をもっている。後に西田は、こう述べた。「我々の情緒といふものの底には深い歴史的形成作用が働いていなければならない」（「歴史的形成作用としての芸術的創作」、「旧」一〇・二〇一―二〇二、「新」九・二五一）。親しい人の死に慟哭《どうこく》するとき、その悲哀の深淵のなかで、単にその人の死だけでなく、生あるものすべての宿命も、本当はひらかれている。そんなことは慟哭する人の意識にはないであろうが、その悲哀の内容は個人の死を越えている。人の死は、その人だけの出来事ではなくて、その人の環境と社会と時代の出来事でもある。たとえひっそりと孤独死を迎えた人であっても、まさにその孤独死という在り方の中に、その人が生きた環境と社会と歴史世界が映る。「哲学の動機は〈驚き〉ではなくして深い人生の悲哀でなければならない」というときの「なければならない」は、他の動機を排除したり否定したりするという意味ではなくて、他の感情に置き換えられない心底の吐露である。

日露戦争

西田の弟・憑次郎の死は、憑次郎だけの死ではなくて、それを深く悼む西田の出来事でもあった。そして日本が近代国家として成長しゆく過程を画する「日露戦争」という出来事のなかでの「戦死」という出来事であり、「明治」という時代を映す国家の出来事でもあった。「当世の流行語にては名誉の戦死とか申すべく［、］女々しく繰言《くりごと》をいうべきにあらぬかも知らねど

（…）一本の新墓標の前に一束の草花を手向けて泣くより外になき有様［、］人生はいかに悲惨なるものに候わずや」（六〇、明三七・八・二九）。

この語は、憑次郎が戦死したときの悲しみを、西田が山本良吉に宛てて記した書簡のなかにある。山本に対しては隠すものはないから、西田は自分の気持ちを率直に吐露している。明治にあっては、戦場での死は「名誉の戦死」であり、国家の公的な出来事の一部だった。たとえば、西田が四高で開いた「三々塾」の塾生に、四高教授として弟の死について述べるときは、公私のなかの「公」の部分が、前面に出てくる。「併し甚《はなはだ》名誉なる戦死なりしとの事故《ことゆえ》［、］人間一度は必ず死すべきもの［、］斯く［の］如き死こそこの上なき死《し》場所なれと思いて［、］少しは心を慰め居り候」（六〇、明三七・八・二九）と。しかし公私の「私」の部分においては、心が慰められることなどは、あり得なかった。四カ月後の翌年一月になっても、西田は「余は昨年受けたる心の傷は未だ癒されざるなり」（六三、明三八・三・八）と、書き記している。だから山本に宛てた書簡では、新墓標の前で草花を手向けて泣いたことを、隠すことなく打ち明けている。

「個人と国家」の関係は、「死」という出来事を介するとき、距離を生じはじめる。「戦死」は私事ではなく、国家の公事に属するものとなる。それは、死者の家族が占有できる出来事ではないから、私的に公表するものではなくなる。三々塾の生徒に記した上記の「書簡」六〇では、念のため以下のような追伸が記されている。「戦死の事［、］極《ごく》秘密に候故［、］其御積《そのおつも》りにて公表を御待《おまち》居《お》り被下度《くだされたく》候」。

そのような「私」のレベルでは、国家と個人との関係は「死」を介して甚だしい乖離となるが、他方で「生」の営みにおいては、国家は個人と乖離《かいり》し得ない不可分の関係にもなる。国家の帰趨と盛衰は、どの国民においても生と直結する最大の関心だからである。少し書簡を追ってみよう。

「日露戦争益《ますます》大［き］くなり［、］何時《いつ》終局を見るべきかを知らず［、］実に国家の大事［、］痛心の至［り］なり」（六三、明三八・三・八）。弟を失ったことも痛心ながら、その弟を奪った戦争もまた、西田にとり痛心の至りである。だからそのひと月まえには、西田は「愛国義会」へ三円の寄付をしてもいる（「日記」明三八・二・二）。

第四章で述べることだが、西田の晩年に到来した太平洋戦争においては、国家と個人の切れ・つづきの関係は、ネガティブな方向で悲劇的様相を帯びた。しかし日露戦争の時点では、その切れ・つづきの緊張関係は、弟の死という出来事においてこそネガティブな仕方で萌芽しはじめたが、まだ西田の意識においては自覚化されていない。

西田は一方で、禅と哲学において内面的に自己を探求していた。その範囲で、日露戦争も意識にのぼった。「幸にして終局の勝利を得ば［、］我国民の勃興は期して待つべきも［、］徒《いたず》らに物質的の国民は取るにあらず［、］吾等は微力ながらも精神的発達を計らざるべからず」（同上）。しかし、そうは言いながらも、日常生活を営むという次元においては、戦局もまた大きな関心事とならざるを得なかった。「午後三時半頃［、］旅順口陥落、ステスセル［ステッセル］降伏の号外至る、愉快不自禁《ゆかいおのずからきんじず》」（「日記」明三八・一・五）。

この頃の西田は、猛烈に打坐《だざ》［坐禅］に打ち込んでいた。だから一方では、一般の風潮と一線を画して、戦勝に対しても心を動かさない、という面もある。「正午公園にて旅順陥落祝賀会あり、万歳の声聞《きこ》ゆ、今夜は祝賀の提灯行列をなすというが、幾多の犠牲と、前途の遼遠なるをも思わず、かゝる馬鹿《ばか》騒《さわぎ》なすとは、人心は浮薄なる者なり、夜打坐」(「日記」明三八・一・五)。しかしまた、日本海海戦の勝利には喜びを隠せない。「東郷[平八郎]大将の詳《くわし》き公報の続出《ぞく》づ[、]実に意想外の大勝なり[、]国民歓喜措《お》く所を知らず」(「日記」明三八・五・三一)。

一方では、「余は Psychologist[心理学者] Sociologist[社会学者]にあらず[、] life[人生、いのち、生活]の研究者とならん。禅は音楽なり禅は美術なり禅は運動なり[、]之《これ》の外《ほか》慰籍[藉]を求むべきなし」(「日記」明三八・七・一九)と記して、内面的な錬磨に向かおうとする。しかしまた、日露戦争の講和で三国干渉に直面した日本が、講和条約で譲歩したことに憤慨して、「講和条件を見るに大屈辱なり[、]日本の元老閣臣[、]何の顔ありて国民に対する[、]償金とれず樺太《からふと》も半部ゆづり鉄道も長春[まで]とはナサケナキことなり」(「日記」明三八・八・三一)と、切歯扼腕《せっしやくわん》の心情を書き記す。

「打坐」に打ち込む記事と、日露戦争の勝利を喜び、外交的譲歩に憤慨する記事とのあいだには、心情において大きな隔たりがある。西田のなかでは、この頃の「国家」への関心は、ごく一般的ナショナリズムのレベルにとどまっていた。もし日本が三国干渉を拒絶していたら、ドイツがあからさまに仄めかした「宣戦布告」という事態が、ロシア、フランス、ドイツの三国によってなされていたであろう。そうなれば、清国に対する戦勝は帳消しになって吹っ飛んでいたはずである。後に日米開戦に向かう軍部の動きに対して西田が激怒する場面があるが、そういった時代状況への洞察は、日露戦争当時の西田にはまだ無い。「哲学」においても、社会的・歴史的現実としての国家を受け止めるまでには、まだ熟していなかった。

「国家」と「個人」とは、本質的に切れ・つづきの関係にあるとして、当時の西田においてはその関係は、断絶面も連続面も自覚化されていない。弟の戦死は国家と自分との断絶面であるが、戦勝への歓喜は連続面でもある。その曖昧さのなかに、「明治」という勃興期の特徴もあったと言える。人の成長とおなじく、国家もまた、その成長と勃興の時期には、諸矛盾を含みながらもそれを押さえ込みつつ、ひたすらに伸び続ける。その成長がいちおうの成熟に達したときに、初めて自覚と反省もはじまる。そしてそのとき、断絶面が悲劇的な仕方で表面化するとともに、連続面への狂信的な帰依が、超国家主義となってあらわれる。その事態は、日本近代史においては昭和の時代を待つことになる。

短命多病と青雲の大志の逆接関係

人の死は、必ず特定の環境、特定の時代、特定の社会を映す、ということを先に述べた。人に死をもたらす「病気」という現象も、そうである。

西田の「日記」と「書簡」には、自分も友も、そして親族も、しきりに病気に襲われて苦しむ記述が、頻繁になされる。当時にあって、病気は非日常的ではなくて、きわめて日常的だった。明治二四年（一八九一）、二一歳のときに心友・山本に送った書簡を、挙げよう。「知らず病痾已《びょうあすで》に癒《いえ》たる乎《か》〔、〕夫《そ》れ光陰は志士之《の》重んずる所〔、〕病痾《びょうあ》は庸夫《ようふ》も悪《にく》む所〔、〕而して抱負〔、〕君之《の》如きを以って〔、〕将《まさ》に数月ならんとす〔、〕其《その》憤悶果《はた》して如何ぞや」（七、山本良吉宛）。

「病痾《びょうあ》」とは、以前にも出てきた宿痾《しゅくあ》とおなじで、長く患っている病気という意味である。ここでは西田が山本の長患いに対して見舞いを述べているが、その西田自身も少し前に、眼の病気を患って入院し、読書を禁じられ、半年を空しく過ごした。鈴木大拙もまた「宿痾《しゅくあ》」に苦しんでいたことは、すでに述べた。三人の心友がいずれも病苦を負っていたということは、単なる偶然ではなくて、当時の時代現象の一部である。西田は自分の病を回顧して、「同情相憐む［、］余にあらずんば誰か君之《の》胸裡《きょうり》を知らんや」と、山本に記した。その後も風邪にかかったり耳鳴りがしたりするが、特に肋膜炎《ろくまくえん》を長く患った。「肋膜炎」という名称は当時のもので、現在では「胸膜炎」と呼ばれるが、いちおう、西田が用いる当時の名称をここでも用いることにしよう。

明治四〇年（一九〇七）三月、「実は小生今月の始より風邪にかゝり［、］始は通常の風邪と思い居り候処［、］遂に肋膜炎《ろくまくえん》なること判明し」（八六、明四〇・三・二〇）、それは五月になっても治らず（九二）、六月には「此頃どうやら一通り平癒《へいゆ》致したる様に存じられ候」（九六）と記したが、七月には転地療養が必要になった。九月になっても「時に胸に不快の感ある様に思うなり」（一〇六）。一年以上を経過した明治四一年（一九〇八）五月も、なお「小生の病気一度全快した様に思うて居たが」（一二七）、そうではなく、「未だ引籠り静養致《いたし》居り候」。同年七月になっても、「小生の病気は依然全治というに至らず」（一三二）、さらに翌年の明治四二年（一九〇九）一月には、「近日風邪引き候処［、］やはり胸部に痛みを感じ、これでは尚暫く静養の必要ありと存じ候」（一五五）となる。発病から十一年も経た大正六年（一九一七）五月には、「やはり慢性的な肋膜炎が今春感冒にかゝりたる時［、］多少悪くなったので」（三四七）といった書簡がある。実際、この年の夏には保養に専念している。

すこしくどく引用をしたが、それは肋膜炎という病気が、西田においてはこれだけの長年月にわたるということの時代性に、眼を向けたかったからである。西田とその周辺の人物たちにつきまとう「多病」は、時代の現象なのである。

もちろん現代のほうが、むしろかつて無かったほどの「心の病」の多発時代だと、言えないこともない。現代では、病気そのものが住環境や食環境や労働環境の複雑化によって、格段に多様化している。だから現在のほうが「多病」だとも言える。しかしながら、寿命に直結する病気という限られた意味では、現代は医学の進歩によって、病の脅威が激減した。「この頃赤痢コレラ流行いたし［、］困り居り候」（二四、山本良吉宛、明二八・一〇・二）というような事態は、現代の日本ではあり得ない。

明治時代は、なおも赤痢やコレラが頻発した時代である。栄養が十分であれば抑えられ得る「肺病」［現代の病名では「肺結核」］も、広く蔓延する難病だった。ただ西田を悩ませた不眠症だけは、現代と共通しているかもしれない。西田は大正六年（一九一七）二月一日、田辺元《はじめ》宛に、「これは数年来の宿痾《しゅくあ》に候」（三二五）と書いている。しかしその他は、西田が背負った諸々の病苦は、かなり前時代的だった。肋膜炎（胸膜炎）のほかに、西田は昭和五年（一九三〇）には軽い腎臓炎（現代の病名は「腎炎」）に、また昭和一六年（一九四一）から一七年（一九四二）にかけてはリウマチに襲われ、最後は本格的な腎臓炎（腎炎）で急逝した。現代医学であれば、これらは概して薬で押さえこんでしまうものばかりである。少なくとも、一般的な平均寿命にむすびつく病気ではなくなっている。これらを次々にかかえこむ「多病」は、明治的と言わざるを得ない。

一九〇〇年の時点での日本人平均寿命は、統計〔"The World Economy, A Millennial Perspective/Historical Statistics"〔『世界経済。千年のパースペクティブ』〕, Development Centre Studies, OECD, 2006〕によれば、わずか四四歳である。欧米でも、フランスと米国が四七歳、最長のイギリスで五〇歳だったから、明治日本の医療と栄養は、すでに欧米の水準に近づいていた。それでも人生が平均四四年となると、現代の平均寿命の半分に近い。一九五〇年になると上記各国の平均寿命はいずれも六十歳代となり、日本人のそれはその中では最下位の六一歳となる。日本が欧米を一気に抜き去って長寿の世界ランキング一、二位を争うようになるのは、一九七〇／八〇年代からである。

一九四五年に没した西田は七五歳だった。生涯いろいろの病に悩まされながらも、その年齢まで生きたということは、彼が日本人の平均を上回る寿命を得たということである。もしかしたら、西田は多病にもかかわらず、意外に強靭な体質だったのかもしれない。とはいえ、それは上空から俯瞰したかぎりの観察である。五十年を待たずして終わる多病の人生は、さまざまな病気に襲われる確率が高いということであり、「死」が人生の早い段階で襲ってくるということである。

西田が「唯一なる老後の楽」として、「心ゆくばかり読書と思索にふけり度《たく》」と願ったのは、彼がまだ五一歳のときだった（五四九）。しかもその時点で、彼はすでに三人の子（幽子、愛子、謙）を失っていた。それにとどまらず、翌年は「両児同時にチフスにかゝり〔、〕今に入院中にて一時は二人共に危険状態に至り〔、〕」（五九八、大一一・八・一一）、もう少しで、さらにふたりの子を失うところだった。そのときも「それに家に尚二人も病人があるので」どうにもならず、特に妻・寿美は脳内出血のまま寝たきりである。西田は翌年の大正一二年（一九二三）二月一四日、久松真一宛のはがきに、「子は右に母は左に床をなべ春はくれども起《た》つ様もなし」という悲惨な家庭状況の句を書き送っている。自分の寝床の両側に病人が横たわるという生活が、この句から浮かび上がる。すでに記したように、西田自身の没年時には、すでに五人の子が先だって死去していた。彼の身辺でも、親友や知人や、その子たちが、つぎつぎに夭折していった。

　ただ、ここでも「明治」という時代の生命力が逆説的に際だって来る。すなわち、人生が多病と短命であるなら、その制約を逆にバネとして、大志をもって世に飛翔しようとする意志が、かえって強靭となる。「小生には尚《なお》一片の脊梁骨《せきりょうこつ》あり」が、明治的な青春の図でもあった。

　先に挙げた一九歳の西田の山本宛書簡を、改めて読み返してみよう。「夫《そ》れ光陰は志士之《の》重んずる所［、］病痾《びょうあ》は庸夫《ようふ》も悪《にく》む所［、］而して抱負［、］君之《の》如きを以って［、］将《まさ》に数月ならんとす［、］其《その》憤悶果《はた》して如何ぞや」。

　身体をむしばむ「病痾《びょうあ》」は青雲の大志の「抱負」と、するどく対立する。それは山本だけでなく、西田自身においてもそうだった。すでに言及したように、西田における「抱負」は世間的な立身出世よりは、「学問立志」だった。しかし、病苦で逆にこの志がさらに決然となった節もある。

『善の研究』以前の論文

　叙述がいたずらに散乱しないように、明治三三年（一九〇〇）の西田を、なおも見ておこう。どういうわけかこの年には、「書簡」も「日記」も記されていない。この頃の西田は坐禅修行と読書に猛烈に打ち込んでいたから、おそらくその猛烈さが、書簡も日記も記さないという形になったのではないかと、推測される。しかし、まさにこの年に、西田は論文だけは二本も作成している。西田が執筆した論文を、それ以前のものも含めて、リストアップしておこう。『善の研究』の前史を見る、という意味もあることを付記しておきたい。

(1)明治二五年（一八九二）、帝国大学（後の東京帝国大学）文科大学哲学科選科にレポート「カント倫理学」を提出。西田は二二歳。
(2)明治二七年（一八九四）、ヒュームについての「卒業論文」を提出。
(3)明治二八年（一八九五）「グリーン氏倫理哲学の大意」を『教育時論』に発表。
(4)同年「英国倫理学史」を執筆。
(5)明治二九年（一八九六）「ヒュームの因果法」を『北辰雑誌』に発表。
(6)明治三〇年（一八九七）「先天知識の有無を論ず」を『北辰雑誌』に発表。
(7)明治三三年（一九〇〇）「美の説明」を『北辰雑誌』に発表。
(8)同年「ベネディクト・スピノザ」を『北辰雑誌』に発表。

当時の西田の生活においては、「禅」と「哲学」のどちらが主で、どちらが従であるかは定め難いところがあるが、少なくとも「哲学」論文においては、「禅」の跡は表面的には浮上しない。ひたすら西洋思想の受容につとめる時代である。しかし、その水面下はちがっていた。たとえば明治三二年（一八九九）の日記の表紙見返しの裏面に、西田がリストアップした書物の名や思想家名が、列挙されている。カント、ゲーテ、シェークスピア、バイブル、論語、スピノザ、王陽明、ストア哲学、カーライル、エマーソン。このなかで、論語と王陽明は当時の教養の一部でもあっただろう。そして、ここに挙げられる西洋の人名も、帝国大学を卒業して教職についた者の、必須の教養だったと言ってよい。しかし次に、禅の文献がつづく。伝習録、寒山詩、碧巌集、塩山仮名法語、月庵和尚法語、鈴木正三《しょうさん》、反古集、白隠和尚、遠羅天釜《おらてがま》。

これらの禅語録や禅文献が、当時において一般的だったとは思われない。これらは西田の坐禅修行の経験とともに、二十代後半の学究である西田の思索土壌に浸透し、思索の栄養素になっていった。これらの禅語録・禅文献のあとに、一連の西洋の文学作品が挙げられることも、注意しておきたい。ゲーテの『ファウスト』『ウィルヘルム・マイスター』『わが生涯より』『詩集』、シェークスピアの『ハムレット』、ダンテの『神曲』、等々である。最後のダンテの作品は、西田が四高時代に友人たちと「ダンテ会」で輪読していた作品でもある（本書、序章を参照）。そしてゲーテとシェークスピアの諸作品は、いずれも禅宗で言う「己事究明《こじきゅうめい》」［自己の本性を究明すること］の姿勢に通じる作品ばかりである。

西田において、「禅」および東洋思想は、伝統的な枠から歩み出て、こういった西洋の精神文化という視野のなかで受け止められていた。逆に西洋の思想と文芸も、西洋とはちがった精神伝統の地盤において、西田の中で消化されていく。猛烈な坐禅と、猛烈な西洋文化受容。それは「明治的なもの」の最も昇華された精神的形態だったと言える。

帝国大学選科生の屈辱

多病と短命の意識が、多くの青年たちの青雲の志に立ちはだかりつつ、しかし逆にまたこれを鼓舞するものだったとすれば、この志を軌道に乗せて運ぶものは、近代国家としての社会制度と国内外の政治的・軍事的・文化的状況だった。西田において直接の作用をおよぼしたのは、とりわけ学校制度だった。

西田は明治二一年（一八八八）九月に一八歳で四高（旧制第四高等中学校）の本科に入学し、明治二三年（一八九〇）三月に一九歳で退学している。そして翌明治二四年（一八九一）九月、二一歳で帝国文科大学選科の入学試験を受けて入学し、明治二七年（一八九四）七月、二四歳でこの選科を卒業した。年表にすればただそれだけの簡単な経過であるが、そこに映る当時の学校制度と、西田がそこをくぐって経験したことは、年表には入ってこない。

当時の旧制高等学校と帝国大学とは、入学者数がおなじだった。だから旧制高校に入学すれば、基本的に帝国大学に入れた。旧制高校に入学した時点で、日本の近代社会を担うエリートの進路が確保されたことになる。ただしそれは、旧制高校を正当に卒業した上でのことである。西田は四高で「不羈《ふ き》奔放《ほんぽう》」にふるまって、行状点百点のうち八点をもらって第一学年を落第し、翌年に威勢良く中退した。そのあとの帰結を、西田は見越していなかった。まず、帝国大学へのストレート入学の資格が得られなかった。後に西田が回顧するように、「学問はひとりでもできぬことはあるまい」と独学を始めたが、目を患い、「節を屈して」東京帝国大学の選科を受験することになる。それはエリートコースとしては、王道でなくて脇道だった。

この選科の入試のために上京したときに、すでに脇道の屈辱が始まる。東京から山本と藤岡に宛てた西田の書簡に、それが記録されている。明治二四年（一八九一）六月二五日の日付である。「選科の入試を受ける」という背景を知った上で読まないと、この書簡の字面《じづら》はわかっても、そこに籠められた西田の心中は、半分も伝わらないであろう。

「此地《この》〔、〕頗《すこぶ》る知己多く」とある。西田はここで、すでに東京帝大に入学した第四中学の同窓生たちと会うのである。まずは「甚だ愉快」だった。「併し皆々〔、〕大学之《の》学者連なれば校帽粲《さん》として〔、〕大学之《の》二字〔、〕天に輝き〔、〕コルドン、ボットンのセビロは翻々として風に飄《ま》い〔、〕小生如き浪人は共に歯するを得ず」（五）。

コルドン、ボットンの背広というのは、どんなものかよく分からないが、帽子と共に旧制大学のエリートたちが着用する、上等のブランド製品なのだろう。否、単にブランドだというのではない。「校帽粲《さん》として〔、〕大学之《の》二字〔、〕天に輝」き、背広も、金で買うことのできないエリート身分を示す制服である。「小生如き浪人」すなわち選科の受験生は、その服装をした本科生たちと同席しても、否、同席することによって更に、隔たりが歴然となる。

学問に志してやってきた西田の眼には、彼らの空虚な見栄は堪え難いものと映った。そこで、この連中に対する辛辣な批評がつづく。

「松本君は不相《あいかわらず》多く読書したる如し［、］然れども其《その》読みたる所《ところ》尽《ことごと》く記しおるや［、］又尽《ことごと》く解し得たる［、］知り難し［、］Catalogue［カタログ］はよく知り居れり」。

書籍のカタログだけ見て中を読んでいない松本文三郎も空虚なら、柄にもなくバイロンの詩集を所有し、しかもバイロンの詩と称して中国の高青邱《こうせいきゅう》の詩を友人に得意げに与える岡真三も、「豈《あに》絶倒せざるを得んや」。そして、「横山は自分を余程《よほど》立派と信じ居れり［、］かれ余輩を物の数ともせず［、］」。

西田は、よほど悔しく思ったのであろう、この横山正誠についてはさらに、「喋々《ちょうちょう》支那語を説き聞《きか》せり［、］而して其《その》学ぶ所を問えば［、］支那語之《の》本［、］五葉に過ぎず、（…）、実に失笑に堪えざる也」と、嘲笑の語をつづける。しかし、いくら彼らを嘲笑し酷評しても、どこか負け犬の遠吠えのようなところが残る。西田は上記の後年の回顧で、選科の学生には図書室で坐る場所まで差別があったことを、記している。図書室にまで、負け犬用の席が設けられていたのである。

選科のハンディは、卒業したあともつづく。明治二七年（一八九四）に卒業して金沢にもどったが、石川県尋常中学の英語教師の職は当てが外れ、社会に出てからの西田の最初の挫折となった。就職に到るプロセスの不透明さに、「小生もholy［聖］なる学界より始めて所謂世界に出て［、］かくまで腐敗せるものかと嘆息」（一七）する。不運と言えば、すでに帝国大学在学中に、西田家が破産するという出来事もあった。鈴木大拙が山本良吉に「君は金なきに苦み、西田君は家なきに苦む」と書いたのは（本章、二二頁）、この翌年である。西田は、「小生［、］家財豊ならざる事故《ことゆえ》［、］早く何処にても奉職致し度《たく》と存じ候」（同上）と焦る。しかし、まさにその奉職の場を求めるにあたって、脇道エリートの失意が新たとなった。

この時点から、学習院教授に（明治四二年／一九〇九）、そして京都帝国大学大学文科大学助教授に（明治四三年／一九一〇）なるまでに、西田は一五年ないし一六年を要する。それは西田からすれば、先に引用したように、自分を「人生の落伍者」と感じさせるような歳月だった。もちろんそうは言っても、それは明治のエリートコース内部での落伍者コースである。結果的には西田はこのコースを耐え抜いて、学問研究のための最上の場所を、すなわち京都帝国大学の哲学教授という位置を、最終的に得た。そこには、多病と家計の困難のなかで持続させつづけた、学問への意志の尋常ならざる強さがある。「末は博士か大臣か」という意味での「立身出世」の願望は、西田のなかには無かった。しかし西田がそう意識したかどうかということとは別に、東京帝国大学の「選科」という脇道コースから王道コースへの乗り換えと、それに要した大変な努力とは、きわめて明治的だった。

京都帝国大学への赴任

このような明治的人生の経験を西田自身に語らせるという意味で、西田の「書簡」から該当個所を列挙しておこう。一部はすでに挙げた。挫折と焦燥のなかに「尚《なお》一片の脊梁骨《せきりょうこつ》あり」と、背筋を伸ばす西田の生き方があったことも、すでに述べた。しかしこれらの軌跡のなかに「明治的なもの」を見ていくなら、より広い連関のもとで西田の人生軌跡が浮かび上がってくる。

明治二八年（一八九五）九月八日、二五歳の西田はこう心友・山本に書き送る。「明年は東都に出て大に独逸文学及び哲学を勉強し［、］今までの仙人主義をすてて務《つとめ》て世界の舞台に出んと思う」（二三、明二八・九・八）。しかし一家をサポートするだけの収入も確保しなければならない。だから翌月には、「この頃はいかがせんと日夜迷い居り候」（二四、明二八・一〇・二）。東京へ出るということは、慣れ親しんだ故郷を出て広い世界へ出る、ということでもある。その「世界」は、「西洋」に接して近代化を推進する近代日本を、意味していた。夏目漱石『三四郎』の主人公にも通ずる、明治的な青年心理が、西田にも生じる。明治二九年（一八九六）、二六歳の西田は「日記」にこう記す。「世界に大事をなさんと欲する者は勿論、我国にても大業をなすには西洋を見ざれば不可なりと存じ候」（三一、明二六・六・二九）。

翌年には京都帝国大学が、日清戦争の賠償金で創設され、それに伴って、それまで唯一だった「帝国大学」は「東京帝国大学」と改名された。心友・藤岡は三年後の明治三三年（一九〇〇）に、この東京帝国大学内の文科大学で助教授となったが、しかし西田はそこには招かれない。明治三二年（一八九九）に二九歳で第四高等学校の教授となっていたが、科目はドイツ語と倫理で、西田の本来の領域ではなかった。坐禅に打ち込みながらも、職を得る願望は西田の念頭から去ることはなかった。「晴〔、〕午前出校〔、〕午後読書及〔び〕散歩〔、〕静座〔、〕読書之際には頻りに急ぐ心起こり〔、〕又名誉心など伴いて心穏やかならず〔、〕大《おおい》に猛省すべし〔、〕これ是〔、〕功を求むるいやしき心あるによる〔、〕何ぞ区々〔、〕一西田を忘却して一々に洒々落々たらざる」（「日記」明三四・一・一五）。西田は本意を得ないまま、歳月を過ごした。四年後の明治三六年（一九〇三）正月の日記にも、ほとんど同様の心境を記している。「一日打坐した〔、〕坐しても中々本気になれぬ〔、〕洋行がしたかったり大学教授になりたかったり」（「日記」明三六・一・一）。

ちなみに西田は、一度も洋行しなかった。自分が京都帝国大学に招いた田辺元《はじめ》を初めとして、彼の弟子たちがつぎつぎに洋行したことと、対照的である。心友・大拙が若くして米国に渡り、英国、台湾、ドイツ、等に行ったこととも、対照的である。一度は文部省留学生の候補にあがったこともあるが、それはどうも「当て馬」候補にすぎなかったようだ。「選科」出身の西田に、文部省留学生の順番は回ってはこなかった。そのこともまた、「西洋を見ざれば不可なり」という見識をもつ西田には、不本意だったであろう。もちろん後には、日記に「洋行すとも全く何の益もなく」と記すこともあった。しかしこれについては、第二章で述べることにしたい。結果として西田は、ちょうどカント[Immanuel Kant, 1724-1804]がケーニヒスベルクの街を一歩も出ずして世界の地理に通じ、支那や日本まで視野に入れた地理学講義をおこなったように、日本を出ることなしに欧米世界を自分の思想世界に取り入れ、さらに東西古今の文化を論じることとなった。

四高講師時代
（明治29年［1896］）
西田26歳
（燈影舎提供）

明治三九年（一九〇六）の暮れには第三高等学校のドイツ語教師の話が浮上した（七八、七九）。しかし「哲学」を自分の道として選んでいた西田は、その話にあまり心を動かされず、話は立ち消えとなった（八一）。他方で明治四〇年（一九〇七）

二月には、『善の研究』の準備稿ともいうべきものを親友の藤岡に送り、「小生は大体かゝる考を本として哲学の一体系を完成いたし度《たし》と存じ候」（八四）と書いている。「小生も年四十に近づき〔、〕近来は学問上に於て少しく自分の考と申す者ができ候様に思われ」（八七）、『善の研究』の骨格形成をなす論文を、つぎつぎに発表ないし執筆していた。少しくどくなるのを承知で、『善の研究』前史を見るという意味で、これらを列挙しておこう。いずれも、西田の全集に収録されている。

「カント倫理主義」（明治三四年）、「現今の宗教について」（同年）、「人心の疑惑」（明治三六年）、「自覚主義」（明治三八年）、「倫理学草案第二」（明治三九年）、「宗教論」（同年）、「実在に就いて」（明治四〇年）、「西田氏実在論及び倫理学」（同年）、「知と愛」（同年）、「純粋経験と思惟及意志」（明治四一年）、「宗教論に就いて」（明治四二年）、「神と世界」（同年）、「純粋経験相互の関係及連絡について」（明治四三年）、「ベルグソンの哲学的方法論」（同年）。

しかし論文とちがって書物の刊行には、それなりの社会的地位も出版社のほうから要求してくる。そこで、空きポストとなりそうな第一高等学校の哲学教師の地位を得る希望を抱くが、「候補者が非常に多かるべければダメとは存じ候えども〔、〕此方はいかゞの者にや」（九八、明四〇・六・二四）と、東京帝大に職業を得た藤岡に尋ねている。そしてその希望は、空しかった。

肋膜炎が発症した。明治四〇年（一九〇七）一〇月二二日、西田は友人にこんな書簡を送っている。「昨夜はドンヨリした鉛色の雲が満天にはびこり〔、〕処々に微なる月光を漏し〔、〕凄まじい風がゴー〳〵吹いて樹木撓《たわ》めるなど〔、〕物すごい夜であった〔、〕これが我《わが》生活の背景であるのか」（一一一、田部隆次宛）。

第四高等学校の教授の地位にあって、なお、嵐の夜を自分の状況に重ね合わせるのは、西田の志の高さをも物語るであろうが、その高さは逆に不遇感をも浮上させる。そのような心境は、人生はそれほど長くないという直観とも結びついた。「四〇歳」という節目の年齢が絶えず念頭を横切るようになる。「今年はもはや四十に三年を余すの状態と相成り候」（七〇、明三九・三・六）。「小生も年四十に近づき」（八七、明四〇・三・二六）。「小生も来年は四十に相成り［…］回顧すれば何一つ纏《まとま》った事ができたでもなく［…］今後幾年《いくとせ》生き得るは知らぬが［…］何だか日暮れて途《みち》遠しの感なき能わず候」（一五〇、明四一・一一・九）。最後の引用は明治四一年（一九〇八）の書簡だから、西田は三八歳になっていた。余命を意識することのない若い時代と、日暮れのはじまりを意識する中年との中間段階で、焦燥の念が嵩じて行く。

四高教授時代（明治38年［1905］頃）
前列左から４人目が西田（35歳）
（燈影舎提供）

学問の便宜と刺激を求めて、田舎の金沢から東京に出たいという気持ちも、嵩じて行った。「余は一日も早く東京に出で度と思い居るなり」（一三一、明四一・六・一八）。そのためには帝国大学でなくとも、真宗大学でもよかった。

ただし、その場合は「なるべく百円以上を得度《えたし》と存じ候〔、〕又東京へ移転の旅費も充分もらい度《たし》と存じ候〔、〕（…）一週十時間内外ならでは堪え難しと存じ候」（一三三、明四一・七・一三）と、西田もなかなか注文が多くなる。

春の来ない冬はないという諺がある。どこまで一般化していいものがどうかについては、躊躇《ためら》わざるを得ないが、ともかくも西田においては、遂に人生の転機が到来した。まずはドイツ語教師というので気が進まないままに、いちおう「大学教授」となるチャンスが来た。東京に出られるということでもあったので、西田は明治四二年（一九〇九）に学習院への招聘を受諾した。そしてその翌年、明治四三年（一九一〇）に、ついに京都帝国大学の倫理学助教授席に招かれることとなる。こつこつと発表してきた上記の諸論文の蓄積が、やっと認められ、「選科」の脇道コースは終わった。年下の桑木巌翼《げんよく》の下の助教授の位置、ということだったが「小生は所謂《いわゆる》世俗的地位に於て同氏の下にあるとも〔、〕何等の介意する所なし〔、〕若し小生にして可能ならば真面目に同氏を助けて京大の倫理科学の為に尽し度《たく》候〔、〕小生は唯時間の余裕と充分の書籍とを得て自由の研究ができれば〔、〕満足之《これ》にすぎたる事なしと存じ候」（一八八、山本良吉宛、明四三・四・九）。

それは、西田が初めて得た人生の春だった。かねての志が成就して学問に傾注する環境が、西田の気にしていた「四〇歳」で、ついに訪れた。後年の西田の言う「黒板を前にして」から「黒板を後にして」への一回転が、生じたのである。「仰《おおせ》の如く今度より京都の方に参る事に相成り候故〔、〕今後は全力をあげて読書冥想に尽さんと楽《たのし》み居り候」（一九一、明四三・六・三〇）と、西田は三々塾の共同創立者で親友の堀維孝に、喜びの書簡を送っている。

もしこの「黒板を前にして」の一回転が生じていなかったら、つまり西田が京都帝国大学文科大学に招かれることが無かったなら、日本の哲学および哲学史は今日とまったくちがったものになっていただろう。『善の研究』の刊行はほぼ骨格が出来ていたから、別のかたちで出版されたかもしれないが、しかし、あの特異な思索スタイルで、今日の全集をなす厖大な論文を、質的にも量的にも次々と生産するということは、京都帝国大学の哲学講座という位置を背景としなければ不可能だっただろう。これらをすべて掲載する雑誌など、無いからである。もしその掲載が無かったら、哲学を志す俊秀たちが京都帝国大学文学部［大正八年（一九一九）までは「文学部」は「文科大学」となっていたが］の西田のもとに集まるという現象も、生じていなかったであろう。それは、今日のこされているようなかたちでの「西田哲学」も、また「京都学派」も、生まれなかったということを意味している。西田の京都帝国大学赴任は、西田個人の人生軌跡としても画期的だったが、それ以上に、明治精神史ないし日本哲学史としても、画期的だった。そして、現在までに到る欧米での西田哲学および京都学派への関心をも顧慮するなら、それは広く哲学史全般という規模での、ひとつの画期にむすびつく出来事だった。

キリスト教と『善の研究』

「黒板を前にして」の一回転のところまで来た。そして『善の研究』の前史をも見た。ここで本章の最後に、『善の研究』の構成要因のひとつで、かつ明治精神史の一部でもあるような、西田におけるキリスト教とのかかわりを、見ておこう。

西田哲学あるいは『善の研究』といえば、すぐにその背後に「禅」を想定することが多いが、そしてそれ自体はまったく間違いというわけでもないが、しかし『善の研究』第四篇「宗教」で、「神」が根本語として登場するということは、「禅」だけからは出てこない。この第四篇の最終、第五章「知と愛」では、「父よ、若《も》しみこゝろにかなわばこの杯を我より離したまえ、されど我が意のまゝをなすにあらず、唯《ただ》みこゝろのまゝになしたまえ」という新約聖書の語と、「念仏はまことに浄土にむ〔生〕まるゝたねにてやはんべるらん、また地獄におつべき業にてやはんべるらん、総じてもて存知せざるなり」という親鸞の語が、並べて引用され、これが「宗教の極意」の語だと述べられる（『善の研究』、「旧」一・一九九、「新」一・一五八）。そして、聖道門（禅宗）で「知る」と言っている事柄を「基督教や浄土宗は之を愛すといい又は之に依るという」（同上）として、はっきりとキリスト教を挙げている。

　ほかにも、デュオニシウス、エックハルト、クザーヌス、ベーメ、そして教父神学のアウグスティヌス、といったキリスト教思想家たちが引用される。そこで、ひとつの問題が出てくる。西田において、キリスト教は何だったのかと。もし知識の上でだけキリスト教が取り上げられ、聖書が引用されるだけなら、それは「純粋経験」の内発的な展開ではない。いかにして「純粋経験」が「神経験」でもあり得るか、という問いは、もう少し深い意味をもつものでなければならない。何よりもそこには、西田自身における「キリスト教経験」がなければならない。

　この西田のキリスト教経験が、「書簡」を読んでいくと、処々に浮上してくるのである。西田の

「書簡」でキリスト教が最初に登場するのは、西田が妙心寺退蔵院の虎関宗補《こかんそうほ》老師のもとで参禅を始めた直後である。明治三〇年（一八九七）六月二四日の日記には、ドイツ語で（この年の日記は、ほとんどドイツ語で記されている）「虎関禅師に相見」という語が記される。そして二日後の二六日には、やはりドイツ語で「今日より退蔵院に寄寓」と記し、七月一日から七日まで「接心」〔禅宗僧堂で、雲水たちが不眠不休に近い仕方で集中的に坐禅修行をする会のこと〕に参加している。西田の猛烈な坐禅修行の始まりである。このとき西田は、二七歳である。

ところがまさにこのおなじ年の一一月一一日に、西田は山本良吉に書簡を送り、その終わり近くに、こう記している。「唯〔、〕近頃マタイ伝第六章の〔、〕神は蒔《ま》かず収めず蓄えざる〔、〕鳥も之《これ》を養うときゝて〔、〕少しく心を安んじうるなり〔、〕君も御存知の如く〔、〕バイブルは実に吾人が心を慰むるものなり〔、〕余はどうして〔も〕論語の上にありと思うが貴説いかが」（三四、明三〇・一一・一一）。

この書簡が、妻・寿美が離婚中に胎児を宿していたときのものだったことは、すでに言及した。西田はいろいろの意味で窮地にあった。そのとき「心を慰むる」を得たのは、「禅」によってではなく、「バイブル」によってなのである。そのバイブルは、西田において「論語」よりも上に位置するものとされた。これに先立つ二年まえの明治二八年（一八九五）の山本宛書簡にも、「いまの僧徒を改革するは容易の業にあらず〔、〕労して功少なかるべし〔、〕とてもルーテルの熱心なくてはできぬ事ならん」（二四、明二八・一〇・二）とある。西田はルターの宗教改革に尊敬の念を抱いていた。このとき、西田は二五歳である。

二年後の明治三〇年の書簡にもどるなら、流石に本格的な禅修行を始めた西田であるから、クリスチャンになるという考えはもちろん無かった。明治三四年（一九〇一）の、西田三〇歳のときの書簡に、「昨年来〔、〕持川女史時々来訪せられ〔、〕余及び家内にキリスト教の教を勧めらる〔、〕同女史之《の》厚意〔、〕余〔、〕深く之《これ》を感んず〔、〕されどもいかにせん〔、〕余はキリストの教を喜ぶも〔、〕もはや之《これ》によりて救わるゝの必要なきを」（四三、明三四・二・一九）とある。既述のようにこの年の三月に、西田は洗心庵で雪門老師から「寸心」という居士号をもらっているから、それはその通りであろう。しかしながら、そのおなじ年の一〇月の日記には、「祈れ〳〵〔、〕すべての物をさゝげて」、「名も利も生命も学問も」（『日記』明三四・一〇・一六）とも、記している。「祈る」というキリスト教的な表現が、「坐禅」することとの矛盾なしに西田において用いられているとも言えるが、それは、西田においてキリスト教経験が持続している、ということでもある。

さらに引用をつづけよう。明治四二年（一九〇九）の日記の見返しには、ギリシア語の文章が一行、原文で引用されている。内容は、マタイ伝六・三四である。「この故に明日のことを思い煩うな、明日は明日みずから思い煩わん。一日の苦労は一日にて足れり」と。この「山上の垂訓」の語を、西田は明治四二年の年頭の語として、日記の表紙見返しに記したのである。もっとも西田は、このとき少し気弱になっていた。「歯痛み〔、〕終日気持ちあし、」［気分が悪い］」（『日記』明四二・一・四）ということもあったが、それよりも、ふたたび胸が具合悪くなって夏まで何も出来ないことが、大きく響いていた。「嘗《かつ》て京都のさむき冬の朝〔、〕火もなき処《ところ》に坐禅し雪を踏んで参禅せし時など思い出でて

[、]憮然《ぶぜん》がらざるを得ず候」（一五六、明四二・一・一二）と。そのように気弱になったときに、聖書の文言が西田の心に沁み入ってきたのである。

このことは、宗教の性格といった問題とも関係するように思われる。禅の場合は猛烈な求道心を要求する。キリスト教でも、たとえばアッシジのフランシスの生き方などは、信仰心熾烈と言う他ないが、その場合でも、「神に祈る」というときは人間の弱さの自覚が一転して神への帰依の純粋さになる、という趣がある。弱さの自覚に徹することと、不退転の修行の猛烈心とは、いずれが宗教心として深いかという問いもあるかもしれないが、私にはそれは、人間の性質と同様、性格の違いというほかないように思える。そして西田は、この両方の性格を、すなわち弱さの自覚と求道の猛烈さとを、もっていた。西田のキリスト教経験は、その意味で、西田において単に周辺的な関心にはとどまらなかった。

もちろん、キリスト教に真摯な関心をもちつつも、クリスチャンにはならないということは、西田においてはっきりしている。しかし禅修行においても、西田はこれに励みつつも禅宗僧侶になるつもりはなかった。一般的には、信仰の道に入りつつ「哲学」するということも、また出家して哲学することも、不可能ではない。しかし西田は、それらの道を採らなかった。「哲学と信仰」ないし「哲学と禅」の「と」は、両者のいずれにも徹底しない中途半端な場所、という意味にもなり得るが、しかしまた、両者のいずれもがそこで相互に照らし合う場所、という意味にもなり得る。当時の西田において、そのことは、身辺の人物がクリスチャンになるという現象に接するときに、よく示された。

「然る処《ところ》この頃〔、〕秋月が基督信者となり学校も止めて基督教の為に尽さんと決心せる由にて〔、〕其《その》兄及《および》友人よりいかがせんとの相談を受け候故〔、〕昨夜秋月を訪ね〔、〕深く其《その》精神を尋ね候処、（…）」（四五、明三四・六・二一）。

秋月到《いたる》は西田が四高で教鞭を執っていたときの学生のひとりで、のちに牧師となり、伝道に尽くした。その決心が純粋だっただけに、西田もその志に感じ、しかしながら心配もした。とりわけ、秋月の決心が一時的に勃起した気持ちなのかを、懸念した。それで、軽挙すべからずとの忠告を与え、山本良吉にも見解を尋ねている。秋月につづいて、おなじく四高の学生だった逢坂元吉郎という人物も、「熱心なる基督教信者となり候〔、〕同君は小生及《および》三竹君にも時々基督教をすゝめ居り候」（九四、明四〇・五・一九）とある。三竹《みたけ》欽五郎は西田の同僚のひとりで、西田と一緒に「三々塾」の創設に参与した。そして逢坂は、その「三々塾」の塾生でもあった。学生にして塾生が、塾の創始者でもあるふたりの教師に改心を勧めるのだから、ミッションの使命感は並々ならぬものだったと言える。西田はこれをうっとうしいとも思わず、逢坂における「自分の信仰に対する自信の厚きと之《これ》を人にすゝめんとする熱誠とは尚《とうと》ぶべきものと存じ候」（同上）と、記す。

逢坂も三竹も、後年にいずれも牧師となった。両者とも、クリスチャンになる前は禅修行をしている。だからこのふたりは、宗教的感性において西田ときわめて近かったと言わねばならない。この二人に加えて、「其他〔、〕三々塾より御存知はない人なるが高倉、小沢という様な熱心なるクリスチャンを出し候〔、〕皆〔、〕植村正久氏の下に属し居り候」（一五〇、堀宛、明四一・一一・九）。

この書簡で言及される植村正久（一八五八―一九二五）は、言うまでもなく内村鑑三とならぶ、明治・大正時代の日本のキリスト教の指導者である。西田は植村の講演を聞いて、知人宅ですこし会話をしただけの関係であるが、そういった個人関係の遠近とは別に、四高時代の西田の周辺の精神世界が、明治におけるキリスト教世界と密接にむすびついていたことが、窺える。西田におけるキリスト教関係者との接触は、第三者的ないし知的関心を越えた、きわめて真摯なものだった。そのことを抜きにして、『善の研究』第四篇「宗教」は、そしてそこでの「神」の叙述は、あり得なかったであろう。西田自身にとって、「キリスト教」および「神」は、迂回することのできない大きな領域だったのである。

しかし、というか、まさにそれゆえに、『善の研究』が神学の書でも伝道の書でもなく、「哲学」の書だということが、肝要となる。キリスト教はすでに安土・桃山時代に日本に入ってきたから、西田がこれに触れても、そのこと自体は奇異ではない。しかしキリスト教が、禅をひとつの地盤として成立した『善の研究』の構成要因になったということは、安土・桃山時代にも、キリシタンを禁じた江戸時代にもあり得なかった出来事である。それは、自らの近代化の中で西洋哲学を取り入れた日本近代において、初めて可能となった出来事である。そこには、ヨーロッパ哲学とは大きく異なった仕方での、「哲学とキリスト教」との出会いが、ないし「神」経験が、あった。

このことを『善の研究』で確認することができる。典型的な個所を引くなら、「神は純粋経験の状態に比すべきもの」（「旧」一・一八五、「新」一・一四八）とある。その見方は、欧米の精神世界のどこをさがしても、類比を見出さない。もちろんキリスト教の側からしても、その見方はただちには受け入れられないであろう。しかしまた、それをキリスト教の立場に反するものとして反論することも、真摯な信仰の立場に立つほど、容易でなくなるはずである。西田のキリスト教に対する立場は、後年の宗教哲学のなかでいっそう深まり、キリスト者のほうでもこれを受け止める、という事態になっていく。それは、西田自身においてキリスト教信仰に対して単に外側で接するというのではなくて、いわばその内側に立ち入る仕方でこれに触れる、というところがあったからである。

ちなみに言えばこの「純粋経験」は、キリスト教の枠を抜きにしてキリスト教の「神」を理解する立場だったが、それは「純粋経験」がどこまでも「哲学」の出発点だったということでもある。純粋経験という考え方自体は、当時の米国プラグマティズムのジェイムズやフランスの生の哲学のベルクソンにおいて、世界多発型の思想傾向として生じていた。それは二〇世紀の哲学潮流として、決して偶然でない背景をもっていた。しかし、「純粋経験」をそのまま「神経験」となすラディカルさは、ジェイムズにもベルクソンにも無かったことである。

西田のキリスト教経験は『善の研究』理解の上でも、またその後の西田の宗教観を見る上でも、見過ごせないが、本書は西田の「伝記」だから、なおも伝記上のことをひとつ、追記しておこう。西田の再婚相手となった山田琴は、熱心なクリスチャンだった。「結婚後は、籍は九段教会に置いたままで余り礼拝には出席していなかったらしい」〔上田久『西田幾多郎の妻』南窓社、一九八六年、八九頁〕が、それは西田に嫁いだという環境ゆえの、一種の遠慮だっただろう。西田の死後二八年間の余生を送った琴（昭和四八年［一九七三］に八九歳で死去）は、クリスチャンであり続け、クリスチャンとしてヴェトナム戦争に反対し、ジョンソン大統領に抗議文を送った。その中の一文は、こうである。"As you might already know we are a group of Christians, whose hope and aim is to build the Kingdom of Got on this earth"「もうご存知でしょうけれども、私たちはクリスチャンのグループで、地上に神の国を建設することが望みでもあり、目標でもあるのです」（同書、八三頁）。西田は琴との再婚にひたむきの情熱を注ぎ（本書一四七頁以下、「春の歌―再婚へ（上）」「春鶯の歌―再婚へ（下）」を、参照）、琴との生活のなかで「散歩」の余裕のある安らぎを得たが（本書二一一頁以下、「「散歩」のある日々」を、参照）、クリスチャンの妻への情愛と、西田におけるキリスト教の近さとは、まったくの偶然関係ではなかったと思われる。

なお、やや専門的になるので、ここでは立ち入らないが、「西田哲学の哲学史的位置」については、詳しく論じたことがあるので、付記しておきたい。拙稿「西田哲学の「哲学史的」意義」（『西田哲学――新資料と研究への手引き』茅野良男・大橋良介共編、ミネルヴァ書房、一九八七年）、八六―一〇九頁。その改補ドイツ語版は、Der phiosophiegeschichtliche Ort der Philosophie Nishidas, in: Allgemeine Zeitschrift für Philosophie. Herausgegeben von Tilman Borsche. 36. 3, 2011, pp. 263-280.

第二章　黒板を後にして（一九一〇―一九二八）

第一節　人生軌跡「我は今深き己《おのれ》の奥底にあり」

「哲学の道」

西田は、京都にはすぐに溶け込めなかった。「京都の景色は美は美なれども［、］小生は寧《むし》ろ戸山ケ原の如き景色を好み候」（一九三、田部隆次宛、明四三・九・一三）。「京都の新居住どうもまだうちつかぬ［、］何となく東京がこいしい」（一九四、同上宛）。そうは言いながらも、少しずつ京都に慣れてくる。「京都では随分孤独の生活を送って居る［、］此頃は毎日銀閣寺の辺《あたり》を散歩する［、］此辺の景色は実によい」（一九五、同上宛）。

西田が毎日散歩したという「銀閣寺の辺《あたり》」には、二キロほど離れた岡崎から流れてくる、琵琶湖の水を引いた疏水路に沿う細い桜並木道がつづく。いつ頃からか、これが「哲学の道」と呼ばれるようになった。銀閣寺の門前町から始まる起点には、今ではその名称を刻んだ石碑まで立っている。

西田の京都帝国大学文科大学での「哲学概論」講義は、明治四三年（一九一〇）九月二一日から始まった。彼自身の内面の「哲学の道」も、新たに始まった。この年から、昭和三年（一九二八）に大学を退官するまでの一八年間が、以下の第二章であつかう範囲である。もし西田の言う「哲学者の伝記などは外面的事実に乏しく」という語が当たるとするなら、この一八年間は実際そういう期間でもある。西田はこの語を、京大赴任が決まったときのある書簡〔明四三・三・一九〕に、記した。京都での生活が、思索を豊富にするであろうということの半面、生活の変化には乏しいものになることを、西田は想定していたのだろう。

もちろん日本にとっては、大きな「外面的事実」がつぎつぎに起こっていた。第一次世界大戦が大正三年（一九一四）―九年（一九二〇）、日本大恐慌が九年（一九二〇）、関東大震災が一二年（一九二三）、治安維持法成立が一四年（一九二五）。それらは自然災害である大震災をも含めて、いずれも密接に相互に連関しあいながら、昭和の激動期を準備している。関東大震災は国家予算を越える損害額をもたらしたからである。

しかし、これらの出来事が西田の人生の内面に余波をおよぼすことは、少なくとも日記や書簡の表面には出てこない。「第一次世界大戦」に関して言えば、「書簡」にはまったく言及が無く、わずかに「日記」に一カ所、「休戦条約成立〔、〕独帝和蘭《おらんだ》へ遁走《とんそう》の号外出づ」（大三・一一・一二）と、一行が記されるだけである。翌年の「ヴェルサイユ条約」締結については、日記にすら記されない。大正八年（一九一九）に「一家の経済も今漸く印税が入るので支えて居るのである」（五九九）と、次男の外彦に忠言を兼ねて記しているが、翌年の九年（一九二〇）の「大恐慌」が西田の家計に影を落とした形跡は、文言の上では出てこない。関東大震災も、その被害を受けた大拙や（六五二）岩波茂雄に（六六七）見舞い状は出しているものの、西田自身に深刻な影響を与えたことはない。震災の十日後に、「両児肺を病む、吾［、］此児等《このこ》のために生きざるべからず」と、赤字で記した記述がある。西田にとっては、ふたりの子の肺病のほうが生活上においての大きな地震となった。

明星の出現・田辺元《はじめ》

西田の思索の展開は、西田のテキストを読むだけでは見えてこない部分を、いろいろ含んでいる。まず表面で見るかぎりでの、この時期の西田の「哲学の道」を、すこし辿ってみよう。第一作『善の研究』（明治四四年／一九一一）から、『自覚に於ける直観と反省』（大正六年／一九一七）を経て、論文「場所」（昭和元年／一九二六）および「叡智的世界」（昭和三年／一九二八）までの区間である。この区間において、ある顕著な現象が浮上する。それは、田辺元《はじめ》（一八八五―一九六二）の出現である。

京都学派哲学の研究者のあいだでは比較的よく知られている「西田・田辺論争」は、昭和五年（一九三〇）から始まり、本書で言えば、第三章「黒板を去って（上）」の時期に生じた。それに対して第二章「黒板を後にして」の前半は、まったく別の「西田・田辺関係」の時期である。それは後の西田・田辺論争を理解する上でも不可欠の視点となるが、これまで知られていなかった。

少し具体的に述べよう。田辺に宛てた西田の最初の書簡は、大正三年（一九一四）一月一日の日付である。ここから、田辺が京都帝国大学文学部に赴任するまで、すなわち大正八年（一九一九）八月

北条時敬
広島高師校長時代
（燈影舎提供）

八日の前日まで、合計して六八通の書簡がある［本書ではこれまで「文科大学」と表記してきて、いま「文学部」と記すが、誤記ではない。京都帝国大学文科大学は大正八年に、「帝国大学令」によって「文学部」と改称され、田辺はこの年に赴任したのである］。この期間の西田の書簡は全体で二〇九通だから、全体の三分の一が田辺宛ということになる。数の上でもすでに突出しているが、手紙の長さで勘定すると、さらに突出する。この期間の西田の書簡が占める全集の頁数は九六頁であるが、そのなかで田辺の書簡が占める部分は六〇頁分を越える。だから分量としては、実に三分の二近くが、田辺宛の書簡だけで埋められるのである。田辺の側の西田宛書簡が残っていないから、正確な数字は出せないが、おそらく田辺の側からも同様の長さの、もしかしたら田辺の生真面目な性格からしてさらに長文の、書簡が西田に送られていた可能性が高い。

最初の田辺宛書簡（二六一、大三・一・一）は正月元旦に記されている。このことがすでに、西田の少し改まった姿勢ないし気合いを、感じさせる。田辺はこの書簡の前年、大正二年（一九一三）に、東北帝国大学理学部講師に就任しており、哲学教師としては中途半端の、本意を得ない地位にあった。また西田の数学における先生でもあり人生の上での尊敬する先輩でもあった北条時敬《ときゆき》が、おなじく大正二年に東北帝国大学の第二代総長に就任している。この書簡でも、「貴学総長北条先生は小生が高等学校時代の数学の先生にして〔、〕小生特に先生より愛せ〔ら〕れ」とあり、西田は東北大学で北条と会って田辺のことを話し、いろいろ便宜をはかるよう依頼したことを記している。西田はすでに、この書簡に先だって田辺に注目していたのである。

西田の田辺宛書簡は、しばしば一つのレポートになるような分量の、数学論をも含んだ哲学論を、その主な内容としている。しかし伝記的側面にひきつけて読むと、また別の興味ある事実を垣間みることができる。それはまず、間接ながら伝わってくる田辺自身の、当時の環境と心境である。その心境は、これまでの田辺研究でもあまり言及されない、もしくは知られていない部分である。田辺が奉職したところは、東北帝国大学理学部だった。当然ながら、哲学に特に興味をもつ聴講者は少なかった。西田はそれを慰めて、こう記す。「ご講義には出席者非常に少数の由〔、〕園君《その》〔園正造、数学者〕よりも承り〔、〕それは甚だ残念のことと存じ候〔、〕概して日本の学者は自己の狭き専門にのみ立ち籠り〔、〕広き研究をする人少〔な〕し〔、〕学生などにもとかくか丶る傾向あるは慨《がい》すべきことに候〔、〕特にかく申してはすまぬが〔、〕仙台の法〔法学部〕などは理科の学生にても頭がよくて趣味広く余裕のあるもの少なきにあらずや」（二八〇、大三・一一・三〇）。

西田からの慰めは、二年後の「書簡」三一九（大五・一二・二八）にもあるから、田辺自身も、不遇をかこつ思いを西田に漏らしていたものと思われる。図書館の事務などで研究の精力が殺《そ》がれることなども嘆いたらしく（二六九）、西田もそれを気の毒に思って返書を送っている。そして、「仙台の方が何等の望みがないとか〔、〕又居ても居《お》りにくいとかという事ならば〔、〕早稲田の方で御出《おいで》になりても可ならん」（三六七、大六・一〇・一〇）、とも書いている。
西田と田辺とのあいだには、「同病相憐れむ」という趣きもあった。西田は「不眠」に悩まされていたが（三二五、他）、田辺もそうだった。「御手紙拝見いたし候〔、〕此頃《このごろ》御不眠がちの由〔、〕余程《よほど》御注意遊ばされ度《たく》」（四三三、大八・二・五）。

また自分も経験した「神経衰弱」を、田辺もストレスのなかで経験したらしく、田辺はこれをも西田に訴えた。それに対して西田も、「承り候えば神経衰弱にて御困りの由〔、〕如何の模様に候や〔、〕ちと御勉学のすぎたるにあらずやと存じ候」（三七五、大六・一二・一一）と、治癒を祈っている。

つづいて、田辺を京大に招くことに向けて西田が慎重に事をすすめる様子が、両者間の書簡から見えてくる（四〇七、四〇八、四一〇、四一二、四四一、四四二）。西田の懇意はやがて実り、「拝啓、当地大学助教授として貴兄を御招きすること〔、〕本日の教授会にて確定いたし候」（四四六、大八・五・一四）という書簡となる。

西田と田辺の最初の応酬

この時期は、情のこもった人間的なやりとりが西田と田辺とのあいだで交わされるが、しかし「哲学の道」での思索という点に及ぶとき、両者は思索する者同士となる。両者が論争を始めてから後は当然であるが、すでにこの初期の書簡往復においても、仔細に読むと、両者のやりとりは緊迫したものを感じさせる。書簡の年月日が逆もどりになるが、西田は田辺とのやりとりにおいて、最初期から歯に衣《きぬ》着せない仕方で田辺に批評を書き送っていた。「貴兄のお考の根柢には〔、〕価値と事実との抽象的区別ということが基《もと》となり居り不申《もうさず》候か」（二七六、大三・八・

二八)。

当時はまだ新カント学派の勢いがなおも盛んだった。その新カント学派が基本的観点としたのが、価値と事実の区別である。簡単に言えば、前者は当為〔ゾルレン、Sollen〕にして規範であり、後者は事実存在にして有〔ザイン、Sein〕である。現在の倫理学の重要な分野に「規範倫理学」があるが、その場合の「規範」(Norm〔ノルム〕)は、この「ゾルレン」という語と内実において重なる。

西田は新カント学派が提示した「価値と事実」を、別々の領域と取らずに、「意識の内面的発展は価値意識の発展でもある」と理解した。これは『善の研究』で、「実在」と「道徳」を「純粋経験」の展開の諸相として捉えたことと、相応している。しかし田辺は、西田の書簡から間接に見るかぎりでは、「価値」と「事実」を厳密に区別しようとしていたようだ。いかにも厳格な倫理と論理を重んずる田辺らしいが、西田はそういう区別を「抽象的」と批評したのである。

また田辺は、西田の「純粋経験」ないし直接経験を、ベルクソンの「持続」とほぼ同じようなものとして捉えたようである。それに対して西田は、自分の直接経験とベルクソンの「持続」とは同一でないことを述べる。「Bergson〔ベルクソン〕の Durée〔持続〕は小生ちと狭きにすぐる様《よう》に候」と。そして、「貴兄のいわれることの背後には〔、〕尚一つ深く反省して見るべき dogma〔ドグマ〕なきか」と、付け加える(同上)。相当にきびしい表現である。

半月後の大正三年(一九一四)九月一四日には、田辺は西田に自分の論文「数学的対象の存在について」を送っている。西田はそれに対して、田辺の論文が「よく緻密に考えられ議論も正確」であると評価している（二七七、大三・九・一四）。そして、田辺のある個所に眼をとめる。「併《しか》し貴論によれば［、］M氏が存在ということの意味及びすべて存在の種類を程度の差となさんとする考えは［、］未だ不完全なるを免れない様に存じられ候」。M氏とあるのは、カント学者フリッツ・メディクス［Fritz Medicus, 1876-1956］のことである。田辺は、メディクスの考えを不完全だと批評した。

西田の文言に、すぐに読み過ごせない個所がある。それは「程度の差」という表現である。田辺がこの語を、メディクス批判における鍵語としたことが、窺える。しかしそうであれば、その田辺のメディクス批判には、さらに含意されているものがある。すなわち「程度の差」という語は、『善の研究』において西田自身が用いた語でもある。西田は『善の研究』（明治四四年／一九一一刊）のなかで、「純粋経験」が「思惟」や「意志」へと分化発展するときの差別相を、「程度の差」という表現で済ませた（「旧」一・六四、「新」一・五三）。連続性の面はそれで良いとして、差異の面は、もうひとつはっきりしない。思惟と意志の内的な差異を純粋経験の「程度の差」と言うのであれば、「程度」という量的な区別がいかにして質的な差異になるのかも、説明しなければならない。そして、思惟で捉えられる「実在」と意志の領域である「道徳」を、それぞれ純粋経験の展開相として位置づけなければならない。そうでないと純粋経験は、そこからすべてを説明できる体系原理にならない。この体系化の課題は、『善の研究』の六年あとに『自覚に於ける直観と反省』（大正六年／一九一七刊）で西田が苦闘した、そしてそこでは解決に到らなかった、問題領域だった。

田辺はそういう西田の『善の研究』のアキレス腱のような部分を、見抜いていたと考えられる。

「程度の差」をキーワードにしてメディクス批判を述べるということは、暗に西田自身の「純粋経験」の問題点を指すとも取れる。西田から、「尚一つ深く反省して見るべきdogma［ドグマ］なきか」と批評されたことに対して、今度は田辺が西田に、メディクス批判という形で一矢を報《むく》いたと、見ることができる。はたして西田は、「単に程度の差というのは不完全な議論である」（二七七）と認めた。それは、メディクスの考えの不十分さを『善の研究』でのそれと重ね合わせた、自己反省の語と取ることができる。

　西田は田辺の力量と資質を見抜いた。だからこそ、田辺への応酬にも力が入る。大正五年（一九一六）一月八日には、田辺の論文「最近の自然科学」を読み、多大の恩恵を得たことを述べる。「但し哲学的批判の部分は［、］小生一々同説にて別に異論を申［し］上［げ］る余地は無之候《これなくそうろう》が［、］尚多少考え方が浅いかと存じ候」（三〇三）と、付け加える。後年の「西田・田辺論争」の萌芽が、こういった初期の書簡に、すでにあらわれている。しかしこの時期には、西田は田辺の内に、自分への批判者を見るのでなくて、学識と思索力において自分と太刀打ちできる初めての相手を、見出していた。田辺もまた西田によく応じ、両者のあいだには、哲学的恋文《こいぶみ》とも言うべき熱心な書簡往復が交わされることになる。

　田辺は西田を深く尊敬していた。西田が田辺を東北大学から京大に招くとき、西田は、京大には当分は助教授という位置しかないこと、他方でもし田辺が東北大学に残れば、もうすぐ文学部が出来るから、そのときは田辺がそこでの教授になるであろうということを、田辺に述べる。それに対して田辺は、東北における地位よりも、西田が京都に居ることから京都行を願望する旨を、西田に記した。田辺の書簡は残っていないが、西田の書簡から、その願望が誤解の余地なく読み取れる（四〇八）。

哲学的資質のちがい

しかしながら、西田と田辺の哲学的資質は、その方向において深く一致するところがあると同時に、最初からどこか合わないところもあった。それは特に「宗教」という事柄においてあらわれた。その不一致は晩年の両者の思索において顕在化するが、実は両者のやりとりの初期から、萌芽的にあらわれていた。西田において「哲学と宗教」は深く融合する。それに対して田辺においては、両者のあいだに一線を敷く要素が勝る。「哲学は何処までも深く〳〵詳しく真摯に自己の問題を解決せねばならぬ」（二六六）と西田が記すときの「自己の問題」は、西田においては「禅」と不可分だった。田辺も自分なりに禅に関心を寄せ、禅の書物を読んでいた。しかし西田は、こう記す。「禅の書物御読み被遊《あそばされ》候［、］小生も多少やって見ようなどという考えを起［こ］し候が［、］遂に分らずしてやみ候［、］併し小生は非常に貴ぶべきものと存じ候［、］併し禅だけは書物をよみてかれこれ考えて候《そうらえ》てはダメに候［、］紀平《きひら》君［紀平正美《きひらただよし》］など多少此弊《この》に陥り［、］小生は甚だ遺憾に存じ居り候［、］禅をあの様に考えて分かった様に思うては甚《はなはだ》困り候［、］何処までも徹底的にやるならよいが［、］さなくばやらぬ方［、］可なりと存じ候」（二八〇）。

今度は西田が紀平正美（一八七四―一九四九）への批評という形で、田辺における禅への関心に、すこし慎重な姿勢を示している。実際、後年に西田は、紀平に通ずる懸念を田辺にも抱いた。田辺は晩年に自分なりに禅に接近し、禅の公案の哲学的解釈などをも試みたが、それに対して西田は、「禅をあの様に考えて分かった様に思うては甚だ困る」という、紀平に向けたのと同じ批判を、ただし間接に、田辺にも向けた。「あの人〔田辺元〕の考えからは道元もあの人の考えられる様《よう》に考えるの外《ほか》ないのであろうが、あの人はそれで致方《いたしかた》ないとして〔、〕若い学徒が道元は唯そういうものだと考える恐なきかということ〔、〕論理が綿密なればなる程心配せられるので御座います〔、〕紀平や寛《かけい》氏〔寛克彦、『古神道大義』の著者〕などは誠に困ったものだと思います」（二七八八、久松真一宛、昭一三・七・二四）。

とはいえ、西田と田辺と知り合った頃は、西田は田辺の哲学的資質に全幅の期待を寄せていた。田辺だけは自分を理解する力がある、という期待も抱いていた。「小生〔、〕昨年来、芸文に時々〈自覚に於ける直観と反省〉というものをかき居り候〔、〕こ〔れ〕は元来人に示すべきものにあらず〔、〕自分の草稿の如きものに候が、自分だけでは従来の考を尚一層深くせんと力《つと》め居るつもりに候〔、〕併《しか》し友人は皆どうもconfuse〔混乱〕して居て分らぬと申《もうし》候《そうろう》〔、〕こ〔れ〕は無論自分もしか思い居り候が〔、〕何卒《なにとぞ》貴兄に御一読を願い度と存じ候」（二六六、大三・四・二）。だから田辺における禅への関心のもちかたに慎重な態度を示しつつも、否、それだけに逆に、禅に関するサジェッションを与えつづける。「併し小生の信ずる所によれば〔、〕真に心の落ち付きを与うるものは禅の外《ほか》な〔か〕るべしと存じ候〔、〕唯《ただ》禅というものは中々容易に入り難きものの様に聞き居り候〔、〕先ず禅の法話など御読みの方可然《しかるべき》かと存じ候」（三一二、大五・五・九）。そして自分の竹馬の友・鈴木大拙に会うことを勧めている。

ここで誤解のないように付け加えるなら、西田は禅だけを賞揚しているのではない。上の書簡は、田辺が夫人の病気で心痛していたときに、西田が送った慰めの文である。その慰めを、西田は「宗教」に見出し、宗教について語るのである。すでに述べた、西田におけるキリスト教経験ともいうべき部分も、そこに含まれる。「兎に角〔、〕貴兄の今度の経験は貴兄にとりて誠に此上なき試練と存じ候〔。〕(…) Paul〔パウロ〕がもはや我《われ》生きるにあらず〔、〕基督《キリスト》我にあって生くと云い〔、〕懸崖《けんがい》に手を撒《はな》して絶後に蘇生するという所に宇宙の大真理あり〔、〕この外《ほか》に宗教も哲学も無之《これなし》と存じられ候」(同上)。

田辺は西田の真摯な語を、真摯に受け取ったであろう。彼はさらに後の大正一三年(一九二四)にも、西田に禅の入門書を問うている。それに対して西田は、次のように記した。「先づ〈十牛図〉が一番よいかと思います〔、〕これはその実《じつ》〔、〕鈴木大拙が書いたものです〔。〕それから無尽燈論とは白隠和尚の第一の弟子〔、〕東嶺《とうれい》和尚の書かれたものです〔。〕正受《しょうじゅ》老人伝、白隠和尚伝、洪川《こうせん》和尚伝〔、〕お目にかけます〔。〕禅は分らぬにして〔も〕古人が万事を抛擲《ほうてき》して専心道を究めし芳躅《ほうたく》〔、〕実に我々をして奮起せしむるものがあると思います」(六八七)。

後の西田・田辺論争を知るわれわれとしては、そして後に倫理的論理主義とも言うべき「種の論理」を田辺が展開して、哲学と宗教において西田から離れていくことを想起するとき、西田が田辺の宗教理解の深化を信じて禅の文献をいろいろ挙げることに、一種の痛々しさを感じないでもない。

なお、西田と田辺における哲学思想の内面発展史ないし交渉史を研究する人には、この時期の両者

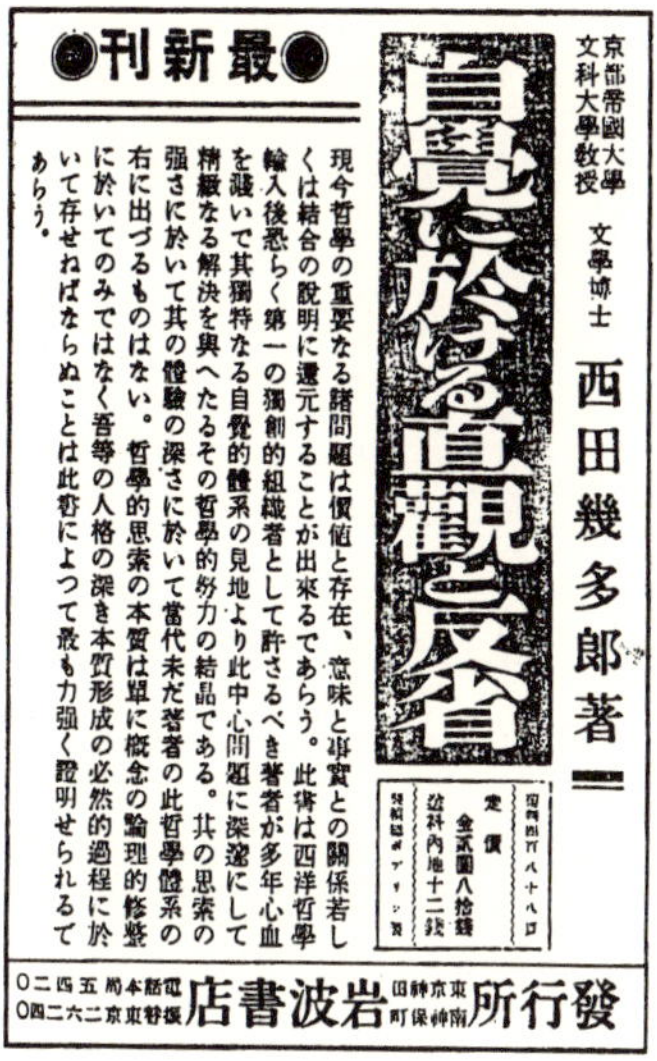

『自覚に於ける直観と反省』広告文
（燈影舎提供）

のやりとりは、丹念な読解をするに価するであろう。西田は当時の学問状況を顧慮しつつ、自らの「純粋経験」ないし「直接経験」と、それが含む哲学的課題に、言及している（二六六、二七五、二七六）。また自分が苦闘しつつある「自覚に於ける直観と反省」に関して、田辺にいろいろと理解を期待し、田辺もそれに応えている様子が間接に見られる（二六六、二六九、三二五）。そして当時のドイツ哲学の情勢に関して立ち入った意見を田辺と交換し、リッケルトに代表される新カント学派への批判、フッサール現象学への並々ならぬ関心、そしてそのあとに出てくるハイデッガーへの関心などを述べる（二六一、二六六、二七五）。数学に関する意見交換も、重量感がある（二九一、三〇七）。両者ともに、当時の哲学状況に通暁した驚嘆すべき学識と、諸潮流に対するたしかな批評眼とを、備えている。そしてそのことが、両者における思想展開の確かな背景のひとつになっている。

さらに付記するなら、西田は、リッケルトに代表される新カント学派には、哲学的にはすでに見切りをつけていた。それに対してフッサールが画期を形成しつつあった「現象学」に対しては、保留を付しながらも、注意深く見守っていた。

フッサールに言及する田辺宛書簡（二六一、二七五、二八一、二九一、二九三、二九八、五七〇）、そしてフッサール本人に宛てた西田のドイツ語の「書簡」七八〇、等が、参照に値する。またフッサールにつづいて出てきたハイデッガーにも、同様の保留をなしつつ注目をしている（五七〇、七一二、九五〇、九八九、九九一、等）。フッサールが一九一六年から一九二八年まで教壇に立ったフライブルク大学は、ハイデッガーがフッサールの助手として一九一九年から一九二三年まで、そしてそのあと一九二八年からフッサールを継いで、やはり教壇に立った地である。このフライブルクが、田辺以下、西田の周辺の後輩や弟子たちが続々と留学に赴いた地となったことも、併せて付記しておきたい。

西田の田辺宛書簡は、田辺が京都帝国大学文学部に赴任するとともに、急に散発的になった。書簡の交換は無いではないが、それらは特に哲学思想に関わる内容のものではなくなる。大学の同僚となって、いつでも話しを交わすことのできる、いっそう近い関係に入ったからであろう。「書簡」という形式が一定の「距離」を前提するコミュニケーション形式であることに、改めて気づかされる。「距離」はただちには「遠さ」とはならない。「距離」を隔てることによって、かえって内面的な立ち入ったやりとりが可能となるなら、距離は「近さ」でもある。逆に、接触が日常化して空間的な距離が小さくなるとき、もしそれによってコミュニケーションも日常的なものに終始するなら、接触はむしろ「遠さ」をつくる。西田が田辺に宛てた、大正三年（一九一四）から八年（一九一九）までの六八通の書簡は、「距離」あるがゆえに実現した「近さ」だった。そのことは、後の西田・田辺論争においても忘却してはならない出来事だったように、思われる。

悲哀の短歌

田辺への書簡のなかに、西田はよく短歌をも添えた。短歌は人生の悲哀の表現として、西田のなかに根づいていた。「書簡」に添えられることも多いが、「日記」にもしばしば挿入される。淡々と素っ気ないまでに簡潔にその日の出来事を一行で記す日記形式が、不意に短歌によって破られ、その破れ目から、底流として隠れていた情意が一瞬、地表に溢れ出る。その情意は、西田の論文には必ずしも表面に出てこない一面である。

ただし、初めのうちは、習作のような出来映えのものが多い。大正七年（一九一八）四月二一日の久松真一宛て書簡に出てくる短歌は、そういった最初期のものである。「雨ふらんさが［嵯峨］やお室《むろ》［御室《おむろ》］は後にして心の花をけふはめでなん」。そしておなじ日に、後に極右イデオローグのひとりとなる鹿子木員信《かのこぎかずのぶ》宛てに、「雲迷ふ大海こへて［越えて］君は行く仏陀の故地《こち》にプラト読むべく」。お世辞にも上手とは言えない。

そのうち国文学・漢文の親友、堀維孝《これたか》に、自分の短歌の批評を乞うたり歌について尋ねたり（一一四三、昭四・二・七、一一四四、昭四・二・一二、他）、また「君のまねをして詩を作って見た」と漢詩を試作したりしている（一一四八、昭四・二・二三、一一五〇、昭四・二・二五、他）。もっとも、最初から堀に短歌を習ったという形跡はない。西田は天性の感性で、短歌を自分で習得したのではないかと思われる。

短歌に自分の心情を籠めて詠みあげるのは、西田が自分の家庭のなかで悲惨を味わうときからである。もちろん稀ながら、「ながき日をひるはひねもす犬ころと庭の垣根に戯れにけり」（七一二、務台《むたい》理作《りさく》宛、大一三・九・四）といった長閑《のどか》な歌もあることはある。しかし、「これが此夏《この》の述懐でございます」と付け加えられている語を、看過してはならない。「此夏」は深刻な家庭事情が始まっていた。「家内は今春来［、］非常に衰弱いたし［、］下女の指図などもでき申さず」（七一〇、岩波茂雄宛、大一三・八・二二）。大正八年（一九一九）九月に脳溢血で倒れた妻・寿美《ことみ》は、五年を経て衰弱し、ふたたび起き上がることはなく一四年（一九二五）一月に死去した。犬と垣根に戯れて過ごした秋の日は、西田がわずかのあいだ気を紛らして「此夏《この》の述懐」にふけった一日だったのである。

さらに西田の短歌に立ち入るまえに、「短歌について」と題された西田の短いエッセイを引いておこう。

「短詩の形式によって人生を表現するという如き芸術は、西洋には発達せなかったと云ってよい。短詩の形式によって人生を表現するということは、単に人生を短詩の形式によって表現するということではなく、人生には唯、短詩の形式によってのみ摑《つか》み得る人生の意義というものがあることを、意味するのである。短詩の形式によって人生を摑むということは、人生を現在の中心から摑むということでなければならぬ、刹那の一点から見るということでなければならぬ」（「短歌について」、「旧」一三・三〇―三二、「新」一一・一六二―一六四）。

なるほどと納得させられる文章ではあるが、ただ納得するだけでなく、もう一歩ふみ込んで問うてみよう。短歌の形式によってのみ摑み得る「人生の意義」とは、具体的には何だろうかと。そしてその場合の「刹那の一点」とは、具体的にはどういうものなのだろうかと。

この問いに対しては、西田の「短歌」そのものが答えてくれる。たとえば大正九年（一九二〇）三月二七日の、土田杏村《きょうそん》宛宛の書簡（四九三）に付された短歌を、見てみよう。

春の神群青《ぐんじょう》濃くかき出しぬわか家のみは灰色にして

春の神がやって来て新芽がいっせいに萌え出てきた、世界は群青《ぐんじょう》の緑一色となった、ただ我が家だけが灰色だ――。前年に妻の寿美が脳溢血で倒れた。「意識の方は大分よく大抵《たいてい》の事は分かり候が［…］身体は全く動くを得ず」（四八五）、という現状があった。そのひと月後には長男の謙が腹膜炎になって入院し、「天何故《なにゆえ》にかく貧弱なる一老兗を苦《くるし》むるか」となる。それを予感したかのような作品が、上に引いた短歌である。論文にはもちろんのこと、日記にも表現しようのない、そして書簡にこまごまと書くよりは三十一文字に余韻を込めて凝縮させるほうが遙かに適切な、人生の「刹那の一点」が、「春の神群青《ぐんじょう》濃くかき出しぬ」である。

その謙が死去したときに、心友・山本に宛てた大正九年六月一六日の書簡に、三首の短歌が記された（五〇六）。

担架にて此途《このみち》ゆきしその日よりかへらぬものとなりにし我子《わがこ》

死の神の鎌のひゞきも聞きやらで角帽《かくぼう》夢みき病める我子は

垢つきて仮名付《かなづけ》多き教科書も貴きものと筺《かたみ》にをさめぬ

長男に先立たれた悲痛の念は、ずっと西田の胸中を去ることがなかった。二カ月後の大正九年八月、務台理作宛書簡（五一六）には、別の二首が添えられた。

二十《はたち》あまり三《みっ》とせそだちてわづら［ひ］て夢の如くに消え失《う》せし彼

魂は死してむくろのこりて人並みにのみて食ひて笑ひてぞ居る

二つ目の短歌は、謙の遺影を前にして詠んだものであろう。写真のなかで、謙は食事して笑っている。謙はもう死んでいるのに、その姿だけが写真のなかで残っている。「短詩の形式によって人生を摑むということは、人生を現在の中心から摑むということでなければならない」と西田が言うときの、その「現在の中心」は、ここでは痛切な悲哀である。

二週間後に田辺に送った大正九年八月二一日の書簡（五一九）には、さらに新たな三首を添えて七首が記された。そのなかから、三首だけ取り出そう。

浪《なみ》狂ふ試練の海もやゝなぎて月影《つきかげ》淡し初夏《はつなつ》の天

五十日《いか》あまり重き思《おもい》を抱きつゝ日々に通ひし病院の道

茶と菓子と啄木《たくぼく》集を送りくれし人もありけり病む我妻《わがつま》に

謙の一周忌［大正一〇年六月一一日］に先立って、田辺が菓子を添えて慰留の手紙を西田に送ったが、それへの返書（五五一、大一〇・六・九）にも二首の短歌が記される。

今も尚あらぬものとは思はれじ書きし文字など見るにつけても
梧桐《あおぎり》の若葉蔭《かげ》なる病室の日に薫る頃彼は逝《ゆ》きけり

この短歌に添えた西田の文章も、哀れを催す。
「空にかゞやく無数の星、廻《めぐ》り廻《め》ぐる月と日、宇宙は永遠なるべけれど［、］亡《う》せし一つの小さき魂も再び此世に現れるべき術《すべ》も無之《これなく》候」。

子を失った悲哀を知る西田にとり、三々塾をいっしょに創った親友の堀維孝がやはり中学三年の息子を失ったとき、それは自分自身の痛みとひとつになった。「人生何ごとが悲惨と申しても我子の死というより悲しきものはなかるべく、（…）誠に生涯忘ることのできない人生唯一の悲哀と存じ候［、］小生もこの数年は不幸つゞきて［、］一昨年脳出血にて倒れし妻は今に生命を維持し居るも全く仰臥《ぎょうが》のまゝにて［、］自分にて横臥《おうが》することすら［できず、］一昨年は将《まさ》に三高を卒業する長男を失い［、］今に思い出でて人知れず悲哀の涙にくれ居り候」（五七六、大一一・一・三〇）。そして、書簡に三首の短歌を添えた。従来とおなじものだが、そのうちの一首はすこし変えられている。それだけ掲げておこう。

すこやかに二十三までそだちきて夢の如くに消え失せし彼

そうこうしているうち、自分で横臥することすら出来ない妻・寿美の横で、今度は四女の友子が病臥した。久松真一宛の書簡(六二三、大一二・二・一四)に付された短歌を、もういちど引こう。

子は右に母は左に床をなべ春はくれども起《た》つ様もなし

半年あとの務台理作宛の書簡(六二七)では、家のなかの状態は変わらないが、春の到来にすこし慰めを得ている。

さわやかに語りあひ行く波と波山の奥にも春来たるらし
とにかくに思ひし事も消え失せて唯《ただ》春の日ぞしたしまれける

しかし、子の横で寝ていた妻・寿美が、ついに大正一四年(一九二五)に死去した。淡い慰めは失せて、限りない寂寥《せきりょう》の感が西田を襲う。同年二月二六日の務台理作宛の書簡には、四首が添えられた。

去年《こぞ》の秋窓際《まどぎわ》近く植ゑし花さきか散るらむ見る人なしに
冬日影静《しずか》に室《へや》を照らし居りこやりし妻は此世にはなし
此憂《このうれい》誰と語らむ人は皆幸《さち》ありげなり物足らぬ世や
あられなき思にふけり夢のごと今日も今日とて日はくれにける

「日記」に記された短歌も、見ておこう。すでに記したように、淡々とした記述形式がそこで破れて、情念が不意に溢れ出る個所である。全部を記す必要は無いだろう。上に挙げてきた短歌に呼応するものだけを挙げる。大正九年（一九二〇）一月一九日の一首。

死にし子と夢に語れり冬の朝さめての後の物のさびしさ

大正一二年（一九二三）一月二八日には、厭世の感にも襲われた。五首のうち、一首だけを挙げることにする。

しみじみと此人生を厭《いと》ひけりけふ此頃の冬の日のごと

しかし、ちょうど西田が「黒板に向かって」苦闘していた時期に、「小生には尚《なお》一片の脊梁骨《せきりょうこつ》あり」と記したように、底しれない悲哀と寂寥のなかで、西田に一首の短歌が浮かんだ。大正一二年（一九二三）二月二〇日のことだった。

わか心《が》深き底あり喜も憂の波もとゝ《ど》かしとおもふ

「深き底」は、喜びや憂いを越えたどこか深い海の底のごとき所、という風にもとれるが、しかし単に感情の波の届かない深所なら、情意をもたない深海魚が住む場所と、変わらない。おそらく歌の意味は、そうではあるまい。深き底とは、喜びや憂いの人情がどこまで深まっても、その深まりそのものには限りがない、ということでなければならない。喜びや憂いはどこまで深まっても失せることはない。しかしその深まりには限りがない。そう気づくとき、単なる一喜一憂の波とは異なった次元が開かれる。波そのものは波に揺れることがなく、波に砕けることもない、という次元である。そのようないわば悲哀の波の本体に触れるとき、悲哀の波に翻弄されつつ、その悲哀に身を委ねてその只中に休らうという、矛盾的自己同一的な事態が生じる。たとえば西田は一方では、四女・友子の悲惨な入院中の行動に疲れをおぼえて、大正一二年四月四日にこう詠んでいる。

かくしても生くべきものかこれの世に五年《いつとせ》こなた安き日もなし

「安き日もなし」と思うことと、そのような日々を生きることとは、同じではない。「かくしても生くべきものか」と嘆き問いながら、その生を現実に歩むということは、嘆き問うことを少し越えている。生そのものは、嘆きのなかにあっても生、安らぎなさのなかにあっても生である。それはやがて燃え尽きる運命にある。しかし、燃え尽きることそれ自身も、生の現象そのものである。だから西田は、他方で上の歌のすぐあと四月一〇日に、こうも詠んでいる。

愛宕山《あたごやま》入る日の如くかゞやきて燃《もや》し尽さん残れる命

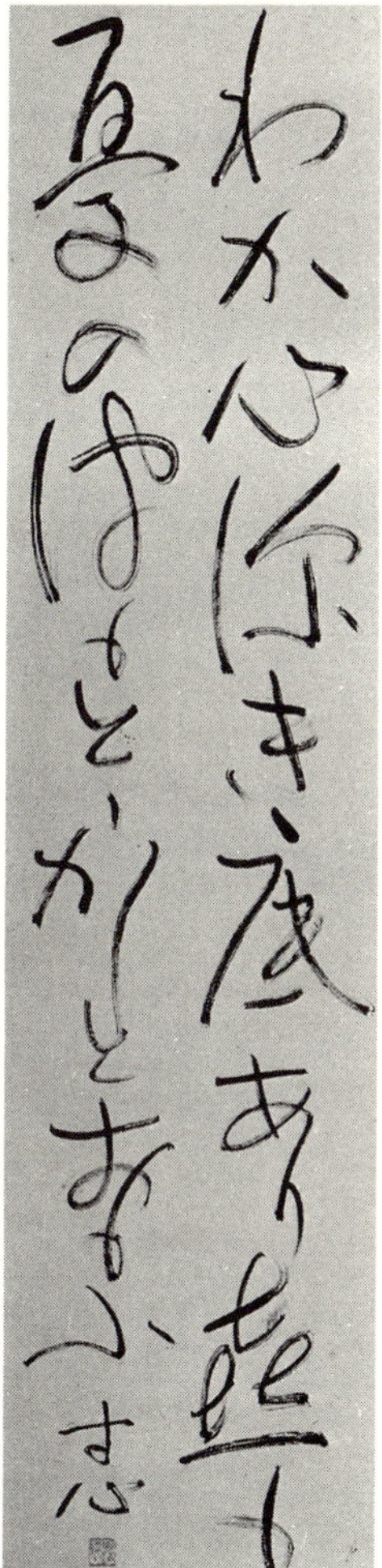

わか心深き底あり喜も
憂の波もとゝかしとおもふ　寸心
(『西田幾多郎遺墨集』燈影舎、より)

生死のただ中に、生死に左右されない「深き底」がある。翌年、大正一三年（一九二四）三月九日の日記に、次の短歌を記した。

世を離れ人を忘れて我は唯《ただ》深き己の奥底にすむ

この歌は、ともすると世捨て人の心境のごとくに取られるかもしれない。しかし西田はこの歌を詠んだとき、「世を離れる」どころか、まさしく「世の中」のただ中で活動していた。西田はこの頃、京都帝国大学文学部に和辻哲郎《わつじてつろう》を招くことに腐心していたのである。「私は貴兄を広き意味の Kultur〔文化〕の研究者として〔、〕哲学科に属する人として〔、〕迎えたい」（六八六、大一三・三・一七）。西田は世の営みと人の交わりの只中にありながら、同時に「世を離れ人を忘れて」生きる心境になっていたのである。その意味で、この歌は先に引いた「わが心深き底あり」の句とおなじであるが、ただし心境において一歩すすんでいる。世の中を渡り、人の交わりに苦心しながら、世を離れ人を忘れる、というところがあるからである。ちなみにこの短歌は、最初は次のようになっていた。

世を離れ人を忘れて我は今深き己の奥底にあり

「今」は「唯《ただ》」と訂正され、より集中的となった。そして「奥底にあり」は「奥底にすむ」と訂正され、より主体的となった。

三人の娘の前途と学問上の仕事

「残れる命」に託された、現実の世の中の任務は、そして人とのかかわりは、実際のところ尽きることがなかった。大正一四年（一九二五）一月に妻の寿美《ことみ》が死去したあと、翌年三月二五日、田辺に宛てて、西田はこう記している。「私にのこされたことは、多少の学問上の仕事と［、］尚《なお》身の定まらない三女児の前途を定めて［、］地下の亡妻を瞑せしむるだけで御座います」（八四〇）。寂寞の思いに打ち沈んでばかりもいられない状況だった。東京にいる山本良吉にも、西田は三人の娘を案じる手紙を書いている（九二〇、昭二・二・九）。「少しばかりの学問上の仕事」とならべて、「三女児を何とかかたづけて亡妻を地下［に］尋ねんとすることだけが残されている」と。

まったく別々のふたつの懸案が、西田に残された。ひとつは、妻がいなくなったあとに父親として三人の娘（静子、友子、梅子）の嫁ぎ先をさがすという難題。そしてふたつには、「多少の学問上の仕事」。

前者の課題、すなわち娘たちの嫁ぎ先という問題のために、西田は東京にいる弟子の山内得立《やまのうちとくりゅう》に（九五一、昭二・六・二九）、また仙台にいる弟子の三宅剛一《ごういち》に（九七三、昭二・九・一〇、九七七、昭二・九・一七）、それぞれ嫁ぎ先の相手の紹介を頼みこんでいる。ほかの旧友にも頼み（九八二、山本良吉宛、昭二・一〇・五）、あるいは心配を洩らしている（一二三七、堀維孝宛、昭四・八・一八、他）。

こういったことは、きわめて「人間臭い」世間的なことである。そして人生であるかぎりは、きれいごとばかりでは済まないところがある。周囲の人間臭い反応にも、言及しておこう。西田は、ある心外な反応に出会った。「一〔、〕二年前にも私は自己の名声に自惚《うぬぼ》れて私が娘をエライ人でなければやらない様に考えて居るというので〔、〕安倍能成君から〔、〕私はまだ嘗て友人先輩から受けたことのない無礼な手紙をもらったことがあります〔、〕併し私はそういう事を考えたこともなし〔、〕無論誰に云ったこともない〔、〕私はその時〔、〕実に意外の感に打たれた〔、〕それで安倍君に聞いたら〔、〕和辻君の宅辺での話らしいです」（一七五六、岩波茂雄宛、昭八・三・五）。

西田は「一〔、〕二年前」と書いているが、実際は三年前である。しかし西田には、一、二年前のことと感じられるほどに、その無礼は心外だったのである。ただし、和辻哲郎の名誉のために付加するなら、どうやらこの一件も、一犬虚を吠えて万犬実を伝える、といった誤解もあったようだ。両者の関係に、ひびは入らなかった。むしろ和辻は、後述する西田の「再婚」のために、いろいろ骨を折ってさえいる。ただ、こういった「噂」こそが、世間というものの実体なき実体でもある。西田はその苦痛に耐えなければならなかった。それは「世を離れ人を忘れて」初めて可能となった。

昭和五年（一九三〇）一〇月には四女の友子が結婚した。しかし友子にもいろいろ心身的な問題があって、家出などもしている（一四八〇）。また友子の相手となった小林全鼎《ぜんてい》という芸術家も、風変わりすぎて西田を呆れさせた。「小林という男〔、〕実に不思議な男です（…）一寸《ちょっ》と常識では考えられない男です」（一五六六）と、西田はこぼしている。「小林という男の心理作用は本当に分からぬ（…）〔、〕結婚届に昨年一、二月頃捺印してやったのに〔、〕そのまゝ出しもせず〔、〕と云って今日になって返しもせぬ」（一五六七）。けっきょく友子の結婚生活は一年たらずで破綻し、翌年九月に離婚となった。

末子で六女の梅子は昭和七年（一九三二）に哲学者の金子武蔵《たけぞう》と結婚し、二女二男をもうけたが、三女の静子は最後まで結婚しなかった。かつて田辺に記した、「地下の亡妻を瞑せしむる」という願いを、西田は成就し得たとは思わなかっただろう。だから山本に記した「亡妻を地下［に］尋ね」るということに関しても、内心忸怩《じくじ》の思いが最後まで抜けきれなかっただろう。しかしその思いがどこまでも深まって底が無いということが、「深き己の奥底」だった。

「候文」から「現代文」へ

娘の嫁ぎ先さがしを西田が依頼した三宅剛一（一八九五―一九八二）と山内得立（一八九〇―一九八二）は、共に西田の初期の弟子たちである。山内のほうは、縁談に協力した形跡は書簡からは窺えないが、西田の、「突然妙なことを御願いたす様ですが」（九七三）との相談を受けて、三宅はすぐに返事を出した。それに対して西田は、改めて静子と友子と梅子の三人の名をあげて紹介している。ただし、「こういう事を知人に頼まねばならぬのも心苦しう御座いますが［、］私も老境にはいったのかと思います」（九七七）と記している。

注意深い読者は、この書簡が、弟子に対して娘の縁談を頼むという内容もさることながら、書簡の文体が、もはや「候文《そうろう》」でなくて、ふつうの現代文になっていることに、気づくであろう。否、これまで引用してきた西田の書簡から、いつのまにか「候文」が消えていることにも、思い到るであろう。たとえば一時期、他の相手は眼中にないかのごとくに哲学思想をめぐって田辺に書簡を送っていたときの西田の書簡も、先に引用した大正一四年（一九二五）一二月では、現代文に変わっている。田辺宛の書簡が初めて口語体に変わるのは、大正一一年（一九二二）四月二二日、田辺がシンガポール経由で洋行した折りの葉書への返書からである。「シンガポールへの御途中の御手紙及びシンガポールよりの御葉書《おはがき》到着［し］拝見いたしました」と（五九〇）。

西田の書簡が「候文」から現代文に変わっていくということは、哲学思想とは無関係である。しかし伝記としては、少し興味を引く現象である。西田の世代と時代がどんなものだったかを、垣間見させるからである。明治初期に生まれた西田と、明治の半ば以降に生まれた世代、たとえば京都学派の第二世代の思想家たちとでは、その点ですでにちがいが出てくる。もちろん、文体というものは個人差をともなう領域でもある。同じ明治初期の生まれでも、たとえば後述する鈴木大拙は、最初から西田と文体がちがう。哲学思想とは関係のないトリビアルなテーマであることを承知で、息抜きを兼ねて、この文体の変化を少し追跡してみよう。

最初に「候文」が消えるのは、旧友・山本良吉に大正七年（一九一八）一二月二六日に宛てた書簡である。「拝啓　もし北条先生がこちらへ来られる様なことがあったら知［ら］せて下さい［。］云々」（四二九）と。西田が文体を変えようと決心したとは思えない。その証拠に、その次の山本宛はふたたび候文にもどって、「拝啓　其後しばらく御伺《おうかがい》も不申上《もうしあげず》［。］御変わりも御座なく候か」（四四七）となる。もっとも、ここではそのあと、「候」は消えて、「…なり」という文語調の文体になる。その後も山本宛の書簡には、その混淆がつづく。

書簡が明快に口語文で記される第二の例は、朝永三十郎《ともながさんじゅうろう》（一八七一―一九五一）宛である（四七五、大八・一〇・九）。それは、朝永宛の書簡が最初から口語文体だった、ということでもある。朝永は一高から帝大へ進んで、井上哲次郎に学んだから、西田とは学系をずいぶん異にしていた。西田より一歳年下だが、一年先に京都帝国大学文学部に赴任しているという意味では、先輩である。西田の四千四百通あまりの書簡のなかで、朝永宛は十通に満たないから、ふたりが非常に親しかったとは言えない。それなら「候文」が用いられそうな気もするが、実際はそうではない。

上記の朝永への最初の書簡は、朝永が何を思ってか波多野精一《はたのせいいち》の京大赴任を機に京大を辞することを思い立ったときに、西田が懇々と朝永を引き留める、という内容である。例によって、西田は懇々と条理を尽くして、懇切に書いている。朝永はすぐに返事を出したらしく、それに対して西田も、また重ねて書簡を送っている。第二便は翌日の一〇月九日の日付である。書き出しだけは「御手紙拝見仕《つかまつ》り候」となっているが、そのあとは、口語体で綴られる。

候文と口語文がまじる書簡は、大正九年（一九二〇）には田部隆次《たなべりゅうじ》（一八七五―一九五七）や山本といった旧友宛に見られるから、口語体の文章は同僚や旧友といった親しい間柄に用いたとも考えられる。しかし上記の朝永宛は、そうではないし、長男の謙の死去について述べるときは、心友・山本宛でも、重々しい「候文」となる。他方で、最初はそれほど親しいわけではなかった三宅剛一や和辻哲郎に対しては、朝永と同様、最初から口語調の「…ます」「…ました」の文章で記される。

三宅宛の最初の書簡は大正一〇年（一九二一）五月二九日付（五五〇）であり、和辻宛の最初の書簡は、大正一一年（一九二二）二月二八日付（五八二）である。しかしその和辻宛の直後に弟子の務台理作に宛てた書簡は、「候文」になっている。このように見ていくと、「候文」と「…ます」「…ました」文の使い分けの基準は、後世のわれわれにはよく分からない文章感覚ないし語感という問題と、どこかで結びついているようだ。

西田自身においても、はっきりした基準はなかったかもしれない。はっきりしないままに、大正七年（一九一八）から、「候文」がときどき「…ます」「…ました」文に代わり始め、九年（一九二〇）までは僅かな例にとどまるが、一〇年（一九二一）になって急速にこれが増え始め、一一年（一九二二）には、田辺元宛をも含めて、「…ます」「…ました」文が主流になる。後の「京都学派」第二世代を担う高坂正顕《こうさかまさあき》（一九〇〇―一九六九）宛も、西谷啓治《にしたにけいじ》（一九〇〇―一九九〇）宛も、最初から「です・ます」調となる。高坂宛の最初の書簡は大正一二年（一九二三）三月一三日（六二九）、西谷宛のそれは一四年（一九二五）四月一一日（七七二）だから、いずれも上記の移行期のあとである。

西田は「始めて口語体の文章を書き出した頃」というエッセイを記している。しかし、それはずっと後の昭和一三年（一九三八）でもあり、具体的にいつ頃から口語文を書き始めたかは、このエッセイからは分からない。当時の一般的な背景を見るなら、明治四三年（一九一〇）に第二期国定教科書が言文一致体で書かれ、それまでの「言文一致運動」が学校教育のなかに地盤を得ている。しかし教科書の改革が一般国民の文体を変えるに到るには、時間がかかるであろう。広告文では、明治期には候文が使われていたが、大正・昭和には見られなくなったことが報告されている。

＊遠藤好英「広告文の文体」（山口佳紀編『講座日本語と日本語教育』第五巻『日本語の文法・文体（下）』明治書院、一九八九年）二四一―二六九頁を参照。当時の日本語ないし国語教育の状況については、金田一春彦・林大・柴田武編『日本語百科大事典』（大修館書店、一九八八年）を参照。これらの文献を含めて、明治・大正時代における口語文の浸透に関しては、北海道大学国際本部留学生センター日本語教育部の中村重穂氏に調べていただいた。同氏にお礼を申し上げる。新聞の文体は調査し得ていないが、そこまで調べる必然性もないと思われるので、その方面に関心のある研究者に任せたい。

この「候文」と「言文一致体」の文体に関して、西田と大拙とのあいだに、くっきりとした対照があることも、指摘しておこう。いま保存されている大拙の書簡は、最初から候文ではない。最初の書簡は山本良吉宛の、明治二一年（一八八八）七月一日付で、大拙が家庭の財政事情から四高の予科を中退した直後の時期である。西田の最初の書簡が推定明治二〇年ないし明治二一年だから、それと同時期だということも、付け加えておこう。大拙のこの書簡は、カタカナ文で記されているが、言文一致体になっている。その後、漢文の書簡も、そして「候文まじり」の書簡も出てこないことはないが、（たとえば明治三〇年（一八九七）と推定される西田宛の最初の書簡［大拙書簡、六三］などが、そうである）、しかし基本的には大拙の書簡は候文ではない。後に米国に渡って英語圏で活躍する大拙は、最初から候文を用いなかった。他方で終世外国に行かなかった西田は、大正半ばまでは候文を用いた。おなじ時代を生きて、おなじく世界的なスケールで仕事をした無二の心友同士であるが、こんなところに個性のちがいがあらわれる。そんなことは別に特筆すべきことでもない、とも思えるが、また特筆しても良いことのようにも思える。

退職の辞

昭和三年（一九二八）、西田は京都帝国大学文学部を退職した。この年の八月一八日の日記に「免官の辞令出る［一］愈《いよいよ》浪人になりたり」とある。「西田哲学」という名称が左右田喜一郎《そだきいちろう》（一八八一—一九二七）によって冠せられる機縁となった、西田の論文「場所」は、その二年前の昭和元年（一九二六）に成立した。

なぜ左右田喜一郎という経済学者が、それも左右田銀行の頭取をしていた人物が、「西田哲学の方法について」（『哲学研究』第一二七号所収、一九二六年）という哲学論文を草し、「西田哲学」という名称の名づけ親となったかは、さしあたり不思議にも思える。しかし経歴と事蹟を見ると、合点がいく。左右田はイギリスのケンブリッジ大学とドイツのフライブルク大学、そしてパリに、合計十数年留学し、ドイツ滞在中に新カント学派の哲学を吸収した。ドイツ滞在中に草して学士院賞をもらった論文のひとつは、「貨幣と価値」と題されているが、「価値」は、新カント学派の基本概念でもある。左右田は経済学と哲学をつなぐ「経済哲学」の領域を、開いたのである。だから、家業の銀行を引き継ぐ傍ら、大正七年（一九一八）から京都帝国大学文科大学（大正八年（一九一九）から「文学部」に改称）の講師を勤めたのも、故あってのことだった。それにしても、驚くべき守備範囲の広さをもつ人物と言わねばならない。この左右田が西田の「場所」論文に着目したのは、自分の哲学的思考を確立する上で真摯に西田の思想と向き合った結果だった。ただし、左右田の論文を読むと、新カント学派の「価値」哲学から西田の「無」の哲学を見るときに生じ得る誤解ないしすれ違いが、歴然とする。そのことは、西田がこの論文に応答した「左右田博士に答ふ」を読むと、見えてくる。

なお、家業の左右田銀行は、関東大震災とその後の大不況に直撃されて倒産し、左右田はその財産整理の苦悩のなかで、まだ四七歳の若さで死去した。彼の死去の年は、上記の論文の翌年であり、西田がこれへの応答として草した論文「左右田博士に答ふ」の発表年、すなわち昭和二年（一九二七）である。左右田が西田の反論を読んだのかどうかは、分からないが、絶望のなかで死に直面したとき、新カント学派の価値哲学だけで安らぎは得られたのだろうかと、他人事ながら気になる。

この「場所」論文は、西田哲学の本格的な出発点ではあっても、主なる展開場面ではない。西田哲学の本格的展開は、この「場所」論文〔旧版では第四巻、新版では第三巻に収録〕のあとに、延々とつづくのである。それなのに、この論文のすぐ二年後に退職と聞くと、さしあたり意外な感じがするであろう。

たしかに西田の退職は、実際の年齢より三年早い。西田が生まれたのは明治三年（一八七〇）であるが、戸籍上の届けは明治元年（一八六八）に三年繰り上げられたからである。早く師範学校に行かせたいという父・得登《やすのり》の配慮だとされている。尋常小学校には五歳で入学しているが、それでも他の児童にくらべて身心ともに幼かっただろう。もっとも、「高等小学校」の卒業年齢は普通なみの一二歳である。

＊遊佐道子氏作成の年譜（本書「はじめに」ⅱ頁を参照）を見ると、西田は「下等小学校」八級から一級までを五年、つづいて「上等小学校」八級と七級を一年、さらに「高等小学校」四級と三級（それも前期と後期）を一年で終了している。小学校に入学して七年目の明治一五年（一八八二）に「高等小学校卒業」となる。小学校の段階だけで、三つも名称がある。加えてその就学年数も、ずいぶんイレギュラーである。筆者は当時の小学校制度の変遷までは調べていないから、よく分からないが、学制が次々に変わっていっ

た変化期だったかと思われる。

後年の「退職」という節目だけに限定するなら、父親の配慮は良い作用をもたらした。大学の諸義務から解放されて思索に専念することが、三年早く実現したからである。西田は五八歳だった。義務講義が終了した昭和三年（一九二八）二月四日の日記には、「心身の軽きを覚ゆ」と、記されている。

帝国大学の定年が当時は六〇歳だったことに、すこし注意を払っておこう。明治における短命多病、そしてやっと一九五〇年になって各国の平均寿命がいずれも六十歳代となり、日本人のそれも最下位ながら六〇歳を越えたことは、すでに述べた。東京朝日新聞、昭和四年（一九二九）四月一七日に、日本人の平均寿命は「四十二・三歳」とあるから、これが前年すなわち西田の退職時、昭和三年（一九二八）の、平均寿命だと見てもよいであろう。当時の帝国大学の教授の退職年齢が六〇歳だったということは、実質的には当時の大学教授の職が「終身教授」だったということなのである。

帝国大学が全国で七つしか無かった時代の「教授」と、国立法人大学が全国で八十を優に越える現在の「教授」とでは、数においてはもちろん、エリート指数（そういうものが有るとして）においても、段違いである。その意味のちがいの背景には、今日（二〇一一年）の平均寿命が昭和四年の時点に比べて男子（七九・四四歳）で二倍近く、女子（八五・九〇歳）は二倍以上に伸びている、という事実も加えなければならない。大学教授としての「退職」は、今日でこそ人生の途中経過地点にすぎなくなったが、西田の時代には、平均年齢を遙かに越えた時点でやってきたのである。そのことを念頭において、退職にあたっての西田自身の感懐をすこし見ておこう。

西田に「或教授の退職の辞」と題する短いエッセイがある。西田の退官を記念して京都大学の施設「楽友館」で催された慰労会で、西田自身が述べたスピーチが、もとになっているようだ。自分の人生を西田自身が要約したような内容だから、西田の「伝記」を試みる本書にとっては、どの一節も捨て難い。深い情感のこもった名エッセイだということも、さらに捨て難い理由となる。しかし全文を引用というわけにもいかないから、何カ所かだけを抽出しよう。やや長くなるが、許されるであろう。書き出しは、こうである。

「これは楽友館の給仕が話したのを誰かが書いたものらしい、而《しか》もそれは大分以前のことであろう。」

慰労会は初夏だったが、執筆は年の暮れなので、たしかに「大分以前のこと」となる。加えて、「楽友館の給仕」およびその話を聞いて書いた「誰か」という、ふたりの「他者」を通しての回顧文という設定になっている。自分を表に出さない、さりげない語りのレトリックとも取れる。しかしまた、西田が後に語る「自己の内なる他者」という表現をも、想起させる。自分の存在を自分自身の意志だけで決定できる人間は、いない。われわれは、生まれ育って気がついたら、この世界のなかに存在していた。自分を存在せしめている構成要素のなかには、自分を越えたものも含まれている。西田の言う「自己の中の他者」は、そういうものの煮詰めた表現と取ってよいであろう。そうであるなら、自己の内なる他者を通して自伝を語る、といったこともあり得るであろう。

「回顧すれば、私の生涯は極めて簡単なものであった。その前半は黒板を前にして坐した、その後半は黒板を後にして立った。黒板に向って一回転をなしたといえば、それで私の伝記は尽きるのである」。

これは実に要を得た言い回しとして、よく引用される。たしかに見事な表現である。ただし、「それで私の伝記は尽きるのである」という部分は、すでに「はじめに」で述べたように、大外れとなった。西田の人生行路は、ここでまったく新たな、長く且つ起伏の多い区間に突入するからである。

「しかし明日ストーヴに焼《く》べられる一本の草にも、それ相応の来歴があり、思出がなければならない。平凡なる私の如きものも六十年の生涯を回顧して、転《うた》た水の流と人の行末という如き感慨に堪えない」。

「明日ストーブに焼《く》べられる一本の草」という語は、マタイ伝の「山上の垂訓」に出てくる語を、念頭においたものであろう。マタイ伝では、「今日は有りて、明日は炉にくべられる野の草」となっている。明日は炉に焼《く》べられる野の草にすら、神はそれなりの装いを与えたと、聖書は述べる。西田はその一本の草に、自分を喩えている。西田のなかに早くから根づいていたキリスト教への視座（本書六三頁以下を参照）が、この退職の辞にも出ている。

「特に数学に入るか哲学に入るかは、私には決し難い問題であった。尊敬していた或先生からは、数学に入るように勧められた。哲学には論理的能力のみならず、詩人的想像力が必要である、そういう能力があるか否かは分らないといわれるのである」。

西田は北条時敬《ときゆき》に数学を学んだが、結局は数学でなく哲学を選択した。それでも数学を捨てたというわけではなかった。やがて「数学の哲学的基礎附け」［これは西田の死後に『哲学研究』第三四五号、昭和二〇年（一九四五）に印刷された。『哲学論文集　第六』に所収］を著し、当時の数学の「集合論」をめぐる、ラッセルが提起した議論状況に、自らも論考を提示している。西田哲学といえば、たいていは「宗教哲学」のイメージで受け取られがちであるが、そしてそれはあながち筋ちがいではないが、しかし西田哲学から数学と物理学と科学論への関心を削除したら、きわめて大きな部分が抜け落ちる。西田哲学において、これらの分野は不可欠の構成要素である。

「四高の学生時代というのは、私の生涯において最も愉快な時期であった。青年の客気に任せて豪《ごう》放不羈《ほうふき》、何の顧慮する所もなく振舞うた。その結果、半途にして学校を退くようになった」。

この語は、本書の第一部で詳述したことを西田自らが簡単に要約している部分でもある。次の語もそうである。

「当時の選科生というものは惨《み》じめなものであった、私は何だか人生の落伍者となったように感じた。学校を卒《お》えてからすぐ田舎の中学校に行った。それから暫く山口の高等学校にいたが、遂に四高の独語教師となって十年の歳月を過した。金沢にいた十年間は私の心身共に壮《さかん》な、人生の最もよき時であった」。

本書で述べてきたことを、このように、西田自身の語で確認することができる。しかしながら、何度も繰り返すことになるが、「黒板に向って一回転をなしたといえば、それで私の伝記は尽きるのである」という個所は大外れとなった。西田の人生は、黒板を去ってからさらに一七年つづく。しかもその時代は、「黒板を後にして」の比較的に穏やかだった一八年間に比べて、西田が予想もしなかった波浪《はろう》高き航路、ないし険阻《けんそ》なる時代となった。西田の感懐は、陽の明るいうちに戸を閉めて暖簾《のれん》をおろすような語だった。もちろんその心境は、上に述べたように、退職年齢が人生の終わりだという当時の一般的通念を、前提してのことだったであろう。しかし本書すなわち、西田の「伝記」は、やっと前半の終わりに近づいたばかりである。

次の個所も、西田がはなはだ急ぎ過ぎた感がある。「幼時に読んだ英語読本の中に〈墓場〉と題する一文があり、何の墓を見ても、よき夫、よき妻、よき子と書いてある、悪しき人々は何処に葬られているのであろうかという如きことがあったと記憶する。諸君も屍《しかばね》に鞭《むちう》たないという寛大の心を以て、すべての私の過去を容《ゆる》してもらいたい」。

自分を墓場に眠る「屍」に比すことは、まだあまりに早すぎた。もっとも、若年二二歳の暮れに早くも、「吾《われ》はただ碌々《ろくろく》犬死《いぬじに》之《の》時近くと思えば「、」」などと記した西田のことだから（本書一九頁）、死ぬということを常に念頭においていた西田の、性向の発露の語と取っても良いのかもしれない。しかし仮にそうだったとしても、その後の西田人生と時代は、長さにおいても深刻さにおいても、「黒板を去って」という新たな章を要求する内容をもっている。

第二節　思想と時代　大正の憂鬱と「場所」の開け

「場所」の思想とその背景

一方で、家庭の悲哀をなめつくすような生活状況がつづく反面、他方の思索の苦闘は、対照的な飛躍を遂げていった。「少しばかりの学問上の仕事」は、決定的な転機にさしかかっていた。大正一四年（一九二五）一二月七日、西田は田辺に宛てて、こう書いた。「例の場所の考も大体の所はどうも自分の考が fruchtbar〔実り豊か〕に思えてなりませぬが〔、〕いろ〳〵詳細に考えて行くと中々はっきりしないで困ります〔、〕先ず大体の所にて一先《ひとまず》やめ〔、〕更に深く精《くわ》しく考えて見ます」（八一一二）。

西田が「場所」という表題の論文を発表し、これをもって左右田喜一郎が前述のように「西田哲学」という名称を献上したのは、昭和元年（一九二六）であるが、すでにその前年に、西田は田辺に自分の「場所」の考えを洩らしていたのである。後に田辺がこの「場所」についに共鳴せず、むしろ批判に転じたことを思うなら、田辺を信じきって自分の内面の思想展開を報告する西田が、すこし痛ましい気もする。

西田の論文のなかでは、「場所」という語は、さらにその前の年、大正一三年（一九二四）の論文「内部知覚について」で、初めて浮上した。この論文で、西田は「自己は自己の中に自己を映すのである」（『旧』四・一二七、『新』三・三五〇）という見方を述べる。「自己の中に」という部分が、肝腎なところである。単に自己が自己を映すということだけなら、それは、ふつうに言う自己反省とか自己意識とかで生じている。反省意識によって、人は自分が何をしたかを振り返り、自分が何者であるかと問い、自分が存在していることを意識する。しかしそのとき、実は意識する自分と意識される自分とに、自分が分かれている。

ここで西田は、なんでもないことのようでありながら、哲学史においてほとんど気づかれなかった、ある画期的なことに着目した。それは、自分が自分を映す（見る）というとき、かならず「自分の中で」（自己に於いて）生じる、ということである。「自分の中」というときの自分は、意識する自分でもなく、意識された自分でもない。「自分」というものがこのふたつの側面に分かれる前の自分である。自分という意識が消えたときにあらわれる自分と、言い換えても良いであろう。しかしまた、自分という意識もそこで初めて成立する「場所」でもある。

自我意識が消えたところ、ないし自我意識以前という意味で、それは「純粋経験」と呼ばれたところと、同一内容だと言うこともできる。純粋経験の自己知は、自己意識よりも手前で生じる。そこにおいて、「知る我と、知られる我と、我が我を知る場所とが一つであることが自覚である」（同上）という定式が成立する。この「場所」の思想が、やがて長河となって西田哲学を貫く。だから「自己の中に」という表現は、その長河の源流に位置することになる。

『善の研究』での「純粋経験」は、本来はこの「自己」という名の「場所」のことだった。しかし当時は、純粋経験は「主客合一」とか「主客未分」とかと言われていた。主客の対立図式をともなう

「意識」をキーワードとして表現されていた。だからそれらの表現では、「場所」はなおも一種の「意識」となってしまう。仮に「意識以前」だと言ったとしても、その「以前」なる場所そのものは、意識から見られている。だから、「場所」の考えとともに究明されるべき意識哲学の種々の問題が、残りつづける。

伝記でなくて哲学論文のような記述になってしまうことを恐れつつも、もうすこし続けるなら、たとえば、「純粋経験」の例として挙げられる、色を見たり音を聞いたりする刹那といった経験がある。この場合の「主客合一」あるいは「主客未分」の状態は、西田の言うとおり、およそ経験というものの最も基本的な相である。

しかし同時に、その主客合一の状態がすぐに破れて、主体と客体とがそこで距離をおいて隔てられる反省作用も、人間の生の領域である。否、この活動領域のほうが、実は現実世界では大部分を占める。仏教的な言葉を借りるなら、現実の娑婆世界は悟りを得た仏たちの住む世界ではなくて、煩悩に呻吟する衆生たちの世界である。しかし、衆生が呻吟するということのなかに、衆生が解脱を求めているということがすでに含まれている。それは、解脱した仏の世界がどこかに無ければならない、ということでもある。その場合、仏の世界と娑婆の世界とが併存するというなら、仏の世界はおとぎ話か、さもなくば比喩になる。仏教経典には、そのような比喩として読める記述が頻出するが、比喩であるならどこまでも比喩として読むことが要求される。比喩の意味は西田の語を借りて解くこともできそうだ。つまり、「仏性が」（主客未分の世界が）実は主客分離の「衆生」の本性だという意味である。「主客未分」は「主客分離」の彼岸でなくて此岸にある。

とはいえ、近代的思考に慣れたわれわれからすれば、上のように言えばすべてが片付く、というわけにはいかない。否、何も片付いていないとすら言える。主客分離と言うだけでは、衆生の世界に特有の構造や諸課題は、照らされていないからである。反省作用や客観化作用まで含めた衆生世界を、理性的ディスコースを離れることなく述べようとするなら、近代の意識哲学すなわち、カントの超越論的哲学、フィヒテの知識学、新カント学派の認識論、フッサールの現象学、等々との対決を要するであろう。ただし、それらの哲学では触れられていない「自己の自覚」が、そこで展開されなければならない。

西田が『自覚に於ける直観と反省』で苦闘に終始した所以は、これらの諸哲学との対決そのものが困難だったからではない。そうではなくて、この対決を導く根本直観の「場所」が、はっきりしていなかったからである。

苦心惨憺を極めた『自覚に於ける直観と反省』をくぐり抜けて、なお八年を要して、西田はようやく自分の思想をあらわす「自覚」の根本方式に、辿りついた。それが「場所」である。

『善の研究』での「純粋経験」と、「深き己《おのれ》の底」としての「場所」とのあいだには、変わらない部分と変わる部分とがある。西田自身は昭和一一年（一九三六）に『善の研究』の版を新たにするにあたって、純粋経験の立場が「一転して」場所の考えに到ったと、述べている（「旧」一・六、「新」一・三）。「一転」というからには、転回がなければならない。何がどう転回したかを簡単に言えば、それは対象を意識する自我の立場（主客分離の立場）から、自我（主）と対象（客）とが対立しなくなる「無の場所」への、転回である。それは二千数百年におよぶ西洋哲学史のなかで、この哲学史の「外」に根ざした東アジア的な根本経験が、哲学の「内」へ入りこんで展開された結果の出来事だった。

さらに端的に言うこともできる。「場所」の考えが浮上したそのおなじ大正一三年（一九二四）に、先に引いた短歌「世を離れ人を忘れて我は唯《ただ》深き己の奥底にすむ」が詠まれた。「我が我を知る場所」は、この短歌で言う「深き己の奥底」のことである。「世を離れ人を忘れて」は、西田において、まさに世の中で人と交わるただ中で開けた心境だったが、その開けの場所が、「深き己の奥底」だったのである。西田は先の短歌に、自分の「場所」を詠みこんだのである。

ヨーロッパへの関心

西田における思想の展開が、彼の人生におけるさまざまの経験と呼応しあうことはもちろんであるが、そのほかにも、時代の背景がある。これを見ていく上での手がかりとして、西田の周囲の友人、弟子、同僚たちとのやりとりがある。まず、山内得立《やまのうちとくりゅう》を挙げよう。

山内得立は、旧版『西田幾多郎全集』の編集に加わったひとりでもあり、いちおう西田の弟子である。「いちおう」という意味は、山内が古代ギリシア哲学を専門とし、制度上は弟子であっても、学問的には特に西田からの影響を受けたとは言えない、という意味である。ただひとつ、山内宛の西田の「書簡」で際だっていることがある。それは、大正九年（一九二〇）から一二年（一九二三）まで山内がヨーロッパとアメリカに留学した際、西田がおびただしい書籍を注文し、また山内を通してヨーロッパ文化に接していることである。このことは、その後つぎつぎに洋行する弟子たち、たとえば植田寿蔵《うえだじゅぞう》、三木清、西谷啓治、などの場合にも言える。山内宛の書簡は多数にのぼるが、内容的に注目されるのは、この四年間の、まるで本屋を相手にするような書籍注文と、ヨーロッパ文化に対する西田の反応である。

山内得立（昭和53年［1978］）
（『京都哲学撰書22　山内得立「随眠の哲学」』燈影舎，より［撮影／吉田功］）

「以多利［イタリー］の旅行は実に羨ましく候［…］小生も嘗てゲーテのItalienische Reise［イタリア紀行］を読み［…］Campagne［田園］の野や特にNeapel［ナポリ］の景色の記事は今も尚《なお》頭にのこり［…］あこがれ居り候が［…］若くて外国にでも行きたいと思いし頃は何人《なんびと》も顧みくれず［…］今は已《すで》に老いたり」（五四九、大一〇・五・二八）。

先に述べたこととすこし重複するが、西田は一度も外国に行かなかった。若いときは、「行けなかった」と言うべきであろう。そして後には、「行けるけれども、行かなかった」である。鈴木大拙が、こんなことを記している。「西田は一歩も海外へ出たことはなかった。（…）或る日の閑話に〈今度の戦争がすんだら自分等《ら》二人して欧米視察に出かけようではないか〉と云ったら、彼は黙って笑って居たが…」［『鈴木大拙全集』岩波書店、一九七〇年、三八一―三八二頁］。黙って笑う西田の心境はどういうものだったのか。西田の弟子たちはみな留学し、西田もまた、その願望を持っていたが、機は熟さなかった。そして京大に赴任して数年後に留学の話が持ち上がったときは、「洋行すとも全く何の益もなく」という意見に転じた。いま西田自身がなぜそのような気持ちになったかを見るなら、西田はこうつづけている。「今頭少し纏《まと》まらんとするに際し、之《これ》を捨て見物三昧《ざんまい》に年を消すは面白からず」［上田久『山本良吉先生伝』南窓社、一九九三年、に所収の「山本良吉日記」一一九頁］。

この語は西田自身が記したのではなくて、西田の語を山本良吉が書き留めたものである。だから一次史料というわけではない。しかし大正二年（一九一三）という時点は、まさに西田が思索路（『自覚に於ける直観と反省』）で苦闘して、「今頭少し纏《まと》まらんとする」ときだった。「之《これ》を捨て見物三昧《ざんまい》に年を消すは面白からず」という語は、その意味で実感を伴っている。加えて親友・山本の伝える語でもあるので、信憑性がある。

しかし、と言うべきか、それだけに、と言うべきか、西田は弟子たちが書いてくるヨーロッパの様子に関心を寄せた。外国に行くということは船旅であり、一カ月以上を要して海を渡ることだった。そして、その場合の「外国」とは、文明において先を行く欧米のことだった。その「外国」に、西田が関心を抱かなかったはずがない。西田がどんな風に西洋に接し、どんな文化現象に関心を抱いたかを、西田の書簡から年月日順に見ていこう。

山内のイタリア旅行が実に羨ましいと書いた書簡は、すでに引用した。その次に山内がドイツから送った絵はがきの類いに対して、西田はおなじ大正一〇年（一九二一）一一月二八日にこう返事している。「御南下の途中エーナ［イェーナ］大学のえはがき［、］花の装《よそおい》なせるハイデルバ［ハイデルベルク］城のえはがき及びフライブルクの御宿よりの御手紙［、］拝受いたし候」（五七〇）。ハイデルベルクの古城は、当時から有名だったことが分かる。

ヨーロッパの学問への視野

山内がハイデルベルクに行ったのは、もちろんそういった観光のためでなく、この地の大学に新カント学派「西南学派」のリッケルトがいたからである。しかし新カント学派の哲学は、潮流としてはすでに可能性が出尽くして凋落しつつあり、西田もリッケルトには見切りをつけている。「リッケルトの System［体系］もまだよまず［、］あの人の様にしてしまえば System は面白きものにもあらざるべし」(同上)。それに対して、哲学の新たな潮流はフッサールの現象学に移りつつあった。西田もフッサールには注目している。「どうもフライブルクへは日本哲学の優秀が多く集まる様にて候［、］賑やかなことならんと存じ候［、］フッサール先生いかなる講義をなさるゝか［、］Noema Noesis［ノエマ、ノエシス］など分からぬ六ケ敷《むずかしき》講義をなさるゝにや、分析のみこまかく語のみ堂々として鬼面以《もって》世人を駭《おどろ》かすの類いたらずんば幸なり」(同上)。

なお、この書簡には当時の文部省留学なるものがいかなるものだったかを窺わせるくだりもある。「前のベルリンの御宿及び大使館宛にて貴兄ベルリンをご出立後［、］大分手紙を出し候が［、］御落手《らくしゅ》被下《くだされ》候か」(同上)と。

明治一五年（一八八二）に文部省のそれまでの「貸費留学生」制度が「官費留学生」制度に変わるが、それは日本が近代化を達成するためにおこなったエリート養成の一環でもあった。だから、一留学生への手紙を「大使館宛にて」送る、といったこともあり得たのである。書簡のさりげない表現のなかにも、時代が映る。この個所を敷衍《ふえん》して言えば、官費留学生になるということは、それだけで将来が約束されるコースをも、意味した。明治日本も、その点では阿倍仲麻呂が中国に渡った平安朝の時代と、あまり変わっていないことになる。ただし西田は、長いあいだそのコースの中央ではなく、脇道を歩いた。いま中央のコースに立つに到ったが、ただし外国留学という点では、スタート点もゴールも消されていた。

田部隆次宛の大正一一年（一九二二）四月四日の書簡は、二〇世紀前半二〇年のヨーロッパもかなり「野蛮」だったこと、そしてそれへの西田の反応を、垣間見させる。「多年の御希望を満たされていろ〳〵面白い事を御見聞遊ばされたことと思います。仏国［フランス］では今尚《なお》ギロチンで公衆の前にて死刑を執行するとは驚きました［、］英国の笞刑《ちけい》も意外です（…）、bold will［勇敢な意志］を本質の一部として有する人間には rational［理性的］だけではゆかぬものであるかも知らない［、］やはり irrational［非理性的］の事も必要なのであろう」（五八七）と、驚きながらも理解につとめようとしている。そして「日本に居れば日本の長所も短所もよく分［か］らぬが［、］外国へでも行って見ればいろ〳〵痛切に御感じになることも多かろうと思います」（同上）と記す。その言葉は、弟子たちの眼を通して西田自身が「外国」文化を摂取しようとする姿勢の表白でもある。

この書簡のやや後、大正一一年（一九二二）四月二二日の、田辺宛としては初めての「…ます」文の書簡［正確には「はがき」である］に、西田は「今頃は既に地中海へ御入りの事と存じます」と、自分自身も地中海に思いを馳せる文章を記し、そのあとこう続けている。「Drude［ドゥルーデ］の Optik［光学］を御願《おねがい》しましたが［、］Physik d. Äthers［エーテルの物理学］も御序《おついで》に願います［、］それから Bryan［ブライアン］、Thermodynamics［熱力学］や Webster［ウェブスター］、Dynamics［力学」の独文のものなどありますまいか」（五九〇）。

ここには哲学の文献ではなくて、「物理学」の文献ばかりが挙げられている。西田が翌年に書いた論文のひとつが、「物理現象の背後にあるもの」であるが、それをもじって言えば、西田の「論文の背後にあるもの」が、この田辺宛の書簡にも表現されている。好奇心の域を越えた、精力的な物理学文献との取り組みである。実際『自覚に於ける直観と反省』において、意識の問題と苦闘している最中に物理学にも向けた精力は、並々ならぬものがある。かつて田辺に、「哲学を研究するものは一通り数物〔数学・物理学〕を心得居《お》らねばならぬと存じ候」（二七五、大三・八・五）と記したが、それは西田自身の心得でもあった。そして、そういう心得を聞いてくれる相手が田辺宛だったことも、理由があった。当時としては田辺だけが、西田の数学・物理学への哲学的関心によく呼応する力量をもった相手だったのである。

もちろん数学・物理学のほかに、ヨーロッパの「美術」に対する関心も、西田は抑えきれない。山内得立と石原謙の寄せ書きの葉書、およびギリシア旅行中の山内からの書簡に対して、西田は次のように書いている。「フラ・アンゼリコよりもジョットの方が深いというのは〔、〕そうだろうと思われます〔、〕画を見たことのないものがこういうことを云うのは可笑《おか》しいですが〔、〕アンゼリコの方は深いというより寧ろ唯 heilig〔神聖〕というべきでしょう〔、〕Giotto〔ジョット〕の様な深く大きなものではないでしょう〔、〕（…）ドーリヤ〔式〕の〔ギリシア〕建築というのは全く想像できぬが〔、〕私には建築にはどっしりとした落ち付きということが大事だと思います」（六一〇、大一一・一二・一七）。

イタリア絵画やギリシア建築を、今日のわれわれは上質の図版を通して、また比較的容易に現地に赴いて、知ることができる。しかし西田においては、それは海外からの便りをもとにして想像力を働かせつつ接する西洋文化だった。

その点で、哲学思想は文献を通して直接に吸収できる。大正一四年（一九二五）五月二〇日、西田はフッサールに書簡を送った。まず、田辺を通して写真をもらったことへの礼を述べ、次にこう記す。「あなたのもとで学んだ我が国の若手の学者たちが、いま次々に母国へ戻ってきています。あなたの現象学が我が国でも大いに広がっていくであろうと思います」（七八〇。邦訳は筆者による。全集に付された訳とは、すこし違っている）。

この文言から、日本の当時の哲学状況の一端をも垣間見ることが出来る。ドイツ哲学界における、「新カント学派」から「現象学」へという潮流変化は、そのまま日本の哲学状況に映っていた、ということである。ちなみに、フッサールから西田への書簡も、田辺を経由して西田に届いたはずであるが（八九四、大一五・一一・四）、そのフッサール書簡は残っていない。西田が自分の日記は半世紀にわたって保管していたのに、人からもらった書簡は、いくつかの例外を除いて保管しなかったということに尽きるが、フッサール書簡の消失は、日独哲学交流史の観点から少し惜しい気もする。

もうすこし、ヨーロッパ文化の摂取にかかわる西田書簡を取り上げよう。哲学エピソードというよりは日本文化史エピソードに類する事柄が、務台理作《むたいりさく》宛の西田書簡から読み取れる。務台は大正一五年（一九二六）からハイデルベルクに留学した。リッケルトがいたからというよりは、どうやら『弓と禅』の著者ヘリゲルの家族のゆえだったようである。よく知られるように、新カント学派の系譜に属するオイゲン・ヘリゲルは、大正一三年（一九二四）に東北帝国大学に哲学教師として赴任し、昭和四年（一九二九）まで、足かけ六年、東北の地にとどまった。すでにヘリゲルを知っていた石原謙（一八八二―一九七六）が西田に京都の案内を依頼し（七三〇）、これを受けて西田が西谷啓治に宛てた西田の書簡に、ヘリゲルが京都に来たことが記される。「誰も京都に知った人がないそうですから私も駅まで行《いっ》てやりたいと思います［、］若し御差支《おさしつかえ》なくば君も其節《そのせつ》京都駅まで御出《おいで》を願えますまいか［、］君や高坂《こうさか》［正顕《まさあき》］［、］木村［素衛《もともり》］［、］などに（一週間程都《みやこ》ホテルに居るそうですから）何処《どこ》か京都の案内を頼みたいと思うから［、］紹介して置きたいと思います」（七七二、大一四・四・一二）。同様の書簡は高坂正顕にも送られている（七七一）。

ちなみに上記の西谷宛の書簡は、西田が西谷に送った現存の最初の書簡でもある。またオイゲン・ヘリゲルは、日本滞在六年のあいだに、弓の師匠・阿波《あわ》研造のもとで弓術を学んで五段の免状を取得し、帰国後に *Zen in der Kunst des Bogenschiessens*（『弓術における禅』、邦訳は『弓と禅』一九二四年）を出版した人物である。ドイツでも、哲学においてよりはこの著書のゆえに、ヘリゲルは知られている。

さて務台は、そういった西田およびその弟子とオイゲン・ヘリゲルとの交流から、ハイデルベルクに到着してほどなく、「老ヘリゲル」の家に寄寓した。老ヘリゲルというからには、オイゲンの父親のことであろう。「御葉書拝見いたしました［、］老ヘリゲル氏の宅に御移りの由」（八五七、大一五・

五・二六)。老ヘリゲルは、息子のオイゲンが日本に行ったあとの淋しさから、自分の息子を通して渡独する日本からの留学生を自宅に下宿させたのかもしれない。ちなみに老ヘリゲルの住所は、Philosophenweg 6 [哲学の道、六番地] となっている。ハイデルベルクの「哲学の道」は、ネッカー河をみおろす山の山腹をのぼる坂道であるが、六番地であれば、ほぼ麓に位置する。京都の「哲学の道」の名称は、言うまでもなくこのハイデルベルクの「哲学の道」に由来しているから、日独の哲学交流の親しさは、偶然ながら、こういった地名の縁をもつくることになる。

西田と三木清

さて、ここでこの一節を完結させるまえに、ひとつの注が要る。すなわち、三木《みき》清《きよし》の名がいちども出てこないことについてである。読者のなかには、「三木清はどうなっているのか」と訝しく思う人が、すでにいるにちがいない。三木の名が出てこないのは私の意図ではない。そもそも西田の書簡集に、三木宛が無いのである。この時期だけでなく、そもそも四千四百余通の西田の書簡のなかに、三木宛の書簡が一通も存在しないのである。

西田と三木は、親しい師弟の関係にある。それは三木に言及する西田の多数の書簡類からも、すぐに分かることである。昭和一〇年(一九三五)の両者の対談「日本文化の特質——西田幾多郎博士との一問一答」[『三木清全集』第一七巻、四七六—四九一頁に所収]などは、両者の親しい師弟関係を三木の側から証言したものと取ることもできる。それなのに三木宛の西田の書簡が一通も残っていないということは、ある異常な背後事情によると、見なければならない。すなわち、官憲による三木の二度の逮捕、そのあとの不安定な著述活動、そして最後には悲惨な「獄死」という、三木の人生行路そのものである。三木はその人生行路のいずれかの段階で、西田からの書簡をもすべて処分したと思われる。西田が自分宛の書簡を保存しなかったことと、結果は同じでも事情はまるで異なる。西田の場合は恬淡《てんたん》と無精に尽きるが、三木の場合は悲劇的な人生隘路《あいろ》のゆえである。かくして、西田の書簡集のなかに大きな穴がぽかりと空いた。その穴は、時代を映す悲劇のネガフィルムでもある。

田辺元に三カ月おくれて、三木清は大正一一年（一九二二）六月からハイデルベルクに、さらにマールブルクに、そして最後はパリに、留学洋行に出かけた。帰国は大正一四年（一九二五）だから、足かけ四年に及ぶ留学である。三木はハイデルベルクでリッケルトに失望して、マールブルクに移るが、ハイデッガー哲学に得心がいかず、パリに赴いて、そこでパスカルに傾倒する。そして帰国後に、第一作『パスカルに於ける人間の研究』を刊行した。その三木に、西田が期待しなかったわけがない。

ここまでは、一般に流布する西田・三木の関係のイメージと、ほぼ一致するであろう。極右軍部政権によって弾圧された自由の思想家・三木の悲劇、というイメージも重なって、多くの三木ファンも異論がないであろう。ところで、西田が三木に言及する書簡には、その「悲劇の思想家・三木」というイメージを、少し狂わせる部分がある。

西田は田辺に、こんな書簡を送っている。「三木の事につき［、］いろ〳〵考えましたが［、］今の様《よう》な有様《ありさま》ではどうも大学へと云う訳にはゆかず［、］私はこれまでの心持態度をすっかりすてねばならぬと思います［、］そして此《この》心持態度を波多野君に明にして置きたいと思います」（八三八）。

この書簡は、これだけ読んでも意味は分からない。まず日付を見ることが重要である。大正一五年三月四日となっている。前年に三木はドイツ・フランス留学からもどった。西田はとりあえず、務台が台湾へ赴任したあとに三高で教鞭を執らせることを考えた（八三五、大一五・一・三一）。ハイデルベルク、マールブルク、パリと、三つの哲学メッカを経由してきた、自他ともに俊秀と認める三木が、三高で教鞭を執るということは、本人にとっても周囲からしても、納得がいく話だったであろう。三高どころか、どこかの帝国大学文学部から話が来ても、不思議ではなかった。上記の書簡で「波多野君」という名が出てくるが、これは京都帝国大学文学部の波多野精一のことである。波多野もまた、三木の就職に協力的だったことが、窺える。

しかし、周囲が予測しなかったある出来事が生じていた。西田に、「私はこれまでの心持態度をすっかりすてねばならぬ」と思わせるような出来事である。「今の様な有様ではどうも大学へと云う訳にはゆかず」と西田は考えた。あまり詳しく書きたくないことであるが、そして詳しく書く必要もないので簡単に済ませるが、三木はある婦人とかなりおおっぴらに関係を持ちはじめ、それが周囲に知られていたのである。心ある人たちは、そして西田も、それを良しとしなかった。同時に西田は、責任も感じた。「併《しか》し三木がその様になっていったということには〔、〕私自身も責任がないとは云われない〔、〕大学へどうのこうのということを離れ〔、〕単に三木という男をよくするということから〔、〕私は此際《このさい》〔、〕誠を以てかれに忠告してみたいと思います」（同上）。

その書簡の三週間後には、金の貸し借りをめぐっての問題も、三木において浮上した。「外《ほか》の話はとにかく〔、〕三木が帰る時〔、〕藤江から五六百円の金をもらったという件は〔、〕森君が藤江の未亡人自身の口から聞いた話で〔 〕どうしても三木の嘘としか思われませぬ〔 〕私に対して一も二もなく否定していた彼の態度を遺憾に思います」（八四〇、田辺宛）。「外《ほか》の話」すなわち某婦人との件もさることながら、金の話も、三木の人格に疑問をはさむものとなった。

三木を東京方面に就職させる、という話になってきた。しかし「波多野君は三木を東京などへやる事は〔 〕此地に置くより（北氏などとの関係から）尚いっそうかれの為に危険だと云う意見でした」（八九八、田辺宛）。「北氏」が、当該の某女性の苗字であることは、すぐ見当がつく。そこで西田はさらに考える。「それで今〔 〕私が三木に話すということは新たな事になる様にも思われます〔 〕三木が私の言を真に自分の為に云ってくるのだと思ってくれればよいが〔 〕どうも私は今、此前《このまえ》と違い〔 〕かれがそういう様に受入れてくれるという自信をもつことができない様に思われるのです」（同上）。そして「可なり付き込んでかれの為に話〔 〕法政の方はもはやだめでしょうか」と付け加える（九〇七、和辻宛、昭二・一・七）。西田は、三木を法政大学に行かせることを考えていたのである。

けっきょく三木は西田に諭されて、東京行を決心した（九一〇、田辺宛）。そして法政大学に就職することとなった。しかしこの法政大学で、今度は政治問題に絡んで逮捕されることになる。表向きはここから「三木の悲劇」が始まるのだが、しかし悲劇の前段階は、すでに上のような仕方で京都において、西田との関係において、始まっていた。弟子の悲劇は師匠の悲劇でもある。西田はこのあと、何度も三木に心を痛めることになる。しかしそれについては、また章を改めて述べることにしよう。

三木の悲劇は、政治の動きとの関連では、やがて京都学派全体に影を落とす昭和日本の軍閥政治の悲劇と連動する。それに到る経緯も念頭において、西田の思想と時代の連関を見ていこう。

明治天皇崩御と乃木希典の自刃

明治四五年（一九一二）七月三〇日の西田の日記に、こう記される。「天皇崩御及《ほうぎょおよび》新帝践祚《せんそ》の号外出づ〔。〕午後入湯〔。〕夕頃弥生、静と下鴨神社に詣《もう》づ〔。〕非常に蒸し暑き日なり」。「践祚《せんそ》」とは、言うまでもなく先帝の位を継ぐことである。これは「即位」とは区別される。践祚の儀式を経たのちに、「即位」の儀式がおこなわれるからである。

明治天皇崩御の日記記事は、上記の短い記述がそのすべてである。しかし、この短い記述のなかに、西田の万感の思いが凝縮されている。四日まえの七月二六日の記事に「天皇陛下御危篤の報あり」とあるから、誰もがそうであったように、西田もまた、この日が来ることを予期していた。号外が出たのは、午前中であろう。そこで「午後入湯」となる。天皇の死に弔意をあらわすまえに、西田はまず斎戒沐浴をして、身を清めたのである。そして長女・弥生と三女・静子をともなって、「下鴨神社に詣《もう》づ」。

明治天皇の崩御は、家族の死とは次元を異にした、国家の象徴的元首の死である。弟・憑次郎の戦死も国家の出来事という公的な意味をもっていたが、明治天皇の崩御は、その公的な明治国家そのものの歴史にピリオドを打つ出来事だった。しかしその出来事は、西田にとって、単に「私」に対する「公」の領域という、距離をへだてたものでもなかった。その証左として、大正天皇の崩御に際しては、西田は日記にも書簡にも、一行の言及もしていない。もちろん、斎戒沐浴して神社に詣でた形跡もない。明治天皇の崩御は、西田にとって、彼自身の「私」をもつつむ領域だった。

弔意をあらわす場所が下鴨神社だったということも、すこし特記しておこう。この神社は、西田の住んでいた場所から歩いて十五分ほどのところにある。しかし単に近所にあるというだけで、西田はここに詣でたのではない。下鴨神社は上賀茂神社とならんで、奈良朝・平安朝の昔から朝廷の崇拝を受けた神社である。その斎宮には、皇女が仕える習わしもあった。上賀茂神社との共催でおこなわれる賀茂祭りが、通称「葵祭《あおい》」として全国的に知られているが、その祭りが「勅祭」（勅使が派遣されておこなわれる祭り）でもあることは、一般には知られていない。この祭りで、宮廷の衣装を身につけた官人たちが練り歩くが、それは単なるパフォーマンスでなくて、勅祭という性格の祭りだからである。

二カ月後の九月一三日、東京の青山で明治天皇の大葬が執り行われた。翌午前二時に、天皇の遺骨は鉄道路で京都に向かった。「五時過ぎ霊柩《れいきゅう》桃山につく」と、西田の日記に記される。明治天皇はその遺志によって、そこに埋葬された。なぜ桃山御陵なのか、ということは、この地が豊臣秀吉の伏見城本丸の跡地だった、ということとも関係するかもしれない。征夷大将軍として武家政権の座を占めた徳川家康とちがって、秀吉は皇室に帰依するかたちを取り、公家の位階である関白太政大臣という地位を得たからである。しかし天皇が徳川の江戸でなく豊臣の京都を選んだと解釈するのも、少し本末転倒である。天皇としては、千年の古都に座した歴代天皇たちとおなじ場所に休らう気持ちがあったに違いない。かくして天皇の霊柩車は、明治という時代を載せて古都に帰る霊柩車となった。

ところでこの天皇の大葬の日に、もうひとつの大きな事件が起こった。乃木大将の自害である。西田はこのふたつの出来事を、日記ではひとつにして記した。「乃木大将自殺の報をきゝて驚く〔、〕将軍の顔容尚《がんようなお》目前に見るが如し〔。〕五時過ぎ霊柩《れいきゅう》桃山につく」。

坦々とした西田の日記のなかで、「驚く」といった直接的な感情表現が出てくるのは、きわめて稀であることを、付記したい。「将軍の顔容尚《がんようなお》目前に見るが如し」というくだりは、西田の別の年月の日記を想起させる。明治四二年（一九〇九）九月一一日、学習院での始業式で、西田は「乃木大将等始めて〔ママ〕種々の人に逢ふ」ことがあったからである。

乃木希典（国立国会図書館提供）

乃木希典《のぎまれすけ》は、前日の明治天皇御大葬の日を、自害の日に選んでいた。単に日を選んだだけではなく、時間も考えていた。乃木が自刃したのは、この日の夜八時、すなわち天皇の霊柩車が宮城を出て青山の葬儀場に向かうべく、号砲が鳴った時刻だからである。

乃木は「遺言条々」を遺し、その最後の「第十」に、「伯爵乃木家は静子生存中は名義可有《あるべく》乃候共《そうらえども》〔名義はそのままにしておくべきであるが〕呉々も断絶の目的を遂げ度《たく》」と記している。この遺書の原本は、長府の乃木記念館に保存されている。

乃木自身は、自分の死後のことを静子夫人に託そうとしていた。しかし静子夫人も、乃木と一緒に自死することを望んだ。自刃の順序は、静子夫人が先だった。検死記録から分かることだが、夫人の短刀は鎖骨に妨げられて、なかなか心臓に届かなかった。乃木は静子夫人の自刃を手助けし、その服装を整え、その後に、陸軍大将の軍服を着たまま、「十文字腹」の古式に則って割腹した。

これも検死から分かることだが、死因は頸動脈裁断だった。腹に深く刃を突き立てる仕方だと、――三島由紀夫の場合がそうだったが――内臓が飛び出る上に、もし介錯を受けなければ長時間の苦悶がつづいて、凄惨な光景となる。乃木は最後の力が保たれるように腹を浅く十文字に切ったあと、的確に自らの頸動脈を裁断した。それは介錯人のいないところで、死後も見苦しくないように、単独で自刃を決行し得る、唯一の割腹の仕方だった。また、「呉々も［乃木家は］断絶の目的を遂げ度《たく》」という遺書のくだりは、乃木希典が自分個人の生命だけでなく、「乃木家」全体を明治天皇に奉還する意志をもっていたことを、物語っている。

辞世の句「うつし世を神さりまし し大君のみあとしたひて我はゆくなり」を、乃木はその語にたがわずに実行した。「みあとしたひて」という語のごとく、乃木を祀る京都の「乃木神社」は、この桃山御陵の南端の麓に位置している。

乃木の自刃については、当時は大新聞をはじめ、志賀直哉といった文学者に到るまでが、批判を表明した。しかし西田はちがっていた。自刃四日後の明治四五年（一九一二）九月一七日に記した、西田の書簡がある。少し長いが、全文を引用しよう。宛先は、三々塾以来の知己で、乃木が院長をつとめた学習院の同僚、田部隆次である。

「拝啓［、］乃木さんご夫婦の自害は実に非常なる感動を与えました［、］特に小生の如き僅か一年程とはいえ日々将軍に接し居りしもの〔、〕風貌今尚《いまなお》〔、〕眼前に髣髴《ほうふつ》たる様に思わる〔、〕貴兄など尚更のこと丶思う〔、〕あの様な真面目の人に対しては我らは誠にすまぬ感じがする〔、〕乃木さんの死という様なことが、何卒不真面目なる今日の日本国民に多大の刺激を与えねばならぬ〔、〕乃木さんの死についてかれこれ理屈をいう人があるが〔、〕此間〔、〕何等の理窟〔ママ〕を容れるべき余地がない〔、〕近来〔、〕明治天皇の御崩御と将軍の自害ほど感動を与えたものはない」（二三九）。

西田と皇室

西田の「感動」は、西田の「皇室」観と結びついている。明治天皇崩御五年後の、大正六年（一九一七）、西田は山本宛に、こんなことを記している。「此頃《このごろ》国体ということがやかましいが〔、〕我国の国体が大なる humanity〔人間性〕の上に基づいて居ることを説く人はない〔、〕唯《ただ》万世一系ということを dogmatic〔ドグマ的〕に説くのみである〔、〕万世一系の皇室は大なる慈悲、没我、共同の象徴であると思う〔、〕此の深い精神をとかねばならぬと思う」（四二九）。

慈悲・没我・共同体の象徴としての天皇という見方は、明治以来の「天皇主権説」（国家に君臨する主権者としての天皇、という見方）とは、遠く隔たる。しかしまた、大正時代に成立して太平洋戦争直前まで学界の定説の位置を占めた「天皇機関説」（天皇を国家の最高機関とみる見方）とも、大きく隔たる。天皇機関説は、昭和に入って神がかりの極右主義者によって排撃されたという外面的事情において、すこし西田および京都学派の天皇観と共通するが、天皇を国家の「機関」とみなす見方は、「慈悲・没我・共同体の象徴」として天皇をみなす見方と、内容において共通点をもたない。のみならず、それは戦後の国民主権の憲法で、根本的に否定された。戦後において天皇機関説は、戦前のように単に排撃されるのではなく、成立基盤そのものを失ったのである。それなら戦後の「象徴天皇制」は、西田の、「皇室は大なる慈悲、没我、共同の象徴」という見方と、共通するだろうか。「象徴」という語を用いる限りにおいて、すこし共通するようにも見える。しかし、象徴天皇は国政に関与しない限りで「国事」行為をおこなうという意味での「象徴」であるから、「慈悲、没我、共同の象徴」という西田の宗教的表現とは、かなり次元がちがう。加えて、戦後の象徴天皇も実際は「君主」あるいは「元首」であるという説が、法学において一定の支持を得ているようだから、その場合はなおさらである。

「天皇主権説」「天皇機関説」「象徴天皇制」は、近代日本の「天皇」の位置をめぐる三つの代表的な規定である。現実の皇室は時代とともに変遷してきた。そのことは、天皇の位置と意味についての国民レベルでの共通理解も変遷してきた、ということでもある。明治の「五箇条の御誓文」は、戦後の民主主義の基本として新憲法にも継承されたが、その第五条の「智識ヲ世界ニ求メ大ニ皇基ヲ振起スヘシ」にある「皇基」、すなわち皇室の基本について、いま国民的共通理解が再び揺れている。その背景には、近代日本の拡大に果たした天皇制の役割への、一部の批判と忌避もある。明治が終わって大正となったとき、その幕開けの前年に「朝鮮合併」がなされた。それは皇室を戴く「大日本帝国」の、朝鮮半島への版図拡大だった。第一次世界大戦が始まると、日本はドイツが利権をもっていた山東省に出兵し、「二十一箇条要求」を提示したが、そのときの主体も「大日本帝国」だった。そのうち、大東亜戦争を推進した陸軍右翼の覇権主義者たちにとり、天皇は神話の神々と系譜をおなじくする存在にイデオロギー化された。皇室は、西田が言うような「大なる慈悲、没我、共同の象徴」という理念から、遠く離れていくばかりだった。

ただ、理念と現実とが乖離《かいり》しているときであればこそ、あえて理念を提示する、という場合もあるであろう。西田が、「此の深い精神をと〔説〕かねばならぬと思ふ」と述べたとき、そこには西田自身からする天皇制の現実への批判が含意されていたと見ることができる。ただし、その西田の天皇観もまた、「万世一系」の現実性と可能性に関しては吟味を要するかもしれない。というのは、現在の女系天皇の是非をめぐる議論の背景をなすように、一夫一婦の近代的婚姻制度では、万世一系は、男子誕生の確率からして、それほど長い期間にわたって維持することは、出来ないからである。西田の文章は、この「万世一系」をも、血統という意味を離れて「慈悲、没我、共同の象徴」というレベルに移して、象徴的にしているとも取れる。

風雲の予兆

二一世紀のわれわれの時代から振り返るなら、昭和の破局を招いた風雲は、すでに大正の憂鬱ともいうべき諸徴候に、予示されていた。西田はその諸徴候を、鋭敏に感じ取っていた。ひとつの事件を例に挙げよう。世に「森戸事件」と呼ばれるものである。

「森戸もとうどう〔到頭〕刑になりたる様なり〔、〕彼の不謹慎の責は免れざるべく〔、〕之《これ》を発売禁止するは已《や》むを得ずとするも〔、〕之《これ》を刑に処するはいかなるものにや〔、〕却《かえ》って思想界に反動を起すなきやを恐る〔、〕思想を破るは思想を以てすべきなり〔、〕先年の思想統一も何等の功なく却《かえ》って折角日本の文化を好愛して之《これ》を現代的に説かん〔と〕して居た傾向のものにも反感を催さしめる様に

覚ゆ」（四九〇、山本宛、大九・三・三）。

西田の書簡がしばしばそうであるように、この書簡も、さっと読んだだけでは、特にどういう内容のものなのかは、よく分からないであろう。「森戸」という人物の件が何であり、それは西田にとってどういう意味があったのか、「先年の思想統一」とは何であったのか、「日本の文化を好愛して之《これ》を現代的に説かんとして居た傾向のもの」とは、誰だったのか、等々はすべて説明を必要とする。逆に、これらの点を読み解いていくと、この書簡のなかに、西田と大正時代とのかかわりが、そして西田の繊細で鋭敏な時代感覚が、幾重にも重なって籠められていることが、わかってくる。

森戸辰男《もりとたつお》（一八八八―一九八四）という人物をどう評価するかは、本稿の主題とは関係がない。ただ、西田がこの人物に力を入れて言及しているという関連でのみ、森戸に言及しておこう。東京帝国大学の助教授でもあった森戸は、大正九年（一九二〇）、経済学部機関誌『経済学研究』に「クロポトキンの社会思想の研究」を発表し、クロポトキンがロシアの無政府主義者でもあったことから、森戸論文は当時の右翼に追求された。その結果、森戸は休職処分に追い込まれた。西田の書簡の日付のあと、森戸は一〇月二日に大審院で有罪となり、巣鴨の監獄に三カ月収監された。しかし戦後は、そういった経歴が逆に時流に乗る要素となり、森戸は社会党創立に参加して、衆院議員、文部大臣、広島大学初代学長、などを歴任した。

西田は戦後の森戸の華々しい活躍を知る由もなく、終戦直前に没した。もし戦後まで生きて、森戸の姿を見たら、時代の変遷を痛感したであろう。ただし、森戸への評価は本質的には変えなかったであろう。まず森戸の論文自体は、上記の経緯から歴史的に有名になったが、学問的にはおなじ東大経済学部の渡辺鉄蔵《てつぞう》が、「森戸の論文は論理も学術的価値もない」と批判したような内容である。ただ、ロシア革命成立（大正六年／一九一七）の三年後という時代背景のゆえに、森戸論文は時代「大正デモクラシー」と呼ばれる気運のなかで、この気運のひとつの引き金となった。二年まえに結成された学生運動団体「東大新人会」が森戸を支持し、この組織のリードのもとで、森戸事件は学生のあいだでマルクス主義が広まる大きなきっかけになったからである。

＊このあたりの推移は、文部科学省編『学制百年史』の第一編第三章に詳しい。この『学制百年史』は、文部科学省のホームページに公開され、ネット上で見ることができる。

一九二〇年は、マルクス主義運動史では、ひとつの画期をなしている。一方で「普通選挙法」が成立（大正一四年／一九二五）するかと思えば、他方でそれと踵を接するように「治安維持法」も同年に成立したからである。ソビエト連邦との国交樹立がなされる一方で、その三年前の一九二二年には、「過激社会運動取締法案」が帝国議会に提出され、「無政府主義共産主義其ノ他ニ関シ朝憲ヲ紊乱《びんらん》」する結社が禁止された時代である。

西田の目には、森戸の論文は「不謹慎の責は免れざるべく［、］之《これ》を発売禁止するは已《や》むを得ず」と映った。クロポトキン程度の思想家を、時流に乗って論ずるのは不謹慎と、西田は見たのである。しかし、だからといってこういった論者を罰する官憲に対しては、西田はさらに反対の意を表明する。「之《これ》を刑に処するはいかなるものにや［、］却《かえ》って思想界に反動を起すなきやを恐る」。そして、事態はまさしく西田が懸念したとおりとなった。

しかし西田は、こういった時流からは距離をおいていた。「思想を破るは思想を以てすべきなり」というリベラルな西田の立場は、プロレタリア革命を標榜する社会主義者とは遠く隔たる。もちろん、この社会主義を弾圧しつつ帝国主義を推進する時の政府の政策とは、さらに相容れない。そのいずれにも与《くみ》しないという点で、西田はどこまでも「反時代的」だった。

さて、伝記という点では、次の個所に眼を留めておく必要がある。西田は、「先年の思想統一も何等の功なく却《かえ》って折角日本の文化を好愛して之《これ》を現代的に説かん［と］して居た傾向のものにも反感を催さしめる様《よう》に覚ゆ」と述べる。

読者は、まずこの前半部分で、思想統制がきびしくなる太平洋戦争前夜の十年ほどを、状況として連想するのではないだろうか。しかし西田がこう記したのは、大正九年（一九二〇）である。この頃は、昭和期の軍事政権下でなされたような思想統制は、文部省レベルでは、まだ始まっていない。もちろん警察レベルでは、社会主義者の弾圧は始まっていた。しかし、それが思想統制の動きにつながる段階ではなかった。思想統制につながるいわゆる「思想善導」政策が始まるのは、昭和五年（一九三〇）以降である。

それでは、西田は何を指して「先年の思想統一」と言ったのだろうか。おそらくそれは、三年まえの大正六年（一九一七）に設置された「臨時教育会議」の動きだと、思われる。もし私の推測が正しければ、それは西田が時の動きに対して驚くべき敏感さをもっていた、ということでもある。

確認の意味も兼ねて、この「臨時教育会議」についても、少し見ておこう。西田は京都帝国大学の教授として、この「臨時教育会議」がやがて日本の文教政策を方向づけるものとして、注視していたと思われる。ある専門研究の論文に依拠するなら〔荻野富士夫「文部省治安機能――思想統制から〈教学錬成〉へ」、平成一五年度～平成一八年度科学研究費補助金、基盤研究C, 2, 15520393 : I ; Issue Date : 2007-05 ; URL : http://.handle.net/10252/917, p. 2-4 を参照〕、この会議の方向は、寺内正毅《まさたけ》首相の「国民教育ノ要ハ徳性ヲ涵養《かんよう》シ智識ヲ啓発シ身体ヲ強健ニシ以テ護国ノ精神ニ富メル忠良ナル臣民ヲ育成スルニ在リ」〔海後宗臣編『臨時教育会議の研究』東京大学出版会、一九六〇年〕という言葉に集約される。思想問題への対応は、やがて「思想善導」だけでなく、弾圧を伴うようになるが、ただし弾圧の主な対象になったのは、大正デモクラシー下に開花した「自由教育」である。高校や大学の社会科学研究会などに対する抑圧取締は、まだ始まっていない。

もし、このような「臨時教育会議」での教育政策と思想統制への動きを、西田が感じとって懸念していたとするなら、その次に記す「折角日本の文化を好愛して之《これ》を現代的に説かん〔と〕して居た傾向のもの」は、誰のことだろうか。いろいろ見渡して、思い当たるのは、すでに没していた小泉八雲ことラフカディオ・ハーンと、その影響下の人たちの動向である。西田は、三々塾以来の旧友である田部隆次が大正三年（一九一四）に出したハーン伝記『小泉八雲』を、絶賛しているからである。（二

七一、田部隆次宛、大三・四・八）。

些細なことながら――「伝記」とは些細なことが意味をもつ領域であるから、寛恕されたい――、西田

はこの田部宛書簡で、「小泉氏の如き天才にして尚且然りとせば〔、〕予輩の如きはいかばかり奮励しても足らぬと思う」と記している。西田はハーンと比べて自分の才の乏しきを、嘆いている。今日からすれば、ハーンを天才と言うなら、西田の天才のほうが遙かにスケールが大きいと思うが、『自覚に於ける直観と反省』で苦心惨憺していた大正三年のときの西田自身は、このような意識をもっていたのである。

このように西田の書簡を読み解くなら、森戸事件という、一見して西田の人生にはそれほど関係するとも思えない事件に言及する西田の書簡は、昭和の悲劇的風雲の予兆を記すとともに、西田の鋭敏な歴史感覚と繊細な文化意識とを、髣髴とさせるものとなる。

「場所」の思想の哲学史的な意味

歴史状況も文化状況も、西田においては最終的には思想の問題となる。西田においての「思想」とは、最終的には「哲学思想」にほかならない。少し堅い話になることを恐れるが、当時の哲学史的状況について略述しておこう。

西田が「純粋経験」という語を用いるにあたって刺激を受けたウイリアム・ジェイムズ〔William James, 1842-1910〕の遺著『哲学のいくつかの問題』は、『善の研究』刊行とおなじ一九一一年に、刊行された。そこに述べられる「根本的経験論」の考えは、西田の純粋経験と比較されるべき、二〇世紀の哲学運動のひとつの橋頭堡だった。一九一五年には、新カント学派内部のハイデルベルク派の旗《はた》頭《がしら》だったヴィルヘルム・ヴィンデルバント〔Wilhelm Windelband〕が、没した。つづいて一九一八年に、同じく新カント学派のマールブルク派の総帥、ヘルマン・コーヘン〔Hermann Cohen〕も没した。なおもハインリヒ・リッケルト〔Heinrich Rickert〕が最後の統帥として奮闘していたとはいえ、それまで一世を風靡していた新カント派は、エミール・ラスク〔Emil Lask〕の『哲学の論理と範疇論』（一九一一）や、ヘルマン・コーヘンの三部作の最初の二部『認識の論理』と『意志の倫理』につづく第三部『感情の美学』（一九一二）をもって、思想的にはその全盛期を越えていた。これに変わって新たな息吹をもたらしたのが、現象学である。その金字塔となるエトムント・フッサール〔Edmdund Husserl〕の『イデーン1』は、一九一三年に刊行された。二〇世紀後半に米国を中心に大きく進展する分析哲学は、一九一〇年から一九一三年にかけてバートラント・ラッセル〔Bertrand A. W. Russel〕とアルフレッド・N・ホワイトヘッド〔Alfred N. Whitehead〕が出した『数学原理』三巻が、その礎石をなしている。またおなじく二〇世紀の潮流のひとつとなる「生の哲学」は、ヴィルヘルム・ディルタイ〔Wilhelm Dilthey〕の構想から始まるが、その著作集の第一巻は一九一四年に出ている。

以上のように見るなら、西田の『善の研究』を含めて、一九一〇年からの数年間は、二〇世紀哲学の転換点が形成された時期だった。一九〇七年に出たアンリ・ベルクソン〔Henri Bergson〕の『創造的進化』を重視するなら、転換期の定義はすこし拡大を要するかもしれないが、ベルクソンの哲学はその意義に比して、哲学史的影響という点では後継者を見ない単独存在だったから、いちおう上の定義を維持しても差し支えないだろう。

芸術の方面でも、同様の転換期が進行していた。ただし、哲学の世界に少し先んじている。「フォービズム」の出現が一九〇五年、「未来派」の運動が一九〇九年、『青騎士』グループの活動が一九一一年、「キュビスム」の運動が一九〇八年から一九一八年、「ダダイズム」が一九一五年ないし一九一六年、等々である。明らかに、思想と芸術において、それまでの歴史とエポックを異にする諸運動が、それも二〇世紀の諸動向の全体を基本的に方向づける諸運動が、ヨーロッパ各地で進行していた。

こういった哲学と芸術の新たな状況のなかで、『善の研究』が明治四四年（一九一一）に出され、そして「場所」の思想が成立したのである。西洋世界での哲学・芸術の諸運動とタイミングを同じくするということは、単なる偶然とは言えない。日本もまた、非ヨーロッパ世界のなかで最初の近代国家として、二〇世紀の動向を共同形成しはじめていたからである。その動きを確認することは、ナショナリズムとは無縁の、事実レベルでの歴史認識である。

すでに見てきたように、「場所」と題する昭和元年（一九二六）の論文に先だって、大正一三年（一九二四）の論文において、この語が初めてあらわれた。そして翌大正一四年（一九二五）の田辺宛の手紙で、西田は田辺に「場所」の考えを打ち明け、展開を模索していた。「場所」の思想は、西田において不意に思いついたアイディアではなく、二年のあいだに徐々に醸成されていったのである。この「場所」の思想の哲学史的意義を、西田の論文「場所」の、次の語から、引き出すことができる。「述語は主語を包んで居る、その窮まる所に到って主語面は述語面の中に没入するのである、有は無の中に没し去るのである」（『旧』四・二六一、『新』三・四五五）。

主語面が述語面に没入することを、西田は「転回」と呼んでいる（同上）。テキストの文脈では主語の方向から述語の方向への転回である。ただしこの場合の「主語」は、アリストテレスが『形而上学』で「実体」を定義するときに用いた、「主語となって述語とならない」という表現を、前提としている。だから上に言う「転回」とは、時代の物差しを大きく取るなら、アリストテレスの考え方の転回でもある。

西田自身はアリストテレス『デ・アニマ』での、「魂は形相（エイドス）の場所」という考えをも、援用している。したがって、西田が「場所」の考えを、『形而上学』第五巻での「述語となって主語とならない」という実体の定義（1017 b 13–14）（V, 1917 b 13–14, 23–24）から得たのか、それとも『デ・アニマ』の「形相の場所」（429 a 28）から得たのかは、定め難いところがある。しかし論理の裏づけに限って言えば、『形而上学』における「実体」の定義が、西田の考察の軸になっている。そのことは、西洋哲学の中軸をなしてきた「実体の形而上学」の逆転が「場所」の考えになった、ということでもある。西田哲学の哲学史的位置については、和文と独文による下記の拙論を草したことがあるので、参照していただければ、幸甚である。

–「西田哲学の「哲学史的」意義」（『西田哲学——新資料と研究への手引き』茅野良男・大橋良介共編、ミネルヴァ書房、一九八七年、八六—一〇九頁）

– Der phiosophiegeschichtliche Ort der Philosophie Nishidas, in: Allgemeine Zeitschrift für Philosophie. Herausgegeben von Tilman Borsche. 36. 3, 2011, pp. 263-280.

この転回の内容をすこし砕いておこう。「何々はこれこれである」という判断において、判断の主語は何らかの客体である。それは、何らかの意味で「有る」と言えるものである。この「有る」と言えるものは、それを言い表わすときには、「このものは、これこれである」という判断となる。その場合、「これこれである」という述語面は、より一般的ものである。そして「このもの」という主語面は、より個物的である。一般的なものから個物的なものを説明するのが、ふつうの意味での「判断」である。アリストテレスは、そのようにして個物の範囲をしぼっていって、最終的にそれ以上「これは」と主語化できないものを、「実体」（ウーシア）と呼んだ。それは、一般的な「類」を限定していって最後に得られる「個」である。しかし西田からすれば、そのような個は、その隣にある別の個と、本質において区別できない。「このリンゴ」は「果物」である。果物は「食品」である。食品は「商品」の一種である。商品はどこそこの「製品」である、云々。しかし、それは隣に置いてあるリンゴにも共通するから、「この」という個物性に届かない。「この」の個物性に届くには、どうすれば良いか。西田は、アリストテレスの図式を逆転させて、「述語が成立する場所」を、想定した。それは、もはやこれ以上「である」と対象化できないところ、したがって、いかなる「で有る」でもないところ、その限りで「無」としか言えないところである。西田は、判断の述語的方向をその極致にまで押し進め、「述語的方向に述語を超越し行く」（『旧』四・二七〇、『新』三・四六三）ことによって、この「無の場所」に到った。それは、「このリンゴ」がそこに於いてある場所として、まずは空間的であるが、さらに空間を意識する主観も於いてある、無の場所である。そのような「場所」への「転回」は、アリストテレスの言う「実体」の定式を逆にする、という意味を含んでいる。そのような「場所」は、これまで西洋哲学の主題にはならなかった。西田の「場所」は、西洋哲学の「表」の思想をその「裏」へ、ないし足下へ、ひっくり返したところに成立する。

思想と短歌の響鳴

行きがかり上、ついでに西田の論文「場所」の直前に著された別の論文「働くもの」の、ある個所を引用しておこう。すなわち判断の述語面へ超越し行くことは、「自己自身の深き奥底に還り行く」ことであると（「旧」四・一八〇、「新」三・三九三）。

自己自身の深き奥底といった言い方は、一方でなんとなく人を惹きつける作用をもつかもしれない。しかし他方で、厳密な言語分析を哲学思考の不可欠の手続きとみなす研究者の顰蹙《ひんしゅく》を買うことも、あるであろう。私は後者の顰蹙を理解しないでもない。詩的表現は詩において用いれば良いのであって、哲学的思考においてはあくまで厳密さを旨とすべきだという主張は、それなりの正当な根拠をもっている。ただ、詩的な想像力を排除した論理には、それに伴う制約もあると思うだけである。論理と詩は、それぞれに相隔《あい》たった別個の領域であるが、本来はそれぞれに「生」の表現として、相互に脱体現成し透過しあう関係に立ち得るはずだと、私は思う。筆者ごときが「私は思う」と言っても、それほど値打ちは出てこないだろうから、先に引いた西田の短歌をもういちど引くことにしよう。西田の「場所」の思想がはっきり形をあらわしてきた大正一三年（一九二四）の歌であることも、改めて付け加えよう。

世を離れ人を忘れて我は唯《ただ》深き己《おのれ》の奥底にすむ

短歌だから、「我は唯深き己《おのれ》の奥底にすむ」と言っても、哲学研究者からクレームはつかないであろう。ただ、この表現と、西田の同時期の哲学論文での「自己自身の深き奥底に還り行く」という表現とが、同一の波長をもつということにだけ、着目したい。この詩的表現と哲学的表現との波長の一致のなかには、ひとつの刮目《かつもく》すべきことが含まれている。それは、「己の奥底」ないし「自己自身の深き奥底」が、アリストテレスの言う「実体」の定式を逆にしたところで開かれる「場所」だということである。この表現のなかに、アリストテレス以来の西洋の実体形而上学を方向転換せしめる哲学的内容が含まれている、ということである。上記の厳密主義的な批評は、そこまでは事態を見届けていない。われわれの誰もがもっている「自己自身の深き奥底」が、実は西洋哲学史においてほとんど

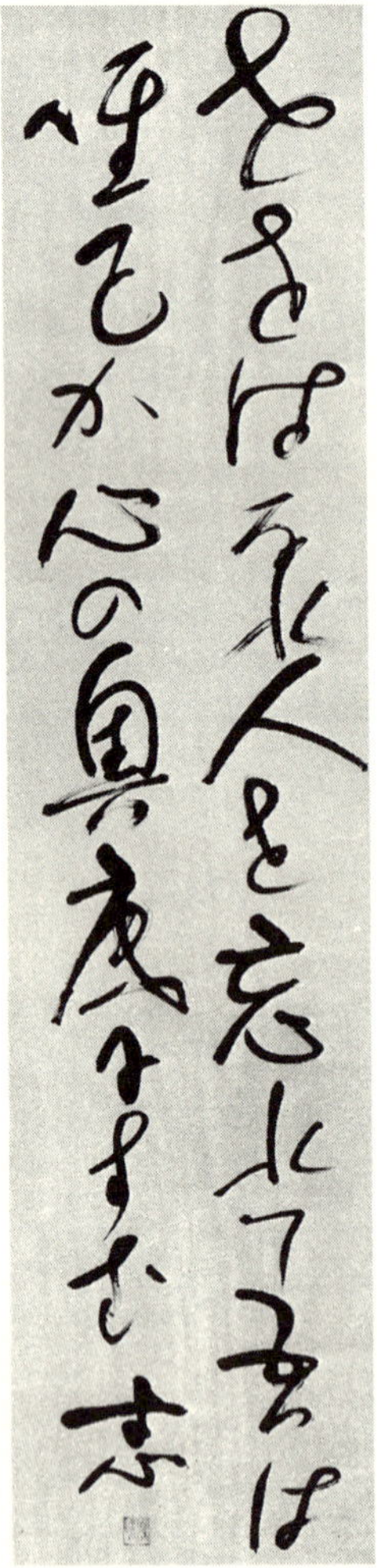

世をはなれ人を忘れて吾は唯　寸心
己か心の奥底にすむ
（『西田幾多郎遺墨集』燈影舎、より。本文に引用した形とは、また少しちがっている。）

注目されることのなかった哲学史そのものの深き奥底であるということを、西田の短歌は、そしてそれと波長を共有する「場所の論理」は、示しているのである。

第三章　黒板を去って（上）（一九二八―一九三六）

第一節　人生軌跡「交通巡査ピリ〳〵オヂーチャンスルノデナイ」

春の歌―再婚へ（上）（一九二九―一九三〇）

新婚で幸せなはずの娘の友子は、相手の小林全鼎とうまくいかず、西田も小林の風変わりに呆れて「小林という男の心理作用は本当に分からぬ」と、友人・堀維孝《これたか》にこぼしていた（一五六七、昭七・一・一四）。他方、この書簡のすぐ二日後に弟子の務台理作《むたいりさく》に宛てた手紙に、西田はこう書いている。「久しく津田の英学塾に教師をして居る山田琴と申すものの話が定まりました」（一五六八、昭七・一・一六）。

前年の暮れにも、西田は岩波書店の経営者である岩波茂雄に、「琴〔山田琴〕も廿五日にこちらに参り〔、〕娘共《とも》ども対面〔、〕私は良妻を得〔、〕」と記した。二日後の大晦日には弟子の木村素衛《もともり》宛に、「岩波君等の尽力により〔、〕今度〔、〕久しく津田英学塾に教師をしていた山田琴と申すものと一緒になること、なりました」(一五六〇、昭六・一二・二九)と記している。

西田は再婚した。戸籍上の年月は、昭和六年(一九三一)一二月である。

外面的な出来事をつづる「年譜」であれば、この一行だけで済む。しかしその一行から伝わる「人生」の中身は、そこには尽くされない。否、何も記されない。他方で、世の中に再婚という出来事は枚挙に遑《いとま》もないほどあっても、その出来事は当事者たちには、他に置き換えられない唯一性をもっている。人の「死」にしても、それは地球上で二、三秒にひとり、一日に二十万人近くという割合で生じる出来事である。しかし死にゆく当事者たちには、自分の死は他の誰の死とも取り替えられない唯一的な出来事である。目出たい方向の出来事である結婚や再婚も、統計的な列挙で済む出来事ではない。

西田にとって再婚という出来事は、彼の晩年十余年の生活を支える、かけがえのない出来事だった。「伝記」が年譜ではないなら、この再婚という人生ドラマの中身も伝わるものでなければならない。そしてその中身は、又しても西田自身が語ってくれている。西田のひとつの短歌が、このドラマを予告していた。

待つ人のあるにあらねど情《ココロ》ゆも待つ思《おもい》する春の夕暮

西田の次男である外彦に嫁いだ嫁、西田麻子に、昭和四年(一九二九)五月八日に送った書簡の、結びの二首のひとつである。同じ日に友人の堀維孝に宛てた手紙にも、この短歌が記される。

西田自身はこの短歌を、半年後に始まるドラマを予感して詠んだわけではない。ただ、人生においてはしばしば心中の願望が、方向づけの力となって作用する。

この短歌も、そういう作用力を自づから表現している。定年のあと、西田の静かな生活がつづいていた。「此頃は娘と女中だけで、閑静の生活を送っています」（一一九七、田辺寿利宛、昭四・四・二八）。鎌倉に隠棲の家も見つかった。「家は甚だ住み心地がよい［の］で［、］落ち付いて少しづゝ仕事もできます［、］午後は所が珍しいのと天気が比較的よいので毎日散歩に出かけます」（一一一〇、田辺元宛、昭三・一二・二二）。しかし「娘と女中だけで」送る生活は、淋しくもあった。

暫《しば》しゐし孫子も去りて今宵きく浪の音《ね》しるしいねらえなくに

（一一三一、久松真一宛、昭四・一・二〇）

浜に打ち寄せる波の音に寝られない（いねらえぬ）夜の、短歌である。そして、「一日雨がふって何となく淋しい」「陰鬱な天気」の日に、西田は上記の、「待つ人のあるにあらねど」の歌を詠んだ。そのあとも、こんな短歌が出てくる。

「此頃の心細さよ丈夫《ますらお》と思へる我も老いにけるらし」（一二三七、堀維孝宛、昭四・八・一八）。親友の山本にも「此頃しみじみ人生の孤独を感ずるようになった」（一二五二、昭四・一〇・一二）と、告白す

鳥井町の書斎にて（昭和４年［1929］）
西田59歳
（燈影舎提供）

る。

どうやらこの親友・山本が、西田の心中を最初に察したようだ。ただし山本の妻の口から、後妻をもらう勧めはなされた。それが事の始まりだった。西田は山本宛にこう記している。「真によい人があったら〔、〕御令室の言の如くするのが私のためにも静のためにも最もよいかと思う〔、〕（…）無論この問題は自分には尚よく考えて見なければならぬ問題と思う〔、〕急に決心はできないが〔、〕唯《ただ》よい人があったら考えてみるべき問題かと思う故〔、〕此《この》手紙をかいた」（二二六〇、昭四・一一・一一）。

「待つ人」という予感表現は、「よい人があったら」という具体的な願望表現に替わる。そしてこの願望は、西田の心を次第に占めるようになる。このひと月後に山本宛ての書簡に、西田は率直に自分の心中を打ち明けた。

「帰来《きらい》よく考えて見ましたが〔、〕真によい人があったら私には此上ない幸福かと存じます〔、〕病妻没後五年〔、〕全く子供の事にのみ心を奪われて〔、〕自分というものを顧《かえりみ》る暇がありませんでした〔、〕今や漸く子供の身の上も定りかけると共に〔、〕心の底より起り来る深い孤独の感に堪えませぬ

［、］私の心は何だかWendepunkt［転換点］の上に立っている様な心持がいたします［。］」（一二七五、昭四・一二・九）。

実際の西田の再婚は、この書簡の二年後のことである。それまでにいろいろの起伏がつづいた。この時点では、山本は具体的な話を持ちかけていたが、その話は頓挫していた。西田はそれについて、こう記す。

「併し三十代にて独りで居る人に何か事情のない人はなかろうと思います」。しかし「相当の教養があり学問に理解を有《も》つ人なら最［も］望ましい［、］田部隆次など長く女の学校に関係していたから［、］誰か知っていないかしら」（同上）。

西田の気持ちは、たちまち周囲に伝わったとみえる。二週間後には、和辻哲郎が「伊吹」という女性を候補として持ち出してきた。少し体が不自由で、そのために憂鬱症の傾向もある人らしかった。しかし西田は、かえって乗り気になった。否、単なる乗り気という以上に、空想恋愛のような感情まで生じてしまった。

「私の求めるのはKopf und Herz［頭と心］です［、］御話《おはなし》の如き身体の不自由［、］特に苦痛の時のdepression［憂鬱症］に対しては何処《どこ》までも暖かき同情を以て労《いた》わり励まして行きたいと思います［、］私にはそういう肉体的苦悩の経験はないが［、］精神的には幾度か可なり深く［、］生きることの無意義を感じます［、］そういう心持には十分同情できると思います［、］私は人からどう見えるか知らぬが［、］心の僂麻質斯《リウマチ》に悩んで居る人間です［、］そういう人と慰め合う事によって新たな何物かが出てくるかも知れませぬ〔、〕（…）どうせ伊吹氏も何処かで生きてゆかねばならぬ人と思いますから〔、〕私の為に尽くしてもらえないでせうか〔、〕私は一旦決心した上は何処までも全責任を負います」（一二七九、和辻哲郎宛、昭四・一二・二三）。

自分のことを「心のリウマチ」に悩んでいる人間だと述べ、まだ会ってもいない人に、西田は、自分に尽くしてくれる人の像を重ねている。そしてそれは、しばしば気持ちが弱ったときの心理でもある。はたしてその翌日に、西田は息子夫婦宛の手紙で、「此頃よくねられぬので神経衰弱の結果いろ〳〵弱い心が起るのかも知れない」（一二八三、昭四・一二・二四）と書いている。

息子夫婦はこの結婚に反対だった。長女・弥生の結婚相手の上田操も、反対したらしい。西田はそれを察した。「上田にはまだ逢いませぬが〔、〕上田などは烈しく反対しているらしいです」（一二八〇、山本良吉宛、昭四・一二・二三）。そこで西田は、息子夫婦に切々とした長い手紙を書いた。こういう手紙を率直に息子夫婦に書けるということ自体が、西田の情愛の深さと率直さを物語るし、またそういう光景が、「再婚のドラマ」の一情景でもある。書簡は長いから、要所だけを抜き書きすることにしよう。

「私のこの十年間というのは〔、〕静《しずか》な学者的生涯を楽《たのし》んだというのではなく〔、〕自分の唯一のsupport〔支え〕であった妻が死人同様となると共に〔、〕病人の上に病人ができ〔、〕特に友〔友子〕の病後の如き〔、〕人間として殆んど忍び難い中を学問的仕事に奮闘したと思うのです〔、〕家内歿後数年も〔、〕三人の女の子の結婚問題というのに心を悩まされ〔、〕全く自分というものについて考える暇がなかったのです［、］（…）近頃梅［梅子］の問題もかたづき［、］静［静子］の将来に対しては自分の考が定まり［、］友［友子］の事もいろ〳〵の人の同情によって遠からぬ中どうにかなるだろうと思うにつれて［、］時々自分というものを省みると共に［、］深い孤独の感に打たれるのです［、］そして今後何年かを暖かい静な生涯を送ってみたいという念が起ることもあるのです［、］私はそういうhuman weakness［人間的な弱さ］を多量に有《も》った人間なのです［、］それと共に今後尚［、］学問的に成し遂げたい仕事が沢山残って居る（…）以上述べた様なことから朝永君が話したことから［、］〇〇君の話によっても非常に記憶がよく明晰な頭を有ち［、］そして暖かいやさしい心を有った人の様に思われるので［、］身体の不自由ということは万々承知しながらも［、］それほど今云った様な目的に合うた人は一寸得難い様に思うのです」（一二八二、西田外彦・麻子宛、昭四・一二・二四）。

しかしながら、再婚は相手があって初めて成立することである。いくら一方が思い入れをしても、ひとりだけでは事は決まらない。「今私の考える様な［、］そして外彦夫婦等も喜んで迎えてくれる様な人を求めると［、］伊吹氏の外にない様に思うのです」（一二八五、和辻哲郎宛、昭四・一二・二八）とまで、世話人の和辻に書いて思いを募らせた西田だったが、伊吹という女性の側が、「celibacy［独身］を通したい」と、断ってきた。恋愛空想は現実の失恋に終わった。西田は和辻を通して、伊吹という女性に詫びる手紙を、年が変わった昭和五年（一九三〇）の正月四日に書いている。現実にもどった西田は、極めて率直である。

「私は時に深い孤独を感じ［、］慰藉《いしゃ》ある生涯を望むということもあり［、］元来多量のhuman

weakness［人間的な弱さ］を有しfantasy［空想］にみちた人間なのです［。］（…）併《しか》し又［、］私は与えられた如何なる境遇にもすなおに服従して［、］孤独なら孤独そのものを味って行きたいという心の基調を失っていないのです［。］人はすぐ性的意義というものに重きを置いて考えるから変に思われるのであるが［、］嫁の世話になり孫と遊んで余生をおくるということが（それが所謂《いわゆる》よき老人かも知らぬが）老人の理想であるべきならとにかく、自分の生命のあらん限り何処までも向上発展し［、］自己自身にあるものを何処までも進めて行きたいという事も［、］老人の一つの考え方ではないかと思うのです。」（一二八九）

男女交際についてそれほど社会的理解が開けていたとは思えない、昭和の初期という時代に、定年をすぎて引退した老教授が「再婚」に情熱をかけることを、変に思う人もいたであろう。そのことをも察して、西田は上のように書いたのである。しかし西田は、「年わかいUlrike v. Levetzow［ウルリケ・フォン・レフェーツォフ］との結婚を考えた老ゲーテをあざけるよりも［、］その人間性の偉大を思わざるを得ない」（同上）。だから動じることはなかった。ただ、伊吹という女性に対して自分の思いが先走ったこと、そしていわば、つんのめっていたことには、気づいたようだ。次の短歌を、上記の書簡の締めくくりに詠んでいる。

われのみの見し夢なればまぼろしと知れとも事の思ひあまれる

夢なのか幻なのか、その後、再婚の話はまたしても浮上してきた。昭和五年(一九三〇)の二月には親友の山本から「佐賀の人」の話が浮上した(一三〇三)。ただし、今度は西田のほうで気が進まなかった。そして、この年はそのまま終わった。しかし翌昭和六年、再婚の機運も活発に動き始めた。まず友人の画家、津田青楓《せいふう》が次男・西田外彦の嫁である西田麻子を通じて紹介してきた人があった。見合いもしたのか、西田の気は動いたが、しかし問題があった。「よい印象を得て居るのですが〔、〕唯《ただ》(有体《ありてい》にいえば)その人に子供があるという事が私を考えさせるのです」(一四二四、津田青楓宛、昭六・二・四)。情の厚い西田には、自分にも子があり相手にも子があるということが、気持ちを複雑にしたのである。次に、西田麻子経由で、「朝鮮の方」という話もあった。子供のある人にくらべて、「朝鮮の方の話の人が〔、〕外界の事情が一番自分の考えにはまった人の様に思われるのですが〔、〕まだ何とも麻子からきゝませぬ」(一四三〇、山内得立宛、昭六・二・一六)。

ここまでは、再婚のドラマの前半部である。これまで夢みてきた再婚が幻だったとしても、西田は心の中でなお、「思いあまれる」状態にあった。

春鶯《しゅんおう》の歌——再婚へ(下)
(一九三〇—一九三二)

伊吹という人に空想恋愛の思いを募らせた時期はすぎて、自分としてはどんな人に来てほしいのかを、西田はすこし落ち着いて考えていた。

「私の考ではもう少し学問とか芸術とかいう様なものに何かを有《も》っている〔、〕云わば単に家庭的というばかりでなくintellectual〔知的〕な人がないでしょうか〔、〕それと子供等の関係のないということと〔、〕(…)唯《ただ》親切な家政婦という様になってもつまらぬ様に思い〔、〕又その人にも気の毒におもいます」（同上）。

親友の山本良吉や堀維孝《これたか》、弟子の山内得立《やまのうちとくりゅう》、画家の津田青楓、学者同士の安倍能成《よししげ》、和辻哲郎、そして親しい出版者の岩波茂雄、等々が、西田のこんな考えを聞く相談相手になっていた。現代の「婚活」という言葉を用いるなら、西田はこれだけ手を広げて婚活を試みていたのである。それは中途半端な姿勢ではなかった。何度不首尾におわっても諦めずに、どこまでも追求を止めない姿勢は、西田の思索の姿勢と共通している。否、単に共通するというのではなく、ひとつだったかもしれない。たとえばこの「婚活」の真最中に、西田は弟子の木村素衛《もともり》に、こう書いている。「今は永遠の今の自己限定すなわち絶対無のノエシス的限定という如きものを〈愛〉と見る考えをかいています」（一四四四、昭六・四・二七）。

絶対無の思索と、ときめく「愛」の予感とが、共鳴作用を起こしていたようなところがある。そしてその予感は短歌にもなった。

春や来し春来たるらし鶯のき［来］なくあしたは心ときめく（「日記」昭六・三・三）

何とはなしに「心ときめく」朝の歌である。この歌を詠んで二カ月後、昭和六年（一九三一）五月、本当に西田が心待ちにしていた「鶯」がやって来た。

「扨《さて》［、］私の事につき先日物井さん（木村夫人）から英学塾の先生にて山田琴という人をどうかと云って来ましたが〔、〕どういう人でしょう〔、〕一寸《ちょっと》外から聞いたこともあるが」（一四五三、岩波茂雄宛、昭六・五・一九）。

推薦してきたのは、西田麻子にこの件を頼まれた早稲田大学の教授、中桐確太郎だった（一四七二）。岩波書店主の岩波茂雄も、関与していた。娘の友子と小林全鼎の仲がだんだん悪化してきたという暗い事情もあったが（一四八〇、一四八四、一五〇三）、それを打ち消して余りある山田琴との運命的な出会いが、待っていた。「申し分なき人の様におもいます」（一四八二）、という直観が働いた。「はじめ〔、〕どういう風にして逢うか〔、〕私はどうでもよろしい〔、〕女の事故《ことゆえ》〔、〕いろ〳〵気分もあること、思いますから〔、〕山田氏の考えの様にしたらよいでしょう」（一四八八、岩波茂雄宛、昭六・七・一六）。

ただし、事はすんなりとは進まなかった。まず、話が浮上してから山田琴が何かの「手術」をした。それが、おなじ七月。何の手術かは、麻子が信頼する筋を通して聞き出してくれた。どうやら「上半部にして〔、〕山田氏自身が考えられる如き〔、〕女性を失うという様なものでないことは明《あきら》かな様《よう》です」（一五〇四、岩波茂雄宛、昭六・九・一九）。

西田が山田琴に初めて会ったのは、昭和六年九月七日だった。この日の日記に、「はじめて山田に逢う」と記されている。こういうとき、相手の女性はどんな風に思うのだろうか。琴の側での感想の聞き書きが、記録されている。

「岩波さんが玄関まで来られ、その後ろに突ったっている着物をだらしなく着たお爺さんがいると思ったら、それが西田だったのよ」〔上田久『続祖父西田幾多郎』南窓社、一九八三年、一四一頁〕。

自分がそんな冴えない印象を琴に与えていたとは夢知らず、西田は月末に、山田琴に手紙を出した。あたりさわりのない返事が来た。そこで西田は、さらに自分の意向を述べて、琴の意中を尋ねた。西田はまっしぐら、琴は慎重である。

「更に第二の手紙には〔、〕この問題について卒直〔ママ〕に私の考をのべてやった所、先方より可なり打ち明けた返事が参りました〔、〕要するに先方ではまだ私というものを知らないから〔、〕文通によってでも互に知り合いたいというのです」（一五一一、岩波茂雄宛、昭六・一〇・一二）。

西田は、「二人の間で直接に打ちとけた話し合いができそう」だと、期待に胸をはずませる。琴のほうは対応においてもっと慎重だった。「要するに山田氏は〈私というものを評判のみにて少しも知らないから〔、〕私というものに対して情愛の念というものが動かない〉というのです」（一五一三、岩波茂雄宛、昭六・一〇・一五）。

しかし西田のほうでは、琴が拒絶しているのではなく、ためらいと慎みの反応を示していることを察した。又しても西田のほうで、先に「情愛の念というもの」が動いてしまっていた。西田はこうつづけている。「老人同志のこと故《ゆえ》〔、〕果たしてうまくLiebe〔愛〕が成立しますかどうか〔、〕しましたら御拍手を願います」（同上）。

悲痛な人生行路を歩んで苦虫を噛みしめつづけてきた西田の、現存する四四九〇通の書簡のなかで、こんな浮き浮きした語句はあとにも先にも、この一カ所だけである。しかし、他人にではなく自分だけに記す「日記」となると、西田はもっとあけすけだ。伝記史料として、「書簡」と「日記」が別々の性格をもつことは、「はじめに」に記したとおりだが、そして本書では大体においては「書簡」を主軸としているが、「書簡」には替えられない「日記」の史料性格があることは、すでに「はじめに」で述べた。その史料性格がひときわ輝き出る個所が、西田の再婚ドラマに関する記述である。このドラマの最も熱い部分は、実は「日記」に出てくるのである。山田琴との文通が始まってひと月、西田は「情愛の念」の高まりを、三首の短歌に託して、一一月一日の日記に記した。それはまちがいなく、琴に書き送った短歌である。

年月日いきづき経《へ》来しわが心けふたぎり立つ君によれこそ
はしきやし君がみ胸にわが命長くもがなと思ふこの頃
かくばかり逢ふすべなくはうは玉の夜の夢にをつぎて見えこそ

下手な口語訳は短歌を台無しにするかもしれないが、歌の言葉が若い世代の人にはむずかしいかもしれないから、いちおう分かりやすく砕いて訳すことにする。

「長い年月日を息づき生きてきた私の心は、たぎり立っています、あなたのゆえに」

「いとしいあなたの胸に顔を埋めて、命が長くあれと思うこのごろです」

「こんな風にして逢う手段がないなら、夜の夢のなかにでも現れてきてください」

噴出する情愛の念を、臆面もなく丸ごと言葉にして相手に送っている。二番目の句は、『後拾遺和歌集《ごしゅういわかしゅう》』恋二の、「君がため惜しからざりし命さえ長くもがなと思いけるかな」の、本歌取りでもあろう。それを受けて、改めて歌の意をくだいて言えば、こうなるだろう。[あなたと会うためなら惜しくないと思っていたその命も、今ではあなたと会うために、長くあれと思わざるを得ません]。

こんな猛烈な情愛表現を次々に受け取った山田琴は、どう思っただろうか。琴の返書は公開されていないが、彼女の反応がどんなものだったかは、西田の岩波宛の書簡に示唆されている。「岩波君[、]手紙の往復だけだが[、]山田は年に合わず純な情熱的な人の様《よう》に思われます」(一五二二)。相手のことを「年に合わず純な情熱的な人の様《よう》に思われます」とは、よくぞ澄まし顔で書いたものだ。相手より一三歳も年長で、すでに六十路を歩んでいる西田のほうこそ、「年に合わず純な情熱的な人」として猛烈な恋歌を送っていたではないか。もっとも山田琴のほうも、たしかに「純な情熱」に応えるものを内に持つ人のようだった。琴と会って十日あまり経った一一月一二日の、西田の応答歌は、こうである。

ゆるびたるおもひももたじ幾年《いくとせ》か心くだけて過ぎにし我は

[緩んでしまった自分の思いですが、それすら、もう持ちません、幾年も心がくだけて過ごしてきた私なのです。]

西田の側では、長年耐えていた頑張りの足場が一度に溶け去るような気持ちになっていた。この歌を、西田は四度も添削している。上に引いたのは、いちばん最後のヴァージョンである。西田はこれを琴に送ったであろうと思う。

これで恋が実らなかったら、どうかしている。翌月、一二月一二日に、ふたりは結婚した。西田は六一歳、琴は四八歳（西田の「書簡」一五二〇には「年は四十九」と記されるが、数え年の年齢のことであろう）。ふたりは鶯《うぐいす》といっても、老鶯《ろうおう》たちである。しかしそれだけに、恋に年齢制限など無いということの素晴らしさを、それも思想においてではなく生き方において、示す鶯たちである。英学塾の仕事の関係で、琴はすぐには西田の住む京都へ来ることはできなかったが、それでも年の暮れの一二月二五日、琴は特急つばめ号でやってきた。春に先立って、ついに鶯は西田のもとに飛んできた。

一二月三〇日の西田の「日記」には、「琴と住吉にゆく」とある〔住吉は、次男の外彦夫婦の住居〕。そして正月元旦は「皆々雑煮を食う〔一〕琴、静〔三女の静子〕、梅〔六女の梅子〕、には、きよ〔女中〕」。西田の日記と書簡を読むかぎり、それは西田にとって、人生で初めての、暖かな正月だった。

ただ一点だけ、旧年の九月に四女・友子の夫婦生活が破綻して、友子が離縁になったことだけが、西田の胸中に曇りを残していた。

孫ランケーと

西田の再婚について、かなり頁数を費やしてしまった。次のテーマは簡単に済ませよう。再婚というテーマの、いわば伴奏部分である。それは、西田が感じていた「淋しさ」と「孤独」を、辛うじてときどき慰めてくれた孫「ランケー」の、存在だった。西田の次男・外彦の子で、現存していられる西田幾久彦《きくひこ》氏（昭和三年生まれ）のことだから、少し恐縮しながら書かせていただく。西田は幼い頃の幾久彦氏を、「ランケー」というあだ名で呼んでいた。西田がその歴史観において多くの教唆を得た歴史家ランケから、採ったのであろう。

西田は歴史家ランケを尊重していた。西田の問題意識のなかで、「歴史」が哲学思索のテーマとして重要な連関で浮上してくるのは、日本の内外の軍事情勢が緊迫してくる一九三〇年代、ないし昭和七、八年ごろからである。単に言葉の上で出てくるというなら、歴史の問題そのものは、すでに『善の研究』にも出てくるが、そこではまだ、「歴史的世界」という西田の用語は出てこない。これは幾久彦が生まれる前年の、「左右田博士に答ふ」（昭和二年／一九二七）の終わりに初出する。歴史家ランケから歴史思想の示唆を得るのは、さらに後年である。孫に「ランケー」というあだ名を付けた背景にも、そういった問題意識があったであろう。「書簡」での初出は、昭和四年（一九二九）五月八日、西田麻子宛（一二〇五）で、「今度の「思想」にランケーの歌が出て居るから送ります」とある。このときランケーは、満七カ月。西田は五九歳。

西田は、孫の誕生を喜んだ。三カ月後の正月五日に、久松真一に宛てて「幾久彦の歌」二首を記している（一一二二）。

幼子の笑いは似たり春風のそよ吹く野辺の草のさやきに
汝が魂《たま》はいづちより来しむつぎ子のあやめも知らに笑ふを見れば

おなじ年の三月には、「孫の歌」と題して、五首にのぼる歌を山本良吉に送っている（一一五八、昭四・三・三）。その可愛がりかたは、定年退官したあとの淋しさと、表裏していた。久松宛の別の手紙（一一三一、昭四・一・二〇）に付した短歌のひとつを、もう一度引用しよう。

　暫《しば》しゐし孫子も去りて今宵きく浪の音しるしいねらえなくに

そして、外彦夫婦が住吉に転居して、結核となっていた娘の静子と一緒の生活になってからは、西田の淋しさはどうしようもなく募っていった。「外彦夫妻［、］一日に住吉の方へ移り［、］無精ものに

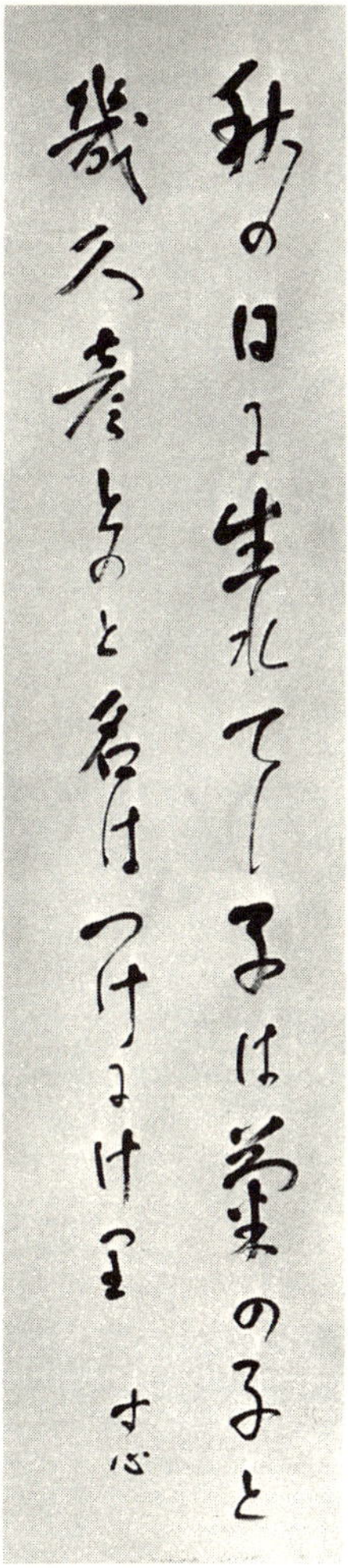

秋の日に生れてし子は菊の子と
幾久彦とのと名はつけにけり　寸心
（『西田幾多郎遺墨集』燈影舎、より）

は大分〔、〕打撃です〔、〕静〔静子〕もよい方ですが〔、〕まだ医師は夏頃にもならば庭位《くらい》出てもよい様になるだろうと云っています」（一一八三、昭四・四・六）。

その淋しさのなかで、西田は最初は漠然と、しかし次第に「再婚」を、考えていったのである。そのふたつの感情がひとつに融合したような書簡がある。それは、一般に流布する「哲学者・西田幾多郎」から遠くかけ離れた「人間・西田幾多郎」の像を提供する。

「〈子供があっても〉ということを許せば〔、〕津田君の話の人もそうわるいとは思わぬ〔、〕唯なるべくそうでない人を求めて見たい〔、〕ランケーどうか早く遊びに来て下さい〔、〕さびしくてたまらぬ〔、〕交通巡査ピリ〳〵オヂー（爺）チャンスルノデナイ〔、〕でもいたしましょうか」（一四一七、西田麻子宛、昭六・一・二五）。

西田は、孫ランケーとどんな遊びを考案していたのだろうか。「オヂーチャン」は西田で、孫・ランケーは「交通巡査」だろうか。巡査さんは、オヂーチャンに、こらこら、信号をきちんと守れと、笛を吹くのではないだろうか。オヂーチャンは恐縮して巡査のランケーに頭を下げる。しかしまた、信号を忘れて道路を渡ろうとする。交通巡査ピリピリ…。

いろいろな想像をかき立てさせるが、ともかくも、孫・ランケーと遊ぶ西田幾多郎の姿を単に微笑ましいと見るだけでは不十分である。その背後に、孫と遊ばずにはいられない「さびしさ」があった。そして、そのさびしさを堪《こら》えきれずに、その中から生じたのが、再婚への思いだったのである。

綺羅星の同僚と弟子たち（上）

西田のまわりには、つねに人がいた。人がいなかったらさびしい、という性格のゆえもあっただろう。しかしまた、単にそれだけで人がまわりに集まる、というわけでもないだろう。やはり、人々は西田に惹かれて集まったのである。学問方面での輪のひとつは、同僚たちであり、もうひとつの輪は弟子たちである。そしてこれらの群像は、日本近代の精神史を形成する人たちでもあった。西田の伝記にこの群像を記さなければ、西田像はその重要な部分を欠くことになる。

西田の弟子たちに触れるまえに、まず同僚たちについて言及しておこう。田辺元《はじめ》（一八八五―一九六二）については、田辺が京都帝国大学に赴任するまでの親密な交わりの時期に限定して、すでに詳しく述べた（本書七五頁以下を参照）。両者の交わりはその後、「西田・田辺論争」というかたちをとるが、これについては、節を改めて述べたい。このほかに、九鬼周造《くきしゅうぞう》（一八八八―一九四一）と和辻哲郎《わつじてつろう》（一八八九―一九六〇）の名を、特記しておかなければならない。

和辻哲郎（昭和25年［1950］）
（『京都哲学撰書８　和辻哲郎「人間存在の倫理学」』燈影舎，より）

九鬼は九年間のヨーロッパ留学から帰国した昭和四年（一九二九）、京都帝国大学文学部の講師になった。また和辻は大正一四年（一九二五）から昭和九年（一九三四）まで文学部に在籍し、そのあと東京帝国大学に移った。「京都学派」という指標を立てるなら、このふたりは学問系統としては京都学派と内接あるいは外接する位置にある。しかしふたりの思想からすれば、むしろ西田とは別にそれぞれ独自の思想を提出した思想家と位置づけたほうが、適切であろう。本書でこのふたりにあまり言及しないのは、「西田の伝記」という枠組みのためであって、思想家としての評価のゆえではない。両者とも、綺羅星のような西田の同僚たちのなかで、特に大きく輝く星である。

次に、西田の「弟子たち」については、すでに第二章で、弟子たちの洋行報告が西田にいろいろ知見と刺激とを与えたことに触れた。本章では、もっと一般的な指摘から始めよう。この弟子たちは、西田が明治四三年（一九一〇）に京都帝国大学文科大学に赴任してから集まってきた群像である。それも、西田の名が次第に広まったあとであるから、大正の末ごろから京都帝国大学にやってきた学生たちである。彼らは、いずれも飛び抜けた俊秀ぞろいだった。先にも述べたように、全国で七つしか帝国大学が無く、若者たちの十パーセント未満しか大学に進学しなかった頃である。その大正末から昭和初期にかけての頃と、八十を越す国立法人大学、六百に迫る私立大学、百に迫る公立大学がひしめく現代の日本とでは、「教授」の意味も「学生」の意味も、社会的には激変している。「エリート指数」といったものを仮定するなら、当時と現代とでは、指数に段違いの差がある。

これに加えて、大正時代の理想主義運動や共産主義運動に見られるように、時代そのものが「思想」に関心を向けていた。そういう時代と思潮のなかで、「哲学」を志向して西田の名に惹かれて集まった弟子たちが、とびきり粒ぞろいの頭脳と精神の持ち主たちばかりだったとしても、不思議ではない。もっとも、その彼らでも、学問的・社会的に独り立ちするには当然のことながら多少の年月を要した。その独り立ちの時期が、ほぼ本書で言う「黒板を去って（上）」なのである。西田の「書簡」の宛先に弟子たちの名が際立って多く出はじめるのも、この時期の後半からである。

弟子たちの顔ぶれは、思想傾向の幅からすれば、容易に一括できない広がりをもっている。一部を挙げるなら、禅（久松真一《ひさまつしんいち》）、古代哲学（山内得立《やまのうちとくりゅう》）、教育学（木村素衛《きむらもともり》）、歴史哲学（高坂正顕《こうさかまさあき》）、体系的哲学（高山岩男《こうやまいわお》）、宗教哲学（西谷啓治《にしたにけいじ》）、実存的思想（三木清《みききよし》）、マルクス主義（戸坂潤《とさかじゅん》）、科学哲学・精神史学（下村寅太郎《しもむらとらたろう》）、論理学（務台理作《むたいりさく》、ただし戦後に西田哲学から離反）等々である。これらの錚々《そうそう》たる、しかしお互いには必ずしも志《こころざし》と生き方とを共有しなかった顔ぶれを、ひとしく「弟子」として包容し得た西田の大きさを、見ておかなければならない。その包容力は、西田の講座を継いだ田辺元にも、そしてその後の後継者たちにも、無いものだった。

単純に西田のまわりに集まった人々を「京都学派」と呼ぶなら、これらの人々はまさしく京都学派の人々である。ただしその呼び方だと、「学派」の意味が希薄化ないし無意味化する。学派という以上は、社会学の学派概念を見ればはっきりすることだが、一定の共通理念とか思想方向とかを共有するグループを指すからである。そのような意味での学派は、いろいろの学問分野で欧米にも存在する。それに対して、上に挙げた「弟子たち」は、いわば西田と田辺のまわりにあつまったサロンないしサークルである。だから「京都学派」というよりは、単に地理的な名称を冠して、「京都哲学」の学者たちと言うほうが、適切であろう。その概念のほうが、国際的にも誤解を生じない。

「京都学派」という名称は、戸坂潤が『現代哲学講話』（一九三四年）の第四篇で「京都学派の成立」を論じたのが、最初である。ただし、そこで名前があがるのは、西田幾多郎、田辺元、三木清の三人だけである。三木は「急速に西田学派の有力な後継者となりつつあることも亦注目に値する」という表現で、挙げられている。それ以来、「京都学派」の外延的・内包的な意味合いはいろいろに変遷し、種々の定義ないし理解が併存するようになった。戸坂の著書からほどなくして、第二次世界大戦の頃および戦後は、西田と田辺の弟子である高坂正顕、西谷啓治、高山岩男、鈴木成高《しげたか》の四人が、「京都学派」の代表と目されるようになった。戦後の京都学派像は、左翼進歩人たちが「戦争協力」の糾弾の対象とした哲学者たちのグループを意味するようになり、田辺元や久松真一なども、含められた。

最近では、「西田幾多郎や田辺元のもとに集まった哲学者たちのグループ」という広い定義も、出てきている。ただし上記に指摘したように、このグループを「学派」と呼ぶと、逆に「学派」の意味が稀薄に、ないし無意味になってしまう。このグループの知的営為に対しては、上に記したとおり「京都哲学」という名称が妥当であろう。これであれば、三木清の名が含まれても問題がなく、むしろ自然である。筆者も編集に加わった三〇巻の『京都哲学撰書』（燈影舎）は、その理解に沿っている。

「学派」の意味を明確に保持した思想家グループを「京都学派」と呼ぶなら、そのときは「無」あるいは「空」といった鍵概念が中核となる。それは東洋思想に根ざしながら西洋哲学の土俵で展開された思想と、言うことができる。欧米の思想界で注目されるのは、この意味での「京都学派」である。筆者が編集・解説したドイツ語テキスト集『京都学派の哲学』(„Die Philosphie der Kyoto-Schule“; アルバー社、一九九〇年、第二版は二〇一一年、第二版の二刷は二〇一二年）も、この理解に沿っている。

なお「京都学派」の種々の定義ないしイメージについては、拙編著『京都学派の思想――種々の像と思想のポテンシャル』（人文書院、二〇〇四年）の「序」に、すこし詳しく述べておいた。

さて一般的な概観だけでなく、少し個別にわたって、西田とその弟子たちとの関係を垣間見てみよう。山内得立など若干の弟子たちとのやりとりに関しては、すでに彼らのヨーロッパ留学の際に西田が送った書簡から、垣間見た。ここではさらに別の弟子たち三名（久松真一、高山岩男、三木清）を選んで、彼らの師弟関係をスケッチしておきたい。自己が他者において映り、他者が自己において映るという関係が、ここでも成り立っていることが、見えてくるであろう。時期的な観点から、別の四名（木村素衛、高坂正顕、西谷啓治、下村寅太郎）については、「黒板を去って（下）」の章で述べる。

久松真一（一八八九―一九八〇）、あるいは哲学と禅

「私の永遠にふれるというに対して［、］君の言は［、］慧玄《えげん》の這裏《しゃり》に生死なしといわれた様におもわれた［、］私には中々むつかしいが［、］なるべくそういう立場を離れないで哲学を考えてみようと思う」（二三三九、久松真一宛、昭一一・一〇・一八）。

久松真一（著者蔵）

西田と鈴木大拙が、禅を共通の地盤として共有しながら、一方は哲学へ、他方は禅思想へ、その活動の領域を展開させていったことは、すでに述べた。ふたりは同じ郷里の、刎頸《ふんけい》の交わりだった。その西田と大拙の関係は、部分的に西田と久松真一の関係に重なる。両者のあいだにも、「禅と哲学」という問題領域が広がるからである。哲学を学ぶために西

抱石菴　久松君属
（『西田幾多郎遺墨集』燈影舎，より）

田のところへ来た久松だったが、禅修行を希望する久松に、西田は禅への最初の手引きを与えた。妙心寺の池上湘山《いけがみしょうざん》老師を久松に紹介したのである。しかしやがて西田は、久松のうちに本物の禅者を見ることになる。上記に引用した書簡は、文体としては弟子に対して書いたものとなっているが、同時に、禅的境地に関しては久松に上座を譲るかたちになっている。

「慧玄の這裏《しゃり》に生死なし」という語は、一般には「慧玄が這裏に生死なし」という読み方で（「の」でなく「が」で）、伝わっている。鎌倉末期から南北朝にかけての名僧で、京都の妙心寺の開山、関山慧玄（関山国師）の語である。禅宗では、ふつうは生死という一大事を解決することを眼目とする、ということになっている。しかし、解決すべき生死など自分のところ（這裏）には無いと、慧玄は言った。

西田が「永遠にふれる」という考えを述べたのに対して、久松は、この慧玄の語を返した。「永遠にふれる」ということは、生死の問題に迷う人間が迷ったままで実は永遠という次元に触れている、ということであろう。生死のなかに放り込まれているが、本当は生死を脱していて、永遠なるものに触れている。ただ大抵はそれに気づいていないだけだ、といった意味である。西田が最後の宗教論「場所的論理と宗教的世界観」で言う、「仏と衆生との逆対応」〔悟った仏と、迷いのなかで浮き沈みしている衆生とが、対極的な存在でありながら、しかも対応しあっている〕とか、「絶対矛盾的自己同一」〔絶対に矛盾しあうもの同士が、しかも同一の自己としてある〕とかという考えと、同じである。その考えに対して久松は、慧玄の語を借りて、「私のところには生死はありません」と応じたのである。

生死の問いをめぐるやりとりにおいて、端的なきびしさという点で、久松の側には寸分の隙もない。西田もそれを認める。しかしながら、その「生死なし」ときっぱり言い切ったところから、現実の歴史世界の諸問題に転じてこれらを思索し究明するという課題は、「生死なし」と言いきることとは、すこし別の次元の課題である。やがて西田は、久松にこう尋ねている。「身心脱落《しんじんだつらく》〔、〕脱落身心《だつらくしんじん》は〔、〕「驢覷井々覷驢《ロバ井をのぞく井ロバをのぞく》」と同義に考えられないか」（三〇三九、久松真一宛、昭一四・九・八）。

前半の「身心脱落、脱落身心」は、道元禅師の言葉としてよく知られている。道元が如浄のところで悟りの見解《けんげ》として述べた語である。西田はこの語が、曹山本寂《そうざんほんじゃく》禅師（九世紀の唐の禅匠）の言う、「ロバが井戸をのぞくとき、井戸もロバをのぞく」と同じ意味かと、久松に尋ねているのである。

本寂禅師は、「仏の真仏身は空《くう》のようであって、物に応じて形を現わす、水中の月の如し」と言った。その意味が分かるかと尋ねられて、ある僧が「ロバが井戸をのぞく」と答えた。本来は空《くう》である真実の仏身が「物に応じて形を現わす」。その言い方を、僧は具体的場面にひきもどして、見事に本寂禅師に答えた。本寂禅師はこの答えをいちおう肯《うけが》う。しかしなおも十分ではないとし、「井戸がロバをのぞく」と補った。ロバが井戸に自分を映し見るとき、井戸もまた、ロバがのぞく井戸となっている。見事な切り返しである〔この問答は、『正法眼蔵三百則』の第百二十五則に出てくる〕。

西田は禅の言葉としての意味を尋ねてはいるが、同時に、その年に思索していた「矛盾的自己同一」の考えを、念頭においていたであろう。「身心脱落」は、身心が無心の純粋経験となり、自我意識の縛りから抜け出て自在となった状態と言うことができる。その自在になった身心が大きく働きだす事態が、「脱落身心」と言われる。身心脱落と脱落身心とは、矛盾的ながら自己同一の事態である。この事態と、「ロバが井戸をのぞくとき、井戸がロバをのぞく」という事態とは、同じと見てよいかと、西田は久松に問うている。

井戸がロバを見る、という事態と、ロバが井戸を見るという事態は、矛盾的でありながらしかも「自己同一」だと、西田は哲学的に捉えた。「矛盾的自己同一」の論理は伝統的な禅とも通底する。しかしながら、矛盾的自己同一の論理からは禅は出てこないし、禅だけからは論理は出てこない。西田は晩年の「宗教論」で、「大乗仏教といえども真に現実的に至らなかった」（〔旧〕一一・四三八、〔新〕一〇・三四六）と述べる。それはただちに「禅」に対するコメントにはならないが、しかし禅が矛盾的自己同一という哲学論理に脱体現成するということは、伝統的な禅においては生じなかった。そこでは、「哲学〈と〉禅」の切れ・つづきをなす深い呼応関係が、成立している。

この呼応関係は、「人と人」との関係として西田と久松とのあいだで成立していた。もちろん西田と大拙とのあいだでも本質的に成立していたであろうが、あえてその切れ・つづきを鮮やかに示す現場は、西田と久松とのあいだで生じた。

高山《こうやま》岩男（一九〇五―一九九三）、あるいは「明快さ」の射程

「高山《こうやま》というのは〔、〕私のやめる時卒業したものにて〔、〕尚《なお》若年ながら優秀のものです〔、〕今〔、〕当大学の講師をして居るものです〔、〕この書は大体そう誤って居るものではありませぬ〔、〕唯〔、〕頭でかいたもので深いところを掴《つか》んで居るものでない故〔、〕哲学を勉強するものが私の著書をよむ手引きとしてはよいものと思いますが〔、〕その他の人にはどうかとも思われます」（二二二九、堀維孝宛、昭一〇・四・二九）。

ほぼ同じ趣旨の書簡が、ほかにもある。「高山《こうやま》の本は〔、〕私の本当に生きた思想まで掴《つか》むことはできず〔、〕真に動きゆく生きた内容を失った様のものだが〔、〕大体に於てそう間違ったものでない〔、〕自分ではどうも人に分る様に書けないので〔、〕外殻だけでもあの様にかいてくれると助かる〔、〕彼は始終〔、〕私の所へ来るもので〔、〕近来の卒業生中〔、〕優秀なものだ」（二二四六、鈴木大拙宛、昭一〇・六・一四）。

こきおろす部分と褒め言葉とが無造作に同居している批評だが、それは愛《まな》弟子に接するときの師匠の、ひとつの典型な接し方と取ることができる。

ここで「高山《こうやま》の本」というのは、昭和一〇年（一九三五）に出た『西田哲学』のことである。岩波茂雄から、「西田哲学」について一書を誰かに書

高山岩男（昭和62年［1987］）
（『京都哲学撰書15　高山岩男「文化類型学・呼応の原理」』燈影舎，より）

かせたいという提案を受けて、西田は高山を推薦した。「西田哲学というものも中々書きにくいとおもいます〔、〕それは君に手紙にも書いた通りです〔、〕（…）西田哲学も〔、〕できたら高山にでもかいてもらったらと考えないのでもない」（一七五六、岩波茂雄宛、昭八・三・五）。実際、高山は文学部を首席で卒業した俊秀だった。その評価どおりの本を、高山は著した。彼の『西田哲学』は、西田哲学についての最初で且つきわめて明快な入門解説書である。西田自身が、「哲学を勉強するものが私の著書をよむ手引きとしてはよいもの」、「大体に於てそう間違ったものでない」と、認めている。しかし、もともと明快とはいえないものを明快に書いたとしたら、その明快さは逆に問題でもある。

「私の本当に生きた思想まで摑《つか》む」という作業は、この明快ならざる思索の苦闘そのものを摑むことだった。「頭で」理解することは、まだ「摑む」ということではない。知解だけでは、実際の生きた思想として働き出ることがない。西田哲学の解説という無理難題を、高山は見事にこなしたが、まさしくその見事さが、思想の「外殻」にとどまるという結果にもなった。

もっとも、このとき高山はまだ弱冠三〇歳である。西田ですら、『善の研究』を著したのは四一歳のときである。高山が自らの思想といえる『所の倫理』を著したのは、彼の四二歳のときで、西田でいえば『善の研究』の時期である。そして主著となる『場所的論理と呼応の原理』を著したのは、高山が四六歳のときである。西田が四六歳のときは、西田は『自覚に於ける直観と反省』で、思索路に行き倒れるかと自ら思うほど、悪路の苦闘を重ねていた。高山の上記の著作はいずれも「公職追放」の時期、すなわち太平洋戦争のあとで、西田はもう没しているから、西田はそれを知らないが、両者ともに、思想が熟し始める年代は同じなのである。

＊「公職追放」とは、太平洋戦争後に勅令形式で、しかし実質は占領軍総司令部ＧＨＱ（General headquarters）の政策で、戦争犯罪人や戦争協力者と認定された者を公職から追放したこと。約二〇万人がこの法令に直撃された。この政策で、日本のマスコミや政界に左翼が大きく進出する結果となったことは、占領軍の大きな誤算だったと言われている。

もちろん高山が哲学思想において、ちょうど久松が禅においてそうだったように、西田を一歩抜くといったような事態が生じたかどうかは、疑問としなければならない。少なくとも大方の賛同は得られないであろう。しかしまた、西田の弟子群像のなかから高山を外すことも、できない。「真に動きゆく生きた内容を失った様のものだが［、］大体に於てそう間違ったものでない」と言えるような西田理解は、やはり西田哲学が伝承される歴史のなかで、それなりの一歩を意味していたのである。

三木清（一八九七―一九四五）への情愛と相克

ここで、師匠をどこかの一点で抜くというタイプではないが、また師匠の思索を見事に解説するタイプでもない、さらに別のタイプの弟子がある。それは、西田の思索に基本的に寄りかかりつつも、これを自己化するまでには到らず、反発しつつも反逆には到らないという範囲で自分の思想を語ろうとした弟子、三木清である。

三木宛の西田の書簡が一通も残っていないということは、すでに述べた。その意味は、二度にわたる三木の逮捕と獄死に関連するであろうという推測も、述べた。また西田が別人宛先の書簡で、三木の人格ないし行動の問題に言及し、失望しつつも救済に努力したことも、すでに記した。後年になると、西田が三木について案じる中身は、三木個人の問題に関するものであると同時に、太平洋戦争の破局に向かって走る日本の政局を、次第に濃く映すものとなっている。見方によっては、三木という人物は、西田と並んで当時の日本および戦後の日本の思想状況と政治状況を測る標識のような意味を、もっている〔拙稿「戦後日本の思想標識――三木清と西田幾多郎」(『アスティオン』一九九六春、第四〇号、一九四―二一〇頁)に、このことを述べたので、ここでは詳述は略す〕。

「いつか御話いたしました三木清の事〔、〕こちらに参りましてから数度尋ね来り〔、〕いろ〳〵話して見ましたが〔、〕私はかねて彼の思想の根柢が元来所謂《いわゆる》マルキストでないと思っていましたが〔、〕だん〳〵そういう点が明になって来る様です〔、〕もう彼は実際運動などに関係することはなかろうと思います〔、〕とにかく彼は学者として将来ある有能な素質のもの故〔、〕彼に今〔、〕刑を加えて動きのとれなくするのもどういうものかと思いますが〔、〕何か方法もなきものにや」(一五〇三、山本良吉宛、昭六・九・五)。

「今〔、〕刑を加えて」という語は、この前年の昭和五年(一九三〇)に三木が治安維持法によって日本共産党への資金援助の容疑で検挙されたあとの事態を、指している。三木の「検挙」は、それまでの数度にわたる共産党弾圧の中では、三木の側にも慎重さの不足という面があったかもしれない。三木自身は、思想のレベルでマルクス主義を奉じていたわけではないからである。そのことは、西田自身も知っていた。

「かれ〔三木〕は元来マルキシズムの宣伝の中心と考えられた時にも〔、〕既に単なるマルキストではなかったのです〔…〕その事は私はよく知っています」（二二一六、菅《かん》円吉宛、昭一〇・一〇・一二）。その上、マルクス主義への態度決定は哲学的になされるべき問題であって、政治権力で決定されるべきものではない。だから西田自身も、「マルキストというものは十分に理解し〔…〕その取るべき所は何処までも取りたいとおもう」（一六七六、戸坂潤宛、昭七・一〇・四）。

実は西田のこの発言も、今日のわれわれが読めばごく常識的に聞こえるが、もし言論統制をきびしくしつつある当局に知られたら、おだやかならぬ内容だった。マルクス主義への一定の評価が、述べられているからである。退職後のさびしさを紛らせようとして孫を誘うために考案した、「交通巡査ピリ〳〵」という西田の語の「交通巡査」は、いま孫との遊びとまったく次元を異にした政治的現実の脈絡で、「特別高等警察官」の姿をとって登場している。それは、西田にも眼を光らせるようになる。

西田がリベラルな姿勢でマルクス主義に接し、共産主義者の戸坂潤をも弟子として包容していた以上、共産党に共鳴する部分をもっていた三木が共産党に多少のカンパをしても、不思議ではなかった。しかし治安維持法による検挙という出来事は、三木にとって重たかった。この事件のゆえに、三木は法政大学の教授職を辞することを余儀なくされ、そしてその後、三木は

西田幾多郎と三木清

鎌倉・姥ケ谷の西田邸にて（昭和10年[1935]）。西田65歳，三木38歳（『京都哲学撰書 2　三木清「パスカル・親鸞」』燈影舎，より）

アカデミズム世界にもどれなかったからである。
　三木は執筆や講演活動で生活し、それは一方で華麗な活動として三木の知名度を高めたが、他方では、じっくりと学問思索に集中する時間をもつことができなくなった。そのことは、三木自身が嘆くことでもあったが、三木がそう漏らさなくとも、彼が昭和一二年（一九三七）から一八年（一九四三）まで『思想』に断続的に発表した主著『構想力の論理』を読めば、そのことは見てとれる。初めのうちは三木の伸びやかな思索力が発揮され、魅力的な思考が展開されていくが、やがて彼自身の人生の悲劇性を映すようなかたちで、次第にその伸びと丹念さは失われ、叙述の密度が薄まっていく。そして最後は、未完のまま尻切れとんぼに終わる。それは、三木の悲劇が三木自身の著作にも影を落とす現象だった。

　その後の三木について西田が心を痛めるのは、三木がその後も時代の状況に巻き込まれていくからである。三木の検挙の翌年、昭和七年（一九三二）五月に、海軍の将校たちが中心となったクーデター「五・一五事件」が起こる。犬養毅《いぬかいつよし》首相が射殺された。西田は国家の行く末に対する懸念を、親友・山本に漏らしている。「軍人の首相撃殺［、］殆ど国家の統制というもののなきに似たり［、］今度の内閣はどうなるだろう」（一六二三、山本良吉宛、昭七・五・一八）。

　「今度の内閣」を組閣した斎藤実《まこと》は、海軍リベラル派だった。政治状況としては、陸軍が推す右翼の平沼騏一郎《ひらぬまきいちろう》には流石に一般的な拒絶感があり、しかし他方で政党内閣をつくる気運も出てこないという状況があった。そのなかで、西園寺公望《さいおんじきんもち》が斎藤実を天皇に推戴し、斎藤に勅命がくだった。推戴の理由としては、斎藤が政党にも軍部にもパイプをもち得たからだという解釈と、政党とも軍部とも距離をもっていたからだという解釈とがあるようだが、私は史家ではないので、そのいずれが妥当かを判断する力はない。ただ、たとえ斎藤自身が陸軍右翼の勢力に対抗する姿勢があったとしても、時代の趨勢は斎藤の抵抗を飲み込んで、軍部政権への流れとなっていく他はなかったであろう。現に、そうなっていった。西田は、それによって反動的な思想勢力が台頭することを、危惧した。

「万一〔、〕一木〔一木喜徳郎《いちききとくろう》、当時、宮内相〕がやめるという事になれば〔、〕平沼という事が強い勢力をもって起って来ることは明《あきらか》と存じます〔、〕併し平沼という事は私は大反対と思います〔、〕我国の皇室というものが反動的な思想勢力と結びつくという事は〔、〕この上なき危険の事と存じます〔、〕今日の如き状態では内大臣、宮内大臣は一時的の人でも尚《なお》可なりだが（…）」（一七〇一、山本良吉宛、昭七・一一・八）。

西田が恐れた「危険」は、政局においてだけでなく、西田の周辺での思想弾圧というかたちで、広がっていった。その波を早くから、かつ悲劇的な仕方でかぶったのが、三木清だった。治安維持法で検挙された二年後の、昭和八年（一九三三）の一月に、三木が岩波書店の『日本文学講座』に書いた論文「現代階級闘争の文学」が、発禁処分となって削除された。法政大学の職を失った三木は、依然として危険人物視されていたのである。西田の心痛は、終わらない。「日本文学講座の三木のかいた発売禁止になったというものを〔、〕一冊御送りくださいませぬか〔、〕（…）一寸《ちょっと》三木の為に見て置きたいと思いますから」（一七四七、岩波茂雄宛、昭八・二・二四）。

「一寸《ちょっと》三木の為に見て置きたい」という言葉には、さらに奥がある。その数日まえ、そして三木論文の発禁の翌月、二月二〇日に、プロレタリア文学の小林多喜二が「特高」(特別高等警察)に逮捕され、その日のうちに拷問死せしめられたからである。西田が上記の書簡を岩波に送ったのは、その四日後である。西田が「三木の為に」何を心配していたかは、明らかである。三木論文の発禁処分が三木の再逮捕につながる可能性は、除外しきれなかった。心配の種が現実に三木論文のなかにあるのかどうかを、西田は三木の為に見ておきたいと思ったのである。

西田は、なんとかして三木が学問環境にもどれるようにと、尽力もした。数年あとのことになるが、「実はかねてお話《はなし》申しています様に[、]かれ[三木]も何とかして学問のできる様にと思いますことから[、](…)今度山内《やまのうち》[山内得立]が三浦君[三浦新七]に話し[、]同君には考慮を願って居たが(…)」(二四ー五、和辻哲郎宛、昭一二・一・一八)と、和辻哲郎に相談している。しかし東京商科大学への三木の就職は実現しなかった。西田と三木の師弟関係は、当時の日本の状況に揉まれつづけていく。しかし、三木についてはここでひとまず筆を止めよう。さらにもうひとつの綺羅星・田辺との関係の、局面展開を、見ていきたい。

西田・田辺論争

西田の思索が、京都帝国大学退職のあと、「場所」の考えとともに大きく展開しはじめたことは、先に述べた。ところでこの哲学の思索路において、「交通巡査ピリ〱」とばかりに、西田に異論を呈する者があらわれた。かつて哲学的恋文《こいぶみ》のごとき書簡を交わし合っていた相手、田辺元《はじめ》である(本書七五頁以下を参照)。昭和五年(一九三〇)の田辺の論文「西田先生の教《おしえ》を仰ぐ」から、その論争は始まった。

西田に対して、自分なりの根本的な批判を展開し得るということ自体に、田辺の哲学的な位置を見ることができる。いま、その論争の哲学的な内容には詳しく立ち入ることはできないが、簡単に言えば、西田の「絶対無の自覚」（「場所」の思想）は、現実世界がどうなっているかということとかかわりなく成立し得る宗教的体験として認めるとしても、現実世界の種々の立場を組織する哲学体系の原理にはならない、というものである。

かつて西田と田辺とのあいだの親密なやりとりの中にも、多少の論議の火花が散ったことは、すでに見た。その火花が、西田の退職後になって、炎となり始めた。最初はその炎はいったん鎮静化したように見えた。田辺が、自分の西田理解、弁証法理解の不足を、いったんは認めたからである。しかし昭和九年（一九三四）ごろから田辺が「種《しゅ》の論理」を構想・展開しはじめて以来、炎は本格的に燃え上がり、その後、消えることはなかった。そしてその背景には、三木の場合と同様、ただし三木の場合と非常にちがった仕方で、当時の時代状況が映っていた。

田辺の言う「種《しゅ》」とは、論理的には「類・種・個」という、アリストテレス以来の三カテゴリーの、中間に位置する。そして現実世界にあっては、「国家・民族・個人」という三項の中間項「民族」に当たる。国家は「類の代表」であり、個人は「実存」としての個であり、民族はこの双方の媒介態である。田辺は西田の「場所の論理」において、「類」と「個」とを媒介する中間項の「種」が欠落していると考え、また現実の歴史世界への観点においては、「国家」と「個人」とを媒介する「民族」

への視点が出てこないと見た。そこで田辺は、自らの「種の論理」を、絶対媒介の弁証法として展開し、これを西田の「場所」の考えに対置した。

田辺の「種の論理」は、西田の「場所の論理」に対抗するものであるが、単に対抗意識から構築されたというようなものではない。倫理的意識の強い田辺にとって、現実世界に現象としてあらわれる歴史の非合理性や矛盾への対応が、肝要だった。当時のマルクス主義者もまた、社会の悲惨と不合理を問題にしていたが、田辺はマルクス主義には与《くみ》しない。むしろマルクス主義と対峙することを、哲学者としての自分の課題とした。当時、多くの若者たちがマルクスの社会批判に惹かれてマルクス主義に走るという傾向が強かっただけに、マルクス主義と対峙するということは、京都帝国大学で哲学を講じる田辺にとり、義務意識にもなっていた。その連関で、田辺は西田哲学とも対峙したのである。

田辺の西田哲学批判との比較で、マルクス主義者の弟子による西田哲学批判にも、言及しておこう。戸坂潤の批判が、それである。戸坂は昭和九年（一九三四）に『現代哲学講話』を、昭和一一年（一九三六）に『日本イデオロギー論』をそれぞれ刊行して、そこで西田批判を述べている。前者では第四篇の二、「京都学派の成立」、後者では第二篇一二節「〈無の論理〉は論理であるか」が、それぞれの該当個所である。批判の骨子はいずれも、「唯物論」の立場から西田哲学を「ブルジョア哲学」と規定するものである。さらに言えば、西田が「現実そのもの」についてではなく、「現実の意識」について、あるいは「弁証法そのもの」ではなくて、「弁証法の自覚」を述べるにとどまる、という批判である。

西田自身は戸坂の批判に対して、こう応答している。「私の考も大分了解せられた所もあるが［、］君が断定せられるだけのものでもないと自分では思って居る［、］〈無の自覚的限定〉に一段落と云っても［、］あれは前書から考え起《おこ》したものの一段落というのに過ぎない［、］私と汝という如き関係だけで社会や歴史が考えられると思って居るのではない」（二二五四、戸坂潤宛、昭一〇・七・二〇）。これは戸坂が自分の著書を西田に献呈し、そこに述べた西田哲学批判に西田が応える個所である。

ちなみに戸坂は、はっきりと唯物論の立場に立ち、その点で三木とは見解を異にしていた。しかしその後の悲劇的な人生行路において、ふたりはほとんど平行する。戸坂は三木の法政大学罷免（昭和五年／一九三〇）の後を追うかのごとくに、昭和九年（一九三四）にマルクス主義的思想のゆえに法政大学講師を罷免された。そして三木に先立って昭和一三年（一九三八）に治安維持法で逮捕され、人生の最後も、三木とおなじく劣悪環境のなかで疥癬《かいせん》を病んでの、獄死だった。死去の日も、三木に先立って、終戦のわずか一週間まえ、昭和二〇年（一九四五）八月九日だった。それは長崎に原爆が落とされた日でもある。

戸坂の西田哲学批判の炎は、哲学的には、西田が「君には君の見る所に任す」（同上）と、あっさり書簡を締めくくる程度の、ごく小さいものにとどまった。しかし田辺の西田批判は、すこし様相を異にしていた。西田の講座の継承者で哲学の力量においても西田に迫る田辺が、自らの「種《しゅ》の論理」を賭けて、渾身の思索力でもって西田哲学と対峙したからである。それは西田にとり、哲学的にも無視できない提起を含んでいた。西田が昭和一二年（一九三七）に発表した論文「種《しゅ》の生成発展の問題」

は、西田が自らの立場から田辺の言う「種《しゅ》」の問題を論ずるものだった。西田自身も、田辺の提起した哲学的問題を自ら考える必要に、迫られたのである。

田辺という明星の輝きが、西田という明月の明るさを凌ぐに到ったかどうかは、ひとつの問いである。当時も後世も、一般には田辺支持者より西田支持者のほうが遥かに多い。しかし田辺の西田批判が、故なきものでなかったことも、確かである。それは、西田自身が田辺の扱った「種《しゅ》」を自分でも取り上げざるを得なかったことからも、わかる。

ただ西田自身は、田辺が自分を理解せず、むしろ無理解の度を深めていくと見た。そしてこのことを、親しい弟子たちに漏らしていた。

「田辺君［、］哲研［『哲学研究』］十月号にて私の考《かんがえ》にふれて居る所は［、］何だかなさけなく思われた」（二六二三、高坂正顕宛、昭一二・一一・一五）。「田辺君の議論は精密だが［、］抽象的にて何だかいつまでもカント認識論の立場をはなれないで［、］歴史世界というものに入ることはできまいと思います［、］これからの進むべき哲学の本当の筋道に立って居ると思われませぬ［、］私はあんな抽象的立場からでは真の弁証法というものにはならない（…）十月号の私の考に対する批評の如き［、］何だか情ない様な感がいたします」（二六三一、務台理作宛、昭一二・一一・二二）。「田辺君の九月号に於ける私の批評は［、］一種之《の》悲哀を感ぜざるを得ない［、］私もその意を解しかねて居る」（二六三八、柳田謙十郎宛、昭一二・一二・六）。

西田と田辺の書簡往復は、やがて途絶えた。大学の人事に関する書簡（二七四七、昭一三・四・三〇、二八〇一、昭一三・八・八）を最後として、西田は田辺に書簡を送っていない。ただし例外がひとつだけある。自らの死の三週間前に送った、田辺への返書である。そのただならぬ内容は、もはや「西田・田辺論争」の枠を遙かに越えるもので、ここで数行で済ませる訳にはいかないものである。だから後に章を改めて触れたい（本書二四八頁以下）。また、『日記』を見るかぎりは、両者の往来がいちおう続いているので、そのことも指摘しておきたい。西田の最晩年には、田辺寿利（「寿利」という名前の読みは、「すけとし」「ひさとし」「じゅり」の三通りが種々の文献に用いられている」という社会学者が西田のもとに出入りしたから、日記にただ「田辺来訪」とあるときは、すこし紛らわしいときもある。しかし大体においては、「田辺寿利」と名前が付され、前後の脈絡等もあるから、どちらの「田辺」を指すかは、だいたい見当がつく。確実に「田辺元」と明記される最後の来訪は、昭和一九年（一九四四）五月九日であり、西田の最晩年である。両者の論争は、かなりの感情的な部分も含んだものになっていったが、両者は最晩年に至るまで最小限の礼儀は守っていた。このことも後述にゆずりたい。いまは、「西田・田辺論争」が、そういった大きな時代連関と無関係でなかった、ということだけを指摘するにとどめたい。

第二節　思想と時代　昭和の暗雲と「弁証法的一般者」の思想

「暗黒なる力の勃起」

「思想と時代」というテーマを、もう少し追跡しよう。西田・田辺論争も、突き詰めれば、極右化と左傾化に二極分裂しつつあった当時の社会状況のなかで、西田も田辺もこの状況と取り組んでいたことを、大きな背景としていた。また三木清が治安維持法のもとで検挙されたのも、共産党弾圧の一環だった。この検挙がなされた昭和六年（一九三一）は、満州事変が勃発した年である。前年には、当時としては国際派だった浜口雄幸《おさち》首相が右翼の男に東京駅で狙撃されている。西田は「浜口という男がやられるなど〔、〕実にひどい〔、〕だん〳〵灰色の冬の日が来る」（一三八七、昭五・一一・一八）と、親友・山本に記した。世界恐慌と社会不安のなかで、灰色の冬が日本の国内外を覆いはじめていた。満州事変（一九三一）とそれにつづく満州建国は、日本の国際聯盟脱退と国際的孤立という事態に、つながっていく。

そのような時代の動きを、西田は深く懸念していた。「憲政堕落の結果、暗黒なる力の勃起、邦家の前途〔、〕寒心に堪えざるものあり」（一五九二、山本良吉宛、昭七・三・二七）。この語は、後述する「五・一五事件」に二カ月先立つ、「三月事件」への西田の感想である。

「三月事件」は陸軍の将校たちが国家転覆を謀った事件で、計画自体はかなり大掛かりだったが、水面下の動きに終わった。関係者は処罰されず、箝口《かんこう》令が敷かれて、新聞報道とはならなかった。しかし、軍人関係にも知己の多い西田は、その水面下の事件を容易に知った。その後、日本を突き動かしていく「暗黒なる力の勃起」は、マルクス主義者はもちろん、リベラリストたち等をも含む広い範囲の思想の弾圧となり、その暴風は右翼思想家の北一輝《いっき》までをも巻き込んでその刑死に至らしめた。

右傾化を強める昭和期の日本で、右翼思想の北一輝が「二・二六事件」に連座して、死刑になったということは、事件が容易に見通し難い複雑さを蔵することを、うかがわせる。北一輝は、決起した将校たちの精神的支柱だったとはいえ、決起にはむしろ慎重だったことが記録されているし、それに、彼は軍人ではなく民間人だった。処刑の背景には、単に「二・二六事件」への連座だけでなく、北一輝の著作『國體論及び純正社會主義』が、天皇制批判の書として明治三九年（一九〇六）に発禁処分となったことも、あったと思われる。北はこの著書のなかで、現人神として神格化される天皇と、国家元首として君臨する天皇とのあいだの矛盾を、指摘している。北の右翼思想には、天皇制と必ずしも融和しない一種の「社会主義」というような要素があったのである。それだけに、北一輝が次に述べる「皇道派」の将校たちの精神的支柱となって、「二・二六事件」の思想的エネルギー源になったということは、ロジカルに説明できないものを含んでいる。そのさらに奥に、北が帰依していた「日蓮宗」のある種の精神主義が、あるであろう。しかし、ここではその点には立ち入らない。とにかく西田の言う「暗黒なる力の勃起」は、容易に見通し難い襞の錯綜を伴っていると、言わざるを得ない。

そして国外では、満州事変以後の大陸進出が始まっていた。その進出を推進したのは陸軍であるが、その陸軍の内部にも、「統制派」と「皇道派」との対立があった。

「統制派」は、規律統制と文民統制を重視する、今日の語で言えば「秩序派」ともいうべき傾向のグループと言えるだろう。どちらかと言えば陸軍の上層・中層の多数派とも言われ、中心人物のひとりに東條英機がいる。それに対して「皇道派」は、財閥政治への不満を強くする、それも農村出身で郷土の家族の悲惨を知る、下士官が多かった。「皇道派」は、天皇親政を実現しようとして後に「二・二六事件」を起こし、「統制派」からすれば、それは相手の「皇道派」を弱体化させる絶好の機会にもなった。しかし後日の眼で見て、「統制派」のほうが秩序重視の理性派だったとは、言い切れないであろう。東條英機のような、権力政治のほかに何らの洞察ももたない政治家が、最終的にはこの派閥を率い、対米戦争に突き進むからである。むしろ「皇道派」のほうが、政治の腐敗に憤激し国の前途を思うという純粋さをもっていた。ただ、あまりに偏狭だったという意味で、さらに危険性を帯びたエネルギーに化したのである。

西田が「憲政の堕落」と言う表現を用いるときは、統制派とか皇道派とかの路線対立をすべて含んだ、理性で制御できなくなりつつある軍国主義の膨張力を指すと見ることができるであろう。

日本国内の問題は、世界情勢と緊密に連関していた。この抜き差しならない連関は、西田および京都学派における世界観・日本観にもつながる。「単に日本の［、］日本のというのでなく［、］世界の日本として考えねばならぬと思います［、］然らざれば大東亜主義などというも意味のないことと思います［、］将来の世界というのは［、］今日一派の人々の考える如く各国孤立の国家主義に落《おち》つくのではなく［、］何らかの意味に於て世界的協調ができなければ落《おち》つかないのではないでしょうか」（一九二〇、原田熊雄宛、昭九・三・一三）。そして、西田はこうも記す。「今後我国《わがくに》もいか様《よう》になりゆくにや」（同上）。

ハイデッゲル

こういった「思想と時代」の状況のなかで、西田とその同僚および弟子たちが立っていた位置を、ひとつの標識を介してさらに確認していこう。その標識とは、マルティン・ハイデッガーである。この思想家も、ドイツにあってナチズム下の当時の状況に深くかかわり、ないしこれに巻き込まれた。西田は「ハイデッゲル」と表記し、後には「ハイデッガー」と表記している。

西田がハイデッガーを正当に理解していたかどうかは、今日の研究状況からすれば問題がある。しかしいわゆる「研究」レベルとは別に、本質的な「直観」レベルで、どこかハイデッガーの思想の根本問題点を端的に指すような言葉を、諸処に述べている。そのひとつを挙げるなら、こうである。「ハイデッゲルには死にゆく所はあるが〔、〕生れ出る所がない」（一三〇一、和辻哲郎宛、昭五・二・八）。

ハイデッガーの『有と時』（『存在と時間』）は、人間の存在論的規定である「ダーザイン」〔現有、現存在〕を、ザイン〔有、存在〕の意味への問いを展開する上での地平として、分析するものである。人間は、気づいてみればこの世界のなかに投げ込まれ、「被投的」な有り方をしている。しかし同時に、絶えずいろいろのことを投げ企てるという意味で「企投的」である。人間が何を投げ企て「企投」するにしても、自分が世界のなかに投げ込まれている限りのことだという意味で、「企投」はどこまでも有限性に刻印され、被投的である。その有限性と被投性は、先鋭化して言うなら、「死すべき有り方」である。だから『有と時』（『存在と時間』）においては、死の可能性を先駆的に先取りする「死の先駆」が、ダーザイン分析の結晶部分となった。

「ハイデッガーには死にゆく所はある」という部分は、ハイデッガーのダーザイン分析においてダーザインの消滅を意味する死が凝視されている、という風に言い換えても良いであろう。しかし西田からすれば、人が「そこへ」と死にゆく場所は、人が「そこから」生まれ出る場所でもなければならない。そうでないと、死への不安が実存的に先鋭化されるだけで、大きな安らぎには到らない。「ハイデッガーには、生まれ出る所がない」という語は、ハイデッガーにおいてそのような大きな安らぎの場が見られていない、という意味に取ってよいであろう。このハイデッガー批評は、「ハイデッガー研究」というレベルには属さないが、ハイデッガーと取り組む者には、根本的な問題提起となる。

ちなみに、「生まれ出る所」と「死に行く所」とを兼ね備えた、大きな安らぎの場は、西田自身においてはどう表現されたのだろうか。上記の和辻宛書簡の頃の西田哲学用語で言えば、「絶対無の自覚」となるのだが、それだけ聞いても、一般には何のことか分からないであろう。そんな語は哲学史の辞典には出てこないからである。西田自身はこの表現の意味を展開することに、腐心した。基本的に彼が是とした表現は、その四年後に登場する「弁証法的一般者」である。しかし、これも哲学史に出てこない西田の造語だから、やはり一般には何のことか分からないであろう。本書としては「分からない」だけでは済まされないから、ハイデッガー批評との連関で、西田の分かりやすい表現をひとつだけピックアップすることにする。それは、「消えて消えないもの」である。時は一瞬一瞬に消えていくが、他方で、消えたはずの時が記憶や伝統などとして、消えずに残る。直線的な時の経過が一方であると同時に、時の前後が結びついて円環的となる。そのような矛盾するものが同一的となる場所が、「弁証法的一般者」であり、「消えて消えないもの」である。つまりは、「死に行く所」であって「生まれ出る所」である。「所」と書いたが、西田の真意では、これは彼の言う「世界」のことでもある。西田のハイデッガー批評の背後には、そういった西田自身の考えがあるから、その批評は単なる批評とは異なっているのである。

いま、西田とハイデッガーの思想の比較に立ち入る頁はない。ただ、西田においてハイデッガーとの対峙が、基本的には「生死の自覚」というレベルで生じていた、ということを見ておけば十分である。それに対して田辺元においては、ハイデッガーとの対決は、やはり「生死」の問題を中核としていたが、その場合の問題レベルは、「生死の哲学思想」であって、「生死の自覚」ではなかった。田辺の論文「生の存在学か、死の弁証法か」を、典型的な場面として挙げることができる〔田辺元「生の存在学か死の弁証法か」（一九六二年）、『田辺元全集』第一三巻（筑摩書房、一九六四年）所収。入手しやすい版は、岩波文庫版『田辺元選集Ⅳ・死の哲学』（二〇一〇年）〕。田辺はハイデッガーの思想を「生の存在学」だとし、自らの「死の弁証法」をこれに対置した。

おなじくハイデッガーとの対決といっても、和辻哲郎の『風土』は、和辻自身の意識においても、ハイデッガーの『有と時』（『存在と時間』）に対抗する背比《せいくら》べの書である〔和辻哲郎『風土』（一九三一年）、『和辻哲郎全集』第八巻（岩波書店、一九八九年）所収。入手しやすい版は、岩波文庫版（初版、一九七九年）〕。

和辻はベルリン留学中に、この書物の刊行に接した。彼はハイデッガーやヤスパース、カール・バルト、ブルンナー、ゴガルテンといった思想家たちが「国は違っても同じ世代に属する」と感じ、「同窓とでもいうような親しみ」を抱いたと述べている〔和辻哲郎『ゼエレン・キェルケゴオル』（一九一四年）「序」。和辻におけるこういった「競争意識」、および「風土」の考えと、ハイデッガー理解の問題については、拙著『日本的なもの、ヨーロッパ的なもの』（第二版、講談社学術文庫、二〇〇九年）の和辻哲郎の章に、少し詳しく述べた〕。和辻は二十代ですでにキルケゴールやニーチェの本格的モノグラフィーを著し、ドイツをも含めた当時の学界の水準を一気に抜いた仕事をしていたから、これらドイツの思想家たちへの「同窓の親しみ」は、自負心をもまじえた対抗意識の表現でもあった。

和辻は、ハイデッガーの「ダーザイン」分析が「時間」という要素を重視するあまり、「空間」をないがしろにすると、批判した。そして、その空間的要素が人間存在にとりいかに基本的であるかを、「風土」の人間学的考察として展開した。和辻のハイデッガー批判も、今日の研究水準においてはそのままでは維持し難いが、そこからひとつのオリジナルな作品が生まれたという意味では、単に精緻なだけの研究には見いだされない思想的創造性を、含んでいた。西田において、ハイデッガーとの対峙の中心が「死の自覚」という根源的な問題領域にあったのにくらべて、和辻においては、関心は学問的な人間学・倫理学の領域に、移っていく。

西田の若い同僚である九鬼周造は、ハイデッガーの強い影響のもとで、やはりオリジナルな作品を著した。昭和六年（一九三一）刊行『「いき」の構造』が、それである〔『九鬼周造全集』第一巻（岩波書店、一九八一年）所収。入手しやすい版は、岩波文庫版（初版、一九七九年）」。この作品は、ハイデッガーとの親しいまじわりと対話のなかで、醸成された。九鬼においては、ハイデッガーとの対峙ないしハイデッガーへの批判よりは、ハイデッガーからの学問的吸収が、表立っている。その上で、ハイデッガーの視野には収まらない「日本」の精神遺産に、すなわち、まずは「いき」という文化現象に、後には「偶然性」の問題に、照明の光が当てられた。そこには、和辻とはまたちがった仕方で、「日本近代」の新しい精神史的境位が開かれていた。

三木清は大正一一年（一九二二）から一四年（一九二五）まで、ハイデルベルク、マールブルク、パリに留学したが、マールブルク時代にハイデッガーに接した。しかし、ハイデッガーの思想は自分の内的欲求を満たさないと感じて、行き詰まりの感を抱いて、パリに去る。そこでパスカルの思想と出会い、帰国後の昭和元年（一九二六）に、『パスカルに於ける人間の研究』を出版する。ハイデッガーに対する距離感は、三木の思想体質からくる内発的な部分が多かったであろう。そのことは、ハイデッガーが一九三三年五月にフライブルク大学総長就任演説をおこなったとき、その批判として草したエッセイ「ハイデッガーと哲学の運命」にも、垣間見られる［三木清「ハイデッガーと哲学の運命」『セルパン』一九三三年一一月。『三木清全集』第一〇巻『哲学評論』（岩波書店、一九六七年）所収］。このエッセイは、ハイデッガーの演説に「パトス」の過剰を感じ取り、それに対して「ロゴス」の重要性を主張するものである。三木の持つジャーナリスト的な感覚は、鋭かった。ハイデッガーの総長演説に対しては、後にハイデッガーと冷たい関係に入るヤスパースですら、その時点では激賞の手紙を送っていたことを、引き合いに出しておきたい。ナチスによるユダヤ人迫害や強制収容所の存在は、知られてはいなかったが、しかし海を隔てつつ、三木はハイデッガーの演説の時点ですでに、ハイデッガーの演説に、ファシズムを防ぐよりは加速させる危険を感じ取った。西田もまた、これから見ていくように、時局への憂いを深く抱いていたが、ハイデッガーへの批判が時局に関係づけられることは、無かった。もちろんそれは、逆に言えば、三木がハイデッガーと本格的な哲学レベルよりは時局批判というレベルで、対峙したということを、意味している。

田辺元も、ハイデッガーの総長就任演説に対して、すぐに批判を表明した〔田辺元「危機の哲学か、哲学の危機か」(一九三三年)、『田辺元全集』第八巻(筑摩書房、一九六四年)所収〕。田辺の場合は、ハイデッガーの演説のなかに、弁証法の論理を欠く思考を、したがって「哲学の危機」を、感じたのである。これはすでに始まっていた田辺の西田哲学批判と、重なっている。先にも述べた昭和九年(一九三四)以降の、「種の論理」を背景とする激しい西田批判の、予告篇と見ることもできる。田辺は、三木に見られるようなジャーナリスト的な感覚よりは、自らの論理主義と倫理主義の感覚から、ハイデッガーの総長演説を批判したのである。

西田との連関で、田辺、和辻、九鬼、三木の四人におけるハイデッガーに対する対峙の仕方をも寸描したが、ここでも三木の位置の特殊性が浮かび上がる。三木は政治情勢に対する眼識が鋭かったがゆえに、そして実際に体制のなかにありながら体制に批判的な姿勢を堅持したために、人気もあったが、それゆえにかえって体制の側の監視の対象となり、昭和一七年(一九四二)三月、陸軍の「宣伝班員」としてマニラへ徴用された。それを拒むことは、体制のなかでは出来ない。かくして三木は十カ月を、日本軍が占領統治するフィリピンで過さねばならなかった。節を屈するという意味では、最後の獄死よりも悲劇性を帯びていた。

上記の五人の思想家たちにおいて、ハイデッガーとの関わり方はそれぞれに違うとともに、ひとつの共通点があった。それは、彼らの関わり方のうちに「時代」が濃く映っている、ということである。そしてその「時代」は、暗雲に覆われ始めていた。ヨーロッパとはちがった仕方で、不気味な底流がしばしば地表にあらわれ始めていた。

五・一五事件

「軍人の首相撃殺《げきさつ》〔、〕殆ど国家の統制というもののなきに似たり〔、〕今度の内閣はどうなるだろう」（一六二三、山本良吉宛、昭七・五・一八）。

事件は、この西田の書簡の三日まえ、昭和七年（一九三二）五月一五日に起きた。犬養毅首相が暗殺された。事件の月日をそのまま取って、「五・一五事件」と名づけられた。日記の記述だけを読むと、西田がどこか距離をおいて事件を観察しているかのように、受け取られるかもしれない。事実、その前後の弟子たちや同僚・知人たちへの書簡は、論文のことが主な話題である。そして月末には岩波茂雄宛に、「三木君より私の法政の講演が公開とか云って来ましたが〔、〕どういう範囲にや〔、〕純学究的な話をするつもり故〔、〕（…）」（一六三二、岩波茂雄宛、昭七・五・三一）とも、書いている。学問を基本とすることが、自分の姿勢であることを、西田は表明している。しかしだからといって、五・一五事件を他人事のように傍観したわけではない。すでにこの事件の二カ月前に、西田が「憲政堕落の結果、暗黒なる力の勃起、邦家の前途〔一〕寒心に堪えざるものあり」と記したことは、すでに見たとおりである。西田は、まさに「暗黒なる力の暴発」として、五・一五事件を見ていた。

この事件は、その五年後に千五百人に迫る下士官・兵士が、正規の軍隊の一部として組織的に行動した「二・二六事件」と比べると、規模においても質においても、ずっと小さい。一部の軍人たちが個人単位で起こした、それも「一人一殺主義」を掲げる民間の「血盟団」の残党や、おなじく過激な右翼思想を奉じる過激派農民と組んで計画した、人数も二桁の規模の行動だった。だから事件を報道した大阪朝日新聞の見出しも、「未曾有の帝都大不穏事件」となっている。

血盟団の「残党」という意味は、血盟団が組織としては前年に解体されていたからである。日蓮宗の怪僧、井上日召《にっしょう》がつくった「血盟団」は、「一人一殺主義」をかかげて昭和七年（一九三二）のいわゆる「血盟団事件」を起こし、元蔵相の井上準之助や三井財閥の団琢磨を暗殺した。そして井上ほか主要メンバー十数名が逮捕された。井上は無期懲役の判決を受けたが、その後、恩赦で出獄し、戦後も右翼思想組織に関与している。詳しいことは、岡村青『血盟団事件——井上日召の生涯』（三一書房、一九八九年）に記されている。

この「帝都大不穏事件」は小規模だったとはいえ、護憲派でもあり国際派でもあった犬養首相が暗殺された。この事件を境目として政党内閣は終わり、政治の質は大きく変わり、軍部のエネルギーを政党がコントロールできなくなる。「今度の内閣はどうなるだろう」と案じた西田は、この意味で事件の動きの核心点に眼を向けていたといえる。

ちなみに五・一五事件は、西田とは離れたところで生じたが、別の「思想」の力が作用していた。大川周明が下士官たちに思想的な影響をおよぼしていたからである。また、後の二・二六事件では北一輝が思想的な支柱となった。「思想と時代」は、さまざまな渦を形成しながら流れていた。

滝川事件

西田は、後述するように昭和一〇年代には、政治の中枢とパイプをもちつつ時局の方向是正に腐心して行動することもあったが、基本的には、哲学の営みを活動の場にしようとした。だから三木のように、現実の組織運動に関与することはなかった。哲学に心を向けるがゆえに、文部省が五・一五事件の年に立ち上げた「国民精神文化研究所」には、同調しなかった。この研究所は、「学生生徒左傾」への対策として、「我が国体、国民精神の原理を闡明《せんめい》し、国民文化を発揚し、外来思想を批判し、マルキシズムに対抗するに足る理論体系の建設を目的とする、有力なる研究機関を設くる」ことを趣旨としたものである。西田はこの中身を、にべもなく否定した［文部省の諮問機関「学生思想問題調査委員会」の答申。前田一男「国民精神文化研究所の研究」（『日本の教育史学』第二五、一九八二年）、を参照］。

「文部省の精神文化というもの、あれはとてもだめだ［、］私は今後私の力のつゞく限り自分で書くと共に［、］周囲に優秀なる青年学と［徒］を集めて［、］これ等と弁論討究してこれ等の人を少しでも思想的に陶冶したいと思う」（一七〇一、山本良吉宛、昭七・一一・八）。

しかし暗黒の力は、大学および学問の世界にも入り込み始めていた。三木の論文が発禁処分になったのは、昭和七年（一九三二）の一月であるが、翌八年（一九三三）四月には、「滝川事件」と呼ばれる一連の出来事の前段階、すなわち滝川幸辰《ゆきとき》の『刑法読本』および『刑法講義』の発禁処分が、なされた。時の文部大臣・鳩山一郎は、滝川教授の罷免を要求した。それに対して小西重直総長が、その要求を拒否。そこで鳩山は、「文官分限令」を適用して滝川を休職処分にした。これに抗議して、京都帝国大学法学部の教官たちが辞表を提出した。これが「滝川事件」の大筋である。

西田は、他の学部教授会とおなじく、この事件にすこし距離をおいている。「京大の問題［、］誠に紛糾［、］今の所《ところ》収拾するに策なし［、］誠に困ったものと存じます［、］小西君誠に気の毒なり［、］同君かゝる場合に於ける総長の器《うつわ》にあらず［、］滝川をそう弁護することもできないが（…）」（一七八二、堀維孝宛、昭八・六・五）と。

西田が滝川幸辰をあまり弁護できないと述べた理由は、滝川の思想内容のゆえだったであろう。滝川が当局からにらまれたのは、マルクス主義とは無関係の、トルストイ主義ないし無政府主義的な思想のゆえである。滝川の学問思想それ自体は、今日から見て画期的でも斬新でもない。しかし、その程度の学者でも弾圧の対象になる、というところに、本当の深刻さがあった。それは、やがて西田にも直接に及んでくる危険の兆候でもあった。兆候は、上記の書簡のつづきのところに告示されていた。すなわち、そのつづきはこうなっている。

「蓑田《みのだ》とかいう男の悪宣伝が本となり［、］滝川のことについては悪宣伝も多き様《よう》なり」（同上）。

「蓑田とかいう男」とは、やがて西田および京都学派に猛烈な攻撃を仕掛けてくる「日本原理社」の中心人物、蓑田胸喜《みのだむねき》（一八九四―一九四六）のことである。西田は後にこの人物のことを「狂犬」と記しているが、実に当たっている。狂犬に嚙まれたら、時にはその毒で死ぬこともあるからである。滝川はこの蓑田に嚙まれ、免職となった。蓑田には偏執狂的なエネルギーがあった。彼の大著『学術維新』は、ヘーゲル、マルクス、レーニン、フォイエルバッハなどを原書で読破して、河上肇のマルクス『資本論』訳に誤訳があることを、正確に指摘している。やがてその匕首《あいくち》が西田および京都学派に向けられるが、滝川事件はその予告と見ることができる［蓑田胸喜とその「原理日本」グループによる、猛烈な京都学派攻撃については、拙著『京都学派と日本海軍』（PHP新書、二〇〇一年）第一部二「原理日本グループとの思想戦」（五九―八三頁）に、詳述した］。

天皇機関説事件

「暗黒の力」の、もうひとつの予告があった。昭和一〇年（一九三五）の「天皇機関説事件」である。この年の二月一八日、貴族院で男爵議員・菊池武雄が、おなじく議員で東京帝国大学法学部教授だった美濃部達吉《みのべたつきち》を、その「天皇機関説」のゆえに「学匪」と呼び、その学説を国体に反する「謀反」と決めつける弾劾演説をおこなった。

菊池は学者でなく陸軍軍人である。そして、南北朝時代の「菊池家」の家系を継いで天皇尊崇の念を他に増して強く抱く、右翼主義者でもあった。しかし、学界で定説として定着していた天皇機関説を学問的に検討して、帝国大学法学部の学者にクレームをつけ得るような学識などは、なかった。菊池を動かす思想グループの「暗黒の力」が、彼の美濃部批判の背後にあったことは、明らかである。後年のわれわれは、それが昭和七年（一九三二）の「司法官赤化事件」（各地の裁判所判事や書記が、共産主義の嫌疑で逮捕され、有罪となった事件）にさかのぼることを、知っている。美濃部の天皇機関説が、この司法官赤化現象の元凶のひとつとみなされていたからである。

西田は天皇機関説事件そのものよりも、このような事件を生ぜしめる時代の動きに、憂慮した。菊池の演説のあと、友人の堀にこう書いている。「美濃部氏〔、〕実に気の毒なり〔、〕将来〔、〕公法などというもの〔、〕特に真の国史という如きものは研究ができぬ事になりはせぬか」(二一一二、堀維孝宛、昭一〇・三・二一)。

西田自身の皇室観が、天皇機関説とは本質的に別の次元のものだったこと、また学説としての天皇機関説も戦後の象徴天皇制にはまったくそぐわないことは、すでに述べた(本書一三一頁以下)。しかし、そういうこととは別に、「真の国史という如きものは研究ができぬ事になりはせぬか」という事態が、深刻だった。そして、西田の懸念は当たった。美濃部は二月二五日に「一身上の弁明」と題する演説をおこなって、「学匪」「謀反人」という非難に抗議し、「国家を代表して国家の一切の権利を総攬《そうらん》し給い、天皇が憲法に従って行わせられまする行為カ《が》、即ち国家の行為たる効力を生ずるということを言い現わすものであります」と、弁明した。それはその場では一応の効果があったようだ。しかし、この種の出来事が背後の「暗黒の力」で動かされている限り、それは学説レベルの問題ではなくなっている。陸軍・右翼による美濃部攻撃がはじまった。翌三月には、西田はこう原田熊雄に書いている。

「美濃部問題なども〔、〕新聞によれば陸軍が口を出しかゝる様《よう》なり、どうなる事やらと思《おも》わ れます〔、〕万事此《この》調子では国家前途の為〔、〕憂慮の至りに堪えませぬ」(二一一六、昭一〇・三・三〇)。

西田の憂慮は、不幸なことにことごとく当たっていく。ほどなく「国体明徴運動」が始まった。それは二度にわたる「国体明徴に関する政府声明」〔第一次は昭和一〇年八月三日、第二次は同年一〇月一五日〕を、綱要とする。美濃部が貴族院議員を辞職するのは、第一次声明のあとである。ふたつの政府声明の要点を記すなら、第一次声明にはこう述べられる。

「大日本帝国統治の大権は厳《げん》として天皇に存すること明かなり。もしそれ統治権が天皇に存せずして天皇は之《これ》を行使する為の機関なりと為すがごときは、これ全く万邦無比なる我が国体の本義を愆《あやま》るものなり。近時《きんじ》憲法学説を繞《めぐ》り国体の本義に関連して兎角《とかく》の論議を見るに至れるは寔《まこと》に遺憾《いかん》に堪へず」。

そして第二次声明では、「天皇は国家の機関なりとなすが如き所謂《いわゆる》天皇機関説は、神聖なる我が国体に悖《もと》り、その本義を愆《あやま》るの甚しきものにして厳に之《これ》を芟除《さんじょ》せざるべからず」。

第一次声明では、天皇機関説は「国体の本義を愆《あやま》る」となっているから、国家権力は学説に介入してはいるものの、まだ学説の正誤の判断にとどまっている。しかし第二次声明では、「厳に之《これ》を芟《さん》除《じょ》せざるべからず」となっている。「芟除《さんじょ》」とは、「取り除く」ことである。そうなれば、さらに「国定解釈」を立てることが、次のステップとなるであろう。言論弾圧は、この「国体明徴運動」をもって、さらにエスカレートすることになる。西田は、その懸念を抱いた。そこで第一次声明のすぐあと、山本良吉にこう記す。

「例の憲法問題〔、〕陸軍大臣などどうしようというのだろう〔、〕新聞にある様に〔、〕国定解釈というものでもきめようというのか〔、〕学者はどういう解釈をしたからとて〔、〕政治家や司法官は国策上不可とすれば〔、〕とらなくてもよいでないか〔、〕、学者には学問上十分の研究をさせなければ〔、〕将来真に学問上権威ある日本憲法の理論というものはできないと思う〔、〕ミノベ氏の説をよいと云うのではない〔、〕他の説がまけたのは他の学者が学識才能の足らざるによるのである」（二一四〇、昭一〇・五・一九）。

美濃部の著書『憲法撮要』『逐条憲法精義理』『日本国憲法ノ基本主義』の三冊は発禁処分となった。九月一八日には、美濃部は貴族院議員を辞職した。ただ特高警察の調べの結果は、不起訴処分となった。西田は、それに少し安堵する。「ミノベ一件もどうやら不起訴ということになりそうで〔、〕不幸中の幸とおもいます」（二一九七、原田熊雄宛、昭一〇・九・一八）。とはいえ、それはまさに「不幸中の幸」であって、大枠の「不幸」はさらに進行していく。

二カ月まえに西田が戸坂潤宛に記した言葉、「私と汝という如き関係だけで社会や歴史が考えられると思って居るのではない」（二一五四）は、西田の実感でもあった。「私と汝」は、一人称と二人称の人格的な関係であるが、暗黒の力が勃興する現実世界には、私と汝を取り巻く無数の三人称の「彼」がいる。それは時として、人格的関係を根こそぎにすることもある。西田はもはや、昭和七年（一九三二）の論文「私と汝」ではなくて、この「彼」を視野に入れた昭和九年（一九三四）の「弁証法的一般者としての世界」によって、現実世界を摑もうとしていた。それは、西田哲学が内面的な自己追求の宗教哲学という性格を維持したまま、社会や歴史の領域をも主題領域に取り込み始める、大きな展開の始まりだった。

天皇機関説事件のほとぼりが醒めやらぬ一一月に、現実の波は西田自身にも及んできた。「文部省の教学刷新というもの、委員になってくれとて教学刷新評議会、日本諸学振興委員会設置、講演〔、〕三辺〔三辺長治《みなべちょうじ》。当時、文部次官〕より再三懇願し来り〔、〕固く断りましたが中々思い切らず〔、〕それでは私は度々出る訳にゆかず且つ私は文部省と反対の意見を有するものだが〔、〕それでもよいかと云ったが〔、〕それでもという事にて話が定まりました様です」（一二・二九、山本良吉宛、昭一〇・一一・一〇）。

「教学刷新評議会」は、文部科学省のウェブページ『学制百年史　資料編』によれば、「特に昭和初期にはいって重大化してきた思想問題を背景として、〈国体観念、日本精神を根本として学問、教育刷新の方途を議し〉、教学の基本的な理念・内容について審議することを目的とするもの」となっている。明らかに国体明徴運動と平行し、全国に広がる学生社会主義運動の禁圧を教学として根拠づけようとするものである。西田はこういった方針には同調していない。「文部省と反対の意見を有する」と、彼は記している。

しかし、思想統制が国是となった体制のなかで、その反対意見を公に表明することは簡単ではない。西田は「これまで断っても先方が私の事情を承知というなら〔、〕この上断る辞柄《じへい》〔言い草〕もない様におもいます〔、〕まあ少し出て見て見込みなければ断る積りです」（同上）と述べてはいる。実際、西田は一度しか出席しなかった。しかし欠席はできても、委員を断ることはむずかしかったであろう。文部省側としても、西田の参加だけで十分だった。「それにしても佐藤（丑）〔佐藤丑次郎《さとううしじろう》〕や鹿子木

〔鹿子木員信《かのこぎかずのぶ》〕、紀平〔紀平正美《きひらただよし》〕（此等《これら》の人が学者顔するのもオコガマシイ）など〔、〕特に牧健二輩と肩を列するのは不愉快に思っています」（同上）と、西田は記す。西田が牧健二〔法制史の教授〕と佐藤丑次郎を嫌う理由は、調べるに到っていないが、鹿子木と紀平は狂信的な右翼である。その連中と肩を並べる委員会なのである。

もちろん、田辺元や和辻哲郎といった学者も入っている。「貴兄や田辺君などの出られるのは心強いが」（二二四五）と、西田は和辻宛に書いている。しかしやはり、「とてもあんな連中の中へ出て我々の意見が通るはずもなし〔、〕始《はじめ》からむだな事は分かりきって居るとおもいます」（同上）と、書かざるを得ない。このような不愉快で無駄な委員会でも断れないという状況こそが、本当の問題点だった。

『日記』には、昭和一〇年（一九三五）一二月五日の記事に、「午後一時半より文部省にて教学刷新会議」とある。第一回会議である。しかし同一二月一九日の第二回会議には、西田ははやくも欠席した。そして和辻哲郎に「十九日の教刷には御出席にや〔、〕あんな空漠な事を云って居る会に出た処が致方《いたしかた》もなし」と書いている。そして「狂平の日本教学の根本儀というものを見た〔、〕ダーウヰンの進化論も断然退くべき由」（二二六四、和辻哲郎宛、昭一〇・一二・二三）とも、記している。「狂平」とあるのは、紀平正美のことである。

西田は第三回総会も欠席し、その意見書が代読された。「我国ノ学問ハ基礎的研究ニ於テハ、未ダ幼稚ノ域ヲ脱セナイト思フ、今日基礎的研究ノ最モ盛ナ物理学トイヘドモ、未ダ一人ノ〈デイラック

〔Dirac, イギリスの物理学者、ノーベル賞受賞〕〉一人ノ〈ハイゼンブルク〔Heisenberg, ドイツの物理学者〕〉スラアルヲ聞カナイ、精神科学ニ於テハ、更ニ之《これ》ニ劣ルモノガアルト思フ。（…）」

この西田の意見書は、全文を前掲の拙著『京都学派と日本海軍』（本書一九九頁参照）に掲載した。この意見書は、西田幾多郎全集の旧版には収録されていなかったが、新版に到って（第一一巻）収録された。また、おなじくこの会議での田辺元の発言も、上記拙著に収載した。これは『田辺元全集』にも、また最近出た岩波文庫の『田辺元哲学選』第四巻（二〇一〇年）にも、収録されていないので、関心のある読者は、上記の拙著を参照されたい。この田辺の発言については、会議のメンバーでもあった中島健蔵の評を借りるのが近道であろう。中島は、ここでの田辺発言が、何も知らないものが読めば国体明徴論のひとつと思ってしまう文章であること、しかし当時にあっては真意は明瞭だったこと、そして、「このような会議の席上で発言することができた極限の一例」であり、このような発言内容そのものが当時にあっては「すでに大きな勇気が入用だったのである」ことを、述べている。中島健蔵『昭和時代』（岩波書店、一九五七年）一一三頁。

その後も西田は、山本良吉や和辻に宛てて、教学刷新評議会の無意味さを嘆いている。しかし現実社会では、しばしば理性的な論よりも無意味と思われる思想のほうが、力を発揮することがある。教学刷新評議会は「狂平」すなわち狂った紀平正美の側が、力を発揮し、国家主義的趨勢に則した教育体制を推進する力となっていく。

二・二六事件

以上のような諸動向が、ひとつの沸点に到ったのが、昭和一一年（一九三六）の「二・二六事件」である。この事件は、最初は口コミで伝わっていった。西田は、最初は家に来る御用《ごよう》聞きから聞いた。そして親友・堀維孝の書簡からも知った。こういった点にも、事件の特異性の一端が垣間見られる。西田は堀に、こう書いている。

「御手紙拝見、実に神人共に許さゞる残忍暴虐だ、フランス革命をも想起せしめる、私も昨日午後〔、〕家に来る御用《ごよう》聞きからその一端を聞き〔、〕何とも言葉が出なかった〔、〕／彼等はどんな事をしても世間には公表せられず〔、〕国民の批判も受けず〔、〕人を殺しても刑は二三年を出でず、ついに増長して何をし出かすかも分からぬ〔、〕全く国家の破壊だ／（…）此際《このさい》〔、〕断固たる処置を取るものなくば国家前途は全く暗黒だ〔、〕然るに何処からもそういう力が出そうな所がない〔、〕国民は実に馬鹿だ〔、〕今日〔、〕昔と違い外国もあることなれば〔、〕実に日本の危機だ〔、〕日本もどうなる事であろう」（一三〇二、堀維孝宛、昭一一・二・二七）。

おなじ日に、西田は西谷啓治宛の書簡で、次の一行を追伸で記している。「西谷君〔、〕東京では大変な事が起《おこ》りました」（一三〇〇、昭一一・二・二七）。京都に住む西谷にとって、この「大変な事」の第一報は西田の書簡だったかもしれない。

なお、堀維孝宛の書簡で、「彼等はどんな事をしても世間には公表せられず〔、〕国民の批判も受けず〔、〕人を殺しても刑は二三年を出でず」とあるのは、明らかに五年まえの「五・一五事件」の顛《てん》末《まつ》を指している。この事件を謀った軍人たちへの刑が軽かったからである。今日では、このことが「二・二六事件」の誘因のひとつという見方があるが、西田は当時において、すでにそう見ていたのである。しかしこの事件は、繰り返して言えば、千五百人近くの正規軍が動いたという意味で「五・

一五事件」とは規模を異にしていた。事件の経緯も、鎮圧まで四日を要している。

クーデターを担ったのは、陸軍皇道派の将校たちだった。だからこのクーデターの失敗により、皇道派は大きく後退し、統制派が軍部内部の指導権を握ることになる。しかし失敗とはいえ、高橋是清《これきよ》蔵相と斎藤実《まこと》内大臣が殺害され、鈴木貫太郎侍従長が重傷を負った。側近の内大臣を殺され、侍従長が重傷を負うに到った昭和天皇の怒りが、軍隊同士の衝突を恐れて事を隠蔽しようとした陸軍の意向を、断固として斥ける一因になったことが、種々の史料で伝えられている。戒厳令が敷かれ、反乱軍鎮圧の体制が取られ、四日後に将校たちは投降した。

しかし、「断固たる処置を取るものなくば国家前途は全く暗黒だ」との西田の懸念は、半分は当たったが、半分は外れた。まずは陸軍刑法の定めで反乱罪と断定された多くの将校たちが、死刑となった。将校たちに強い影響を与えた、日蓮宗に帰依する右翼思想家、北一輝も死刑になった。ただ、この「断固たる処置」は統制派による皇道派粛正という一面もあった。そして統制派がその後、対米戦争に向けて日本を引っ張っていくわけだから、「国家前途は全く暗黒」という方向は、西田の懸念のとおりとなっていった。もともと皇道派は、満州に問題の焦点をしぼり、ソヴィエト連邦の南下を事前に阻止することを主張していたが、統制派は英米を主なる敵とみなしていた。だから後の対米戦争は、統制派が主導権を握ったときからある程度、不可避になっていたとも言える。反乱軍鎮圧の三日後に、西田は堀維孝にこう書いている。

「いづれにしても［、］今後の日本は軍部が中心となってゆくだろうとおもいます」（一一三〇三、昭一一・三・二)。

しかし西田は、八日後にはすこし我にかえって、弟子の下村寅太郎にこうも書いた。「徒《いたず》らに憤慨しても致方《いたしかた》なし〔、〕我々は静かに落着いて日本に立派な思想を構成する外にないとおもいます〔、〕それはいつか光を放つでしょう〔、〕真なるものこそ真の力とおもいます」(二三〇六、昭一一・三・一〇)。

そして、こう付け加えている。「群論の事〔、〕考えて見れば見る程〔、〕面白いものかと思います／生物現象というものも弁証法的一般者の世界として群論的なものでしょう」(同上)。

「群論」とは、数学で「集合論」の延長上に展開される理論である。本書では説明は省かざるを得ないが、西田は自分の「場所」の構造を、そして「弁証法的一般者としての世界」を、群論によって数学的に説明できると考えていた〔これについては、拙稿「群論的世界——西田哲学の「世界」概念」(『思想』第八五七号、一九九五年一一月、五六―七〇頁。仏訳 La théorie des groupes et la notion de monde chez Nishida, in: Logique du lieu et oeuvre humaine, sous la direction de Augustin Berque et Philippe Nys, Edition OUSIA, Bruxelles, 1997, S. 78-106.)で、あらましを述べた〕。西田の思想は、昭和九年(一九三四)の論文「弁証法的一般者としての世界」によって画期をなし、群論を論理的骨格としつつ、社会や歴史、ひいては宗教の問題を、取り上げるものとなる。もちろん、そういった「真の力」が、「暗黒なる力の勃起」のなかで妨げを受けずに育まれていくのかどうかは、予断を許さなかった。上記の下村宛の手紙は、こう締めくくられている。「昨日東京へ行って見たが〔、〕静かな様だがまだ戒厳令をとかない［、］何かいろ〳〵のものがまだ隠れて居るのではないかと思います」（同上）。

実際、いろいろのものが隠れていた。そしてそれは、やがて噴出し始める。否、噴出はもう始まっていた。ただし、まだまだ初期の段階である。後の破局を照準とするなら、「二・二六事件」でさえ、まだ初期の段階である。本書で言う、西田の「黒板を去って（上）」の時期は、この初期の段階までである。

第四章　黒板を去って（下）（一九三六―一九四五）

第一節　人生軌跡「ぶつかるまで何処《どこ》までも」

「散歩」のある日々

ここまでの記述は、西田の「書簡」を主軸にしてきた。ここからは、しばらくのあいだ西田の「日記」に主軸をシフトしたい。「日記」には「書簡」とは違う史料性格があることは、すでに「序」でも記したが、そこでまだ触れなかった違いが、さらにある。すなわち、日記の記述は同一の人間の日々の生活記録であるから、連続性に貫かれている。「通読」するとき、種々の人生区間の傾向が、おそらくは本人も気づかない仕方で際立ってくる。そのひとつの例が、西田における「散歩のある日々」である。その人生区間は、昭和六年（一九三一）秋から一八年（一九四三）秋までである。

この区間が、山田琴と再婚してからの安らぎの一二年間だということを知るとき、読者は深く合点するであろう。前出の上田久『西田幾多郎の妻』（本書七〇頁参照）に、「その頃の祖父は、例によって午前中勉強、午後昼寝、夕方散歩ときまりきった生活」だったとあるが（同書、五七頁）、「その頃」とは「再婚後」を指す、ということを看過してはならない。ちなみに西田の日記において、「散歩」の文字はもちろん最初期から散見される。しかし人生区間そのものを特色づける仕方で登場するのは、上記の一二年間である。散歩のある日々は再婚とともに始まり、太平洋戦争の戦局悪化で市民生活が非常事態となるまで、つづいた。

「日記」記述に沿って、このことを見てみよう。西田が定年退官した昭和三年（一九二八）には、散歩の記述は一度もない。翌四年（一九二九）にも無い。むしろ、家に籠《こも》る記述が目立つ。再婚の相手との出会いを予感するかのような「待つ人のあるにあらぬを…」の歌（本書一四八頁）が詠まれたとき、次の歌がつづいていた。

あこがれの心たゆたふ雨さはり家こもりせし春の夕は

そして同じ月の一六日の日記に、もう一首。

あこがれの心わりなし外に出です一日暮せし春の夕は

西田は、いまだ現れない「待つ人」への「あこがれ」を、家にこもって胸に暖めていた。もちろんそれは、「場所」の考えが開けて、思索にふける日々でもあった。だから六月六日の日記には、こんな歌も出てくる。

彼《か》の椅子により［て］物かき此床《このとこ》に入りて夜はふす《伏》日毎《ひごと》〳〵

この歌のあと、昭和四年の日記は年末までの半年間、記述がない。思索に耽《ふけ》って、日記帳を開くこともしなかったのだろうか。昭和五年（一九三〇）に到っては、二月しか日記記述はない。例外として三月一日の記述があるが、その二月の記述も、「no smoking」［禁煙］の決心の繰り返しと、来客名の記載だけである。禁煙の決心はまたしても空しくくずれ、「two cigarette［s］」［二本］とか「one cigarette」［一本］とかの、英語で記した記述がつづく。「日記」といえるほどの内容ではない。

ようやく昭和六年（一九三一）の二月一一日になって、「天野［天野貞祐《ていゆう》］の所まで散歩」とある。それ以前の最後の散歩記事は、昭和二年（一九二七）三月二六日で、ただ「散歩」とある。実に四年ぶりの再登場である。西田のなかに、ある種の「気」が動いていたのかもしれない。事実、その翌月に、再婚相手の出現を予感するかのような「春や来し春来たるらし鶯の…」の句（本書一五六頁）が詠まれた。そしてこの年の九月七日、西田は「きょう津田氏別荘にてはじめて山田［琴］に逢う」こととなった。

九月末に西田は山田琴に手紙を送り、琴との文通がはじまった。それに呼応するかのように、一〇月には、一〇日と二一日に「散歩」。一一月には「散歩」の文字は出てこないが、娘・静子をつれて博物館に鳥羽僧正の絵巻物を見に行く記事が、二七日に出てくる。西田においては、珍しい記事でもある。琴との文通で、気分が高揚していたことが、窺える。そして再婚が成就した一二月、大晦日の前日に、西田は「琴と住吉にゆく」。住吉とは、次男・外彦夫婦が住むところである。

かくして西田の「新婚」が始まった。それは「散歩のある日々」の始まりでもあった。年が明けて昭和七年（一九三二）一月二一日、「ランケーと農大《のうだい》散歩」。これは京都である。四月から一一月までは鎌倉の家で過ごすが、鎌倉へ移って十日ほどあとに、東京でのそれまでの勤めの整理を済ませた琴が鎌倉の家にやって来た。そして四月二五日に、「建長［寺］の方より八幡へ散歩」。五月二日に浄光明寺と寿福寺など、鎌倉にある歴史人物の墓詣である。昭和八年（一九三三）は、五月七日の「午後琴と植物園へゆく」（これは日付からして京都）を含めて、「散歩」の記事が五回。まだ回数は少ないが、この年の日記は六月以降が欠けているから、一年間の回数ではない。鎌倉での仮住まいから、自分の家を極楽寺地区で得るのが七月だから、転居にともなう負担で記事が欠けたのかもしれない。しかし昭和九年（一九三四）から昭和一二年（一九三七）にかけては、鎌倉であれ京都であれ、散歩は月に一回ないし二回の、定期的な記事となる。時には「琴と疎水に沿うて円山に到る大散歩」（「日記」昭一二・四・一〇）となり、六月のある日曜日などは、「午後［、］高雄口にて電車を下り［、］静かな山中の舗道を通って嵯峨の方へゆき［、］広沢池［、］大覚寺［、］大沢池［、］釈迦堂の辺を散歩して帰る」

（「日記」昭一二・六・二〇）、となる。この年の一二月になると、一〇日、一七日、二二日、三一日に「散歩」したほか、「赤山神社に参詣」、「妙心寺の方へゆく」といった記事が出てくる。散歩に行かない週はない。

この現象は、どのように続いただろうか。昭和一三年（一九三八）も、散歩記述は頻繁だ。一月だけで実に六回。そのあとは合計一一回。「琴〔〕静〔静子〕と一乗寺より修学院散歩」（「日記」昭一三・四・三〇）といった風に、ほとんどは琴と一緒だったと思われる。昭和一四年（一九三九）は、一月に四回、四月には実に七回、五月には、琴との外出を散歩に数えるなら一四回、六月も四回、七月以降も合計二〇回。昭和一五年に到って、前半の八回は、それまでと同じペース。

御進講を終えて
（昭和16年［1941］1月23日）
西田70歳，金子武蔵宅にて
（燈影舎提供）

しかし翌年九月から一時期、散歩の記事が途絶える。西田は「痔」になって、歩けなくなったからである。

寸心もしりの病でげばはいた今日《けふ》の天気に内にぐづ〳〵

痔が完全に剥落するのは、一二月一七日。剥落したあとも、しばらくは動けない。ちなみに、この「痔」のために、西田は一一月に受章した「文化勲章」の授章式に欠席せざるを得なかった。「優渥《ゆうあく》なる思召《おぼしめし》の勲章授与式に出頭するを得ず〔、〕如何致してよろしきや迷い居ります」（三三一九、木戸幸一宛、昭一五・一一・一一）。

やっと散歩を再開したのは、昭和一六年（一九四一）の一月三日。「北野《の》辺《べ》散歩」と。久しぶりだったであろう。しかしながら、回数はすこし減って、ちょっとした外出を含めて合計六回。そして昭和一七年（一九四二）一月にはリウマチにかかり、痛い指マッサージ治療に妨げられて、散歩はまたしても途絶える。

　我が指は氷の如く固まれり春は来れどもとけるさまなし

指が動くようになって散歩をも再開するのは、昭和一八年一月からで、一月だけで三回。しかしこの頃になると、散歩を妨げる別の重大な状況が到来していた。すなわち病気は治ったものの、時局があまりに緊迫して、散歩する気分ではなくなりつつあったのだ。

昭和一八年（一九四三）の一〇月に、「晴れ〔、〕天気よし〔、〕鵠沼《くげぬま》まで行く」（一月二二日）と記されたあとは、一九年（一九四四）には散歩の記事は一度もない。二〇年（一九四五）二月一八日になって、連日どこかの都市で烈しい空襲に見舞われるなか、やっと一度、「行合《ゆきあい》まで散歩」とある。これが最後の散歩の記事である。

空襲は、西田の住む鎌倉近辺をも襲うようになっていた。すでに前年の暮れ、「こんな状態だと〔、〕とても電車などに乗って外出はできぬ〔、〕何時《いつ》とめらるかも知らぬ」（四二七三、堀維孝宛、昭一九・一二・三）。昭和二〇年二月の「行合まで」の散歩が、どういう時間帯になされたものかは分からないが、その日は「好晴」とあるから、西田も空襲下ではあれ、「散歩」をする気になったのだろう。「散歩」は誰でもする平凡な行動である。いちおう、そう言えるであろう。しかし、そう自明的にいつでもできる行動ではない。たとえば生まれて、呼吸して、死ぬことは、生を享《う》けた者なら誰もがくぐる共通の生命現象であるが、立って「歩く」となると、すでに誰もが享受できるものとは言えなくなる。病いや怪我や老齢で歩けない人は、世の中には沢山いる。まして、単に歩くだけでなく「散歩」するとなると、すでに希少価値すらある。たとえば健康であっても生活に追われている人には、散歩の暇は無い。そしてまた、そもそも散歩するのに適した道があることも、不可欠の条件だ。社会や国家の情勢の安定という、平和時にはあまり意識しない基本的条件もある。治安が悪くて外に出られないという地域は、日本では珍しいだろうが、世界各地ではむしろそのほうが当たり前という地域が、いくらでもある。

社会情勢という観点でなおも付加するなら、西田において、「痔」と「リウマチ」が治っていちおうの健康がもどったあと、西田とその弟子や友人たちへの、右翼国粋主義者からの攻撃は激しさを増し、散歩の気分は日常生活からさらに後退していく。「本田等とかという判事来訪〔・〕上田の知人というが〔・〕少し妙」(『日記』昭一八・九・一二)、「鎌倉の警察署長〔・〕見舞に来る」(『日記』昭一九・四・一)といった、当局の監視が、直接に身辺に及び始めていた。国家情勢という点でも、戦局は単なる緊迫といった程度を越えて「空襲警報」が出る状況となっていた。「雨　警戒解除　入浴」(『日記』昭一九・六・二〇)。陸軍や海軍の関係者の来訪が頻繁になり、時局への西田の憂いは深まる。やがて、「疎開」を考えるほどに空襲ははげしくなっていった。「散歩のある日々」は、さまざまの要素の複合で、西田から遠ざかっていった。

逆に言えばこのことは、西田において昭和六年（一九三一）の秋から一八年（一九四三）の秋まで、散歩ができるような安寧《あんねい》がいちおうあった、ということである。琴と一緒の生活が、その安らぎの基盤だった。西田の散歩道のひとつは、いま「哲学の道」として、京都の銀閣寺から岡崎までつづいている。「散歩のある日々」は、いま、どれほどの我々の生活に残っているだろうか。これは現在の我々が自分に尋ねてもよい問いである。

近衛文麿幻想

「散歩のある日々」よりもっと長いスパンで、西田の「日記」から西田のある人生区間を通観してみよう。それは、ひとりの人物名をともなう区間である。人物の名は近衛文麿。近衛は、三次にわたって（昭和一二年、一五年、一六年）内閣を組閣し、戦後に戦犯裁判を受けることとなり、極東国際軍事裁判が行われていた巣鴨拘置所に出頭する前夜、昭和二〇年（一九四五）一二月一五日に服毒自殺をした。

この人物は、明治二四年（一八九一）、公爵・近衛篤麿《あつまろ》の長男として生まれ、一高（第一高等学校）の英文科に入学した。貴族の家に生まれて一高に入学した秀才という点で、男爵・九鬼周造と共通している。九鬼より三歳若く、九鬼とおなじく貴族的風貌をもち、おなじく長身である。組閣時に閣僚が階段にならぶ写真を見ると、背後の一段上の階段に並ぶ閣僚たちと頭の高さがあまり変わらないから、一メートル八〇センチは優に越していたであろう。背丈など、どうでもいいことかもしれないが、繰り返して言えば、伝記とは、どうでもよいことが意味を形成する領域である。

一高を出たあと、東京帝国大学哲学科に進んだ点でも、近衛は九鬼と共通している。ただし入学後、近衛は東大哲学科に失望して、京都帝国大学法学部に転学した。そして、京都帝国大学文学部に転任したばかりの西田の講義にも、顔を出すようになった。これが、西田と近衛の長い交わりのきっかけである。そして、西田を政界とむすびつけた運命線の始まりである。

九鬼が哲学の道を選んだのに対して、近衛は政治の道を進んだ。後に蓑田胸喜《みのだむねき》は、自らの著『学術維新』のなかで「西田哲学と近衛公」という一文を草し、このことを取り上げた。「青年時代に〈世の中で一番高尚なもの―哲学者〉たらむとした近衛公が〈一番俗悪なもの―政治家〉になつたといふことは、皮肉など、評し去るべき個人的問題ではない。こゝに現日本の思想的重大問題が象徴されてゐることを思はねばならぬ」と、書いている［蓑田胸喜「西田哲学と近衛公」（『学術維新』原理日本社、一九四一年）、四五六頁］。

近衛文麿
（昭和16年［1941］7月18日）
第3次近衛内閣成立時の記念写真。
最前列が近衛
（毎日新聞社提供）

蓑田の『学術維新』は近衛の第三次位近衛内閣の組閣の年（昭和一六年／一九四一）に出たから、この狂犬のような男は、時の政界の首相に対しても牙をむきだしていることになる。陸軍右翼を背景にしていたとはいえ、彼の「思想戦」もまた、利害得失から離れた狂気の純粋さをもっていた。そしてその純粋さは、政争のなかで妥協と変節を繰り返す近衛に対しては、許せない感情となったようだ。西田は、蓑田に対しては警戒を怠らず、何よりも、相手となることを避けた。しかし近衛には、後述するように、失望しつつも交わりは断たなかった。

若干二五歳で世襲公爵議員として貴族院議員の資格を得た近衛は、二七歳で「英米本位の平和主義を排す」という論文を雑誌『日本及び日本人』に発表し、二八歳のときに第一次世界大戦のパリ講和会議（一九一九）に陪席した。そしてその翌年に『戦後欧米見聞録』（大正九年／一九二〇）を刊行し、三一歳で講演「国際聯盟の精神」（大正一〇年／一九二一）をおこなって、国際聯盟を支持した。三四歳のときに刊行した『上院と政治』（大正一三年／一九二四）は、ファシズム反対の立場から政治改革を論じたものである〔以上の年譜的叙述は、矢部貞治『近衛文麿』（時事通信社、一九五八年）に付された「略年譜」に、もとづいている〕。第一次近衛内閣を組織したときは、まだ四七歳。第三次近衛内閣のときでも、まだ五一歳。その四年後に服毒死をしたときは、五五歳だった。五三歳で死んだ九鬼周造より、ほんのすこし長く生きたとはいえ、やはり壮年の盛りのときの死だった。

近衛は若い頃にオスカー・ワイルドの「社会主義下の人間の魂」を『新思潮』に翻訳掲載して、発売禁止に遭っている。体質的には、もとは反ファシズムで国際聯盟支持のインテリ・リベラル派だった。しかし後の第二次近衛内閣（昭和一五年七月二二日―一六年七月一八日）のときには、ファシズム国家の共同戦線とも言うべき「日独伊三国同盟」を締結し、ファシズム推進機関となった「大政翼賛会」を発足させている。

近衛に関して、西田の「日記」から見えてくることがふたつある。ひとつは、西田と近衛の交わりの長さ及び親密さである。そしてふたつには、この交わりを通して浮かび上がる、当時の状況下での西田の姿勢である。

近衛文麿については、前掲の拙著『京都学派と日本海軍』、第一部の二「近衛文麿」（九三―一〇二頁）に、少し述べたことがあるが、そこでは西田の「日記」から浮かび上がる「西田と近衛」の関係には、ほとんど触れなかった。なお、西田との関係における近衛の人生経歴等については、『西田幾多郎全集』「新版」第一七巻「人名解説と索引」（竹田篤司編）での、「近衛文麿」の項目が、詳細にして要を得ている。

西田の姿勢と、京都学派の学者たちが後に海軍との協力関係をバックにして、陸軍極右と理念を異にする言論活動を、時に雑誌で、時に秘密会合でおこなったこととは、当然のことながら無関係ではない。

西田の日記を通観すると、近衛の呼び方は「近衛」、「近衛君」から、やがて「近衛公爵」に変わる。しかしまた、「近衛君」「近衛」の呼び方にもどるときもある。そのときどきの呼び方に、そのときの状況と心境が映る。

近衛の名前が最初に「日記」に登場するのは、大正元年（一九一二）、一一月二一日である。「夜［、］白川村の旧学習院学生の会合に行く［、］来会者近衛、木戸、織田、赤松、第三［第三高等学校」の学生（小島）、及び上田、原田」。この記述のなかに登場する人名は、学習院時代の旧師・西田を囲む「学習院グループ」である。そして同時に、昭和一〇年代を通じての日本の政局に深く関わって、西田がそれを通して政局の中枢とパイプを得る人脈でもある。だから、簡単な解説をしておきたい。

「木戸」とあるのは、木戸幸一（一八八九―一九七七）。木戸孝允《たかよし》の孫で、世襲侯爵として、やはり貴族議員となる。第一次近衛内閣では文部大臣と厚生大臣を兼ね、昭和一五年（一九四〇）には内大臣となり、天皇に最も近い側近となった。戦後はA級戦犯となる。また「織田」とあるのは、織田信恒《のぶつね》（一八八九―一九六七）。信長の後裔である織田家の養子となり、子爵の位階を継いで、近衛とおなじく世襲貴族議員となった。「赤松」は、男爵赤松家の五男赤松小寅《ことら》（一八九〇―一九四四）で、内務官僚。「上田」は、学習院中等科で近衛と同級だった上田操（一八九〇―一九六四）で、西田の長女・弥生と結婚。そして「原田」は、公爵・西園寺公望の秘書、原田熊雄（一八八八―一九四六）。明治四四年（一九一一）に男爵の位を継いでいる。

このなかで、特に近衛、木戸、原田、織田の四人の若い貴族たちは、西田を囲む四人グループとして、後に西田と政界の中枢を結ぶ人脈ともなった。これらの名前は西田の日記に、時として政治に関与する会合で頻出する。しかし、政治にかかわる以前から、西田と近衛の交わりは緊密で優雅だった。「夜［、］近衛方に行く［、］音楽をきく［、］織田、木戸来会」（大二・二・三）。「夜［、］近衛及び織田の音楽会に行く」（大二・三・六）。当時にあって、自宅で音楽を聴くというのは、まちがいなく裕福で知的な階層に限られていたであろう。

この年は「近衛来る」の記事が何度も日記に登場するが、一一月に入って、「近衛」が「近衛君」に替わる。西田が日記のなかで「君」を付けるのは、大体は親しい同僚ないし友人であって、弟子筋では相当に成長して大物となった相手だけである。まだ二十歳代前半の若い人にこの呼称を付けるのは、すでに例外的である。「近衛君〔 〕新夫人と来る」（大二・一二・一）の記事は、新夫人を西田に紹介するほどに、近衛と西田が親しい交わりになっていくことを、示している。そして近衛が公爵となった二年の後には、「三時より内藤君〔内藤湖南、西田の同僚〕近衛公爵方に至り〔 〕道風〔小野道風〕、行成〔藤原行成〕などの書を見る」（大六・二・一二）。

ここで呼称は、「近衛公爵」となった。文学部の教授ふたりを招いて、所蔵の国宝級の書を見せることが出来るのは、若くても五摂家の筆頭に位する近衛家の公爵ならでは、のことである。

西田の方から近衛に書簡を送っていたことは、日記から確かめられる。「得能《とくのう》、近衛、溝渕へ手紙出す」（大七・二・一三）等の記事がある。しかし現存の西田の書簡集には、近衛宛の書簡は一通も含まれていない。三木清の場合とちがって、西田の近衛宛書簡が戦中・戦後の混乱のなかで紛失ないし廃棄されたとは、思えない。今も近衛家の系統のどこかで、所蔵されているのではないかとも思うが、照会や調査をするには到っていない。後年に西田が近衛に送ったと日記から判断される書簡（昭一二・六・八、昭一二・九・一三、昭一五・七・一四）は、当時の人物往来の脈絡と国内外の情勢からして、まちがいなく時局に関する西田の提言を含むであろう。もし発見されたら、重要な史料となるであろう。新版の西田全集の書簡は、鈴木大拙宛（本書二〇頁参照）も含めて、なお補完の余地がある。

なお、西田のほうから近衛家を訪ねる、という図式だけがあったのではない。近衛のほうも西田を訪ねて、「午後〔、〕近衛公爵来訪」（大六・六・一）といった記事になることが、何度もある（大一二・四・二七・昭六・四・二二、他）。

近衛と会うことは、他の「学習院グループ」の面々と会うことと、しばしば重なった。この人物たちが次第に重要なポジションを得るにつれ、彼らとの会合は、昔の師弟の懇親会ではなくなって、時局についての意見交換の性格を帯びていったと、思われる。たとえば「近衛君の宅にて木戸〔、〕原田〔、〕織田と会食」（昭八・三・二四）したときは、日本の国際聯盟脱退の詔書発布の三日まえ、五・一五事件の翌年である。そして、「正午〔、〕原田宅にゆく〔、〕来会者〔、〕近衛〔、〕木戸〔、〕、織田〔、〕赤松小寅」（昭九・九・二五）。この記事は、近衛の訪米の直後である。だからこの記事は、近衛の帰朝の祝いだったかもしれない。しかし、それだけでもなかったであろう。この前月に、戸坂潤が法政大学を思想不穏の理由で免職となっていた。文部省の文教政策にきわめて批判的だった西田が、六月に文部省による「思想局」の設置と連関し、学習院グループの貴族たちに、特に貴族院議長をしていた近衛に、時局についての自分の意見を語らないわけがないと思う。

推測だけでは無根拠の誹《そし》りを受けるだろうから、ある書簡を引用しよう。少し長くなるが、そして四年後の書簡になるが、是とされるだろう。近衛はこのとき、すでに首相になっている。

「近衛君の事〔、〕今〔、〕世人が同内閣に期待している事の幾分にても〔、〕若《も》しできなければとにかく〔、〕近衛内閣はこういう方向（世人が望んでいる様な方向）に努力したと云うことだけでも〔、〕残してほしいとおもいます〔、〕今日陸軍のロボットになるならいくらでも人があり〔、〕又誰でもなれますから〔、〕あまり一方の勢力にひきずられて醜体を演ぜない様〔、〕それのみ祈っています〔、〕それにしても困るのは安井という文部大臣ではないかと思うがいかゞ〔、〕あの人は平泉〔平泉澄《きよし》、皇国史観を唱えた史学者〕に師事して居る由〔、〕従来文部のやり方というものはこれまで西洋に馳せ過ぎたから〔、〕今度は固陋《ころう》な日本主義者たちを中心としてやればよいという如きやり方にて〔、〕世界に乗り出す将来の日本の文教をいかにすべきやについて確乎《かっこ》たる方針を有するにあらず〔、〕今の文教審議会とかに集めた様な学者〔、〕（軍人はとりわけ）を中心として〔、〕将来の日本の文教の方針が立つものか〔、〕いかに〔、〕（…）折角《せっかく》今一般に近衛内閣について行為と期待を有《も》って居るが〔、〕唯〔、〕文教の点に於ては失望して居ると思うので御座います」（二五一八、原田熊雄宛、昭一二・六・二三）。

西田は文教政策の是正を望んで近衛に期待し、働きかけもした。それは、やがて近衛内閣の文相となる木戸に対しても、なされた。しかし、やがて西田は近衛に失望し始める。すでに上記の書簡で、「〔近衛が〕あまり一方の勢力にひきずられて醜体を演ぜない様〔、〕それのみ祈って」いると書かれているから、西田は近衛に最初からそれほど信頼していなかった節もある。しかしそれでも、西田は、首相・近衛と後の文相・木戸に自分の意見を伝えて、多少の影響を及ぼし得ることを、願った。もちろんそれは簡単ではなかった。一年後の日記には、こう記される。

「夜〔、〕原田方に行く〔、〕近衛〔、〕木戸と会食の筈なりしが〔、〕宇垣〔宇垣一成《かずしげ》、当時外相〕辞職事件にて両人来らず〔、〕織田〔、〕西園寺と会食〔、〕夜遅く帰宅」（昭一三・九・二九）。

翌日の書簡では「実は先日来〔、〕近衛〔、〕木戸と二九日原田君の宅に会し晩餐を共にする約束をしていた」が「新聞にてご承知の如き次第にて両君共多忙を極めその暇が御座いませんでした」（二八五二、小島祐馬宛、昭一三・九・三〇）、となっている。

この日記および書簡の背後には、ちょっとした政権内部の動揺があった。この会食予定日、近衛内閣の外相である宇垣一成が外相を辞任したのである。辞任の本当の理由はいまも十分には解明されていないようだが、日中戦争をめぐって近衛と宇垣とのあいだに意見のちがいがあったことは、ほぼ確かである。近衛はこの年の五月に内閣改造をおこなって、宇垣を外相に据えた。しかしすでに始まっていた日中間の紛争で「ここでの「中国」は、毛沢東が率いる共産党政府の中国ではなくて、蔣介石が率いる国民党の中国である」、近衛は「爾後《じご》国民政府を対手とせず」という、後にいろいろ批判される近衛声明を出した。その結果、日中間はすでに泥沼化していた。宇垣はこの声明の制約を批判して、声明の取り下げを求めていた。しかし近衛は、声明を維持しようとした。かくしてこの日に起こった「宇垣辞任」事件となる。それは近衛内閣にとっても、大事件であり、近衛はとても西田との会食に来ることなど、出来なかった。お流れとなった近衛との会食のほぼ二週間後、西田は旧友・堀に宛てて、こう書いている。

「どうもだんく〵世の中が変って行く〔、〕近衛君にも何の期待ももてなくなった」（二五九四、昭一二・一〇・一二）。

それまで近衛に淡い期待を抱いていた西田は、案の定「陸軍のロボット」と化しつつある近衛への失望を、表明する。しかしこのとき、一般大衆レベルにはまだ「近衛幻想」が根強かった。そのことが、第二次・第三次近衛内閣の組閣につながっていく環境要因でもあっただろう。

近衛幻想が生じた背景には、近衛の飛び抜けた血統の良さと、背丈および風貌と、若い頃の反ファシズム国際派のスタイル等が、あったであろう。それは裏を返せば、陸軍が推進する軍部政治やファシズムの横行に対する一般国民や良識派の、近衛への期待感があったということである。しかしながら昭和史を振り返ると、近衛の登場によって右傾向の路線がさらに加速したという面はあっても、是正されたという形跡は、ほとんど無い。第一次近衛内閣（昭和一二年六月四日―一四年一月五日）のときには、国家総動員法が成立し、東亜新秩序声明が出されて、いわゆる「大東亜共栄圏」の理念が掲げられた。第二次近衛内閣（昭和一五年七月二二日―一六年七月一八日）のときは、すでに述べたように日独伊三国同盟と大政翼賛会が発足した。以前の「反ファシズム」や国際的知見の姿勢は、どこにも見当たらない。この第二次近衛内閣は、対米強硬論者の外務大臣・松岡洋右《ようすけ》を罷免するための、形式だけの内閣総辞職をおこなった。第三次近衛内閣（昭和一六年七月一八日―一六年一〇月一八日）は、実質的には第二次内閣の続行である。しかし松岡を罷免しても対米交渉は進展せず、まして主戦論者の東条英機には抗しえず、第三次内閣は三カ月の短命に終わった。そのあいだに、対米開戦のレールは敷かれた。

近衛自身は対米戦争の遂行を無理と考えて、主戦論を押さえきれずに辞任した。戦局が悪化してからは戦争終結に向けての動きを疑われて、監視されてもいる。だから戦争責任という点では、同情すべき点もあったかもしれない。また陸軍の強大な圧力のもとでの政界にあって、近衛ひとりの意志ではどうにもならなかったとも言える。むしろ西田が近衛に抱いた期待のほうが、性急だった面もある。

しかし西田としても、ただ観覧席から近衛を叱咤激励していたわけではない。

西田の「街頭演説」

西田は西田なりに、危機意識に突き動かされて行動していた。近衛の第一次組閣の四日後には、「近衛、金子〔金子武蔵〕等へ手紙」(「日記」昭一二・六・八)を送り、同年九月には立て続けに二通も送っている(「日記」昭一二・九・一一、一二・九・一三)。そしてその翌月の九日には、日比谷公会堂の街頭演説会に出て、なんと、拡声器の前で街頭演説をおこなっている。「学問的方法」という演題だった。日記には「日比谷にて講演」とだけ、記される。

この街頭演説会は文部省「日本諸学振興会」の主催であって、西田は自分から日比谷公会堂に飛び出したわけではなかった。西田自身は、文部省の言う「日本精神」という語を、文部省の国粋主義的な方向とは逆の意味で語った。「それは何処までも学問的となることでなければならない(…)厳密なる学問的方法によって概念的に構成せられることでなければならない」(「旧」一二・三八七、「新」九・八七)。しかしその学問論は、文部省の方針と隔たるだけでなく、日比谷公会堂にあつまった聴衆とも、ミスマッチだったのではないかと思われる。西田の書簡のトーンから、そのことが窺える。「私も文部省から頼まれ〔、〕九日の晩〔、〕一寸話しますが」(二五八七、滝沢克己宛、昭一二・一〇・五)、といった程度で出かけたが、「九日の晩は閉口した〔、〕拡声器があったとは云え、あんな街頭演説は実に困る［、］あれは私の first and last［最初で最後］だ［、］極力学問というものを尊重すべきだと云うことを云ったつもりだ」（二五九四、堀維孝宛、昭一二・一〇・一二）と、書く羽目になった。

もっとも西田とて、日比谷公会堂という演説会の場所の性格を、まったく知らなかったわけではないであろう。やはりそれを知って、講演を引き受けたはずである。流布する一般の西田像からすれば、西田は書斎で眼鏡をかけて、ひとり黙然と思索に耽る哲学者である。そのイメージはまちがいではないが、他方で猛烈な「老《お》いらくの恋」をし、拡声器のまえで街頭演説をする熱い西田も、実像の一部なのである。演説する西田は、ナポレオンの侵入に抗して「ドイツ国民に告ぐ」の演説をした熱血の哲学者・フィヒテを、想起させる。

この演説会の翌日は、「原田［熊雄］へゆく［、］内大臣秘書［官長］松平［康昌］に逢う」（「日記」昭一二・一〇・九）とある。内大臣秘書官長と逢うからには、西田の関心事にむすびつくテーマがあったとみなければならない。まちがいなくそれは、日比谷公会堂での街頭演説と直結するような、学問をめぐる昨今の情勢と文科省の政策にかかわるテーマだったであろう。

この街頭演説会を主催した「日本諸学振興委員会」は、昭和一一年（一九三六）九月八日に文部省令によって、「日本精神の本義に基き我が国諸学の発展振興に貢献し、延《ひい》て教育の刷新に資《し》するの目的を以て」、設置された。この省令で、日本の文教政策のキーワードとして「日本精神の本義」が謳われている。あえてこの語をキーワードとして打ち出すところに、すでに文部省の国粋主義的な根本方針が窺える。

西田は日比谷公会堂の講演で、「哲学は政治を離れたものではない。併しまた政治は哲学を離れたものではない」と語った（「旧」一二・三九三、「新」九・九三）。しかし西田には、この言葉を特に主題的に展開する思索は見当たらない。主催者の文部省をすこし慮《おもんぱか》っての言葉だったと思われる。それでもこの言葉は、政治イデオローグの集団である「原理日本社」から、攻撃の対象となった。蓑田胸喜がこの表現を、皇道主義に照らしてなおも消極的であると非難したのである〔蓑田胸喜『学術維新』、三八四頁〕。もちろん西田は、その非難には応じていない。

西田はこの演説で、偏狭な国粋主義からの「日本精神」の解放、この精神が拠って立つべき土壌の普遍性、したがって日本精神が得るべき世界性、等々を説いた。それは「日本精神」という語がもつ大時代的なひびきを除けば、今日からみて、当たり前のことである。ただ、文部省の設置した委員会が依頼する講演で、文部省の国粋主義の基本方針と逆の考えを述べるということは、当時にあって、そう当たり前ではなかった。そのことを見ずに、この講演の表面的な言葉だけを追うかぎり、講演が持っていた意義は半分も伝わらないであろう。

たとえば、西田はこの講演のさらに翌年、昭和一三年（一九三八）に、京都帝国大学文学部で始まった月曜講義の第一回講師として「日本文化の問題」を講じた。これは翌年に岩波新書となったこともあって広く読まれ、今日でも海外を含めて西田の政治観を論じる上で、取り上げられることが多い。ただ、この月曜講義「日本文化の問題」は、大学内の講義であって、西田は比較的自由に語り得た。それに対して、文部省教学局主催の公開講演会は、文部省の主催だった。そこで文部省の方針とは反対の方向で「日本精神」を語るということは、時局への対応という点では、「月曜講義」よりも遙かに大胆な行動だった。この点を顧慮せずに、上記「月曜講義」と「日比谷公会堂演説」を単に時期的な連続性のゆえに文字面だけで比較するのは、すこし歴史的感覚が欠けるであろう。

木戸への期待と失望

西田の街頭演説会からしばらくして、木戸が近衛内閣の文部大臣となった。西田にとり、時の首相と文部大臣が、ともに自分の広い意味での弟子として親しく知る者となった。西田が文教政策の是正可能性を、弟子であり、政権トップでもある二人に期待しないわけがない。

「今日の新聞により〔、〕安井〔安井英二、第一次近衛内閣の最初の文相〕がやめて木戸が文部に入られたのを見〔、〕この上ない喜びと一種の安心を感じました〔、〕近衛君も早くそこへ気がつけばよかったと思います〔、〕木戸君なら安井など、違い〔、〕思想も進歩的にて学界も歓迎するだろうし〔、〕動《やや》もすれば一方にひかれがちの近〔衛〕君の最もよいアドバイザーとおもいます〔、〕（…）木戸君には〔、〕同君に暇があらば会って従来の文部のやり方や人について話して見たいと思うが〔、〕いかゞ」（二六〇二、原田熊雄宛、昭一二・一〇・二二）。

ギリシアの昔、プラトンは六〇歳にして新興国シュラクサイの皇子の教育を頼まれて、そこへ赴いた。自らの理念である「哲学者が王になるか、王が哲学者になるか」という「哲人王」を、実際の帝王教育に応用する機会に恵まれた。「哲学は政治を離れたものではない。併しまた政治は哲学を離れたものではない」と考える西田にとっては、そのシュラクサイのプラトンに比べてもさらに有利な状況が、到来した。

西田は、友人の堀にも（二六〇四）山本にも（二六〇六）、木戸の文相就任を喜ぶ気持ちを記している。ただしそれは、西田における近衛幻想の破綻と、表裏していた。木戸は「近衛よりは強くしっかりして居る」（山本宛、同上）から、「いろ〳〵の点でひきずられがち」の近衛（二六〇八、山本宛）の良きアドバイザーになるだろうと、西田は記す。しかし西田において再婚の話がもちあがったときと同様、ここでもすこし、木戸に思い入れをし過ぎた感がある。西田は政局というものが、トップの交代ですぐに方向是正し得ると、思いこんでいた節がある。当然ながら、西田は現実を少しずつ知らされる。

「木戸には今朝一寸《ちょっと》会いました（…）全く多忙の様子にて閣議前［、］少し時間をさき［割《さ》き］くれし次第にて十分《じゅうぶん》話すを得ず［、］（…）木戸も今文部に入りしまでにて文部の事はまだ分からず」（二六〇八、山本良吉宛、昭一二・一〇・二六）。「木戸に逢いましたが［、］あの男は我々と同じ様な考えだが［、］中々何もやれないと云っていました」（二六二七、堀維孝宛、昭一二・一一・一九）。

木戸のほうも、一国の文相をつとめる身として、いかにかつての師匠とはいえ民間の一学者である西田に、そう簡単に会える時間などなかったであろう。しかし西田は希望を捨てない。「木戸は近衛と違い［、］私などと大体同じ傾向のもの故［、］何か文部に対して云うなら［、］こういう時の外ないとも思うのです」（二六二八、和辻哲郎宛、昭一二・一一・一九）。

西田はあきらめることなく、木戸に書簡を送って、注文をつけている。「教学局時報第四号というものが参りまして［、］いろ〳〵の会に於ける尊兄のご挨拶を拝読いたしました［、］今日の時勢にて致方《いたしかた》ないのかも知れませぬが〔、〕私にはもっと雄大な進歩的精神の顕現があってほしい様に思うので御座います（…）今日は世界というが従来の如く抽象的概念的〔で〕なくreal〔現実的〕となったのだと思うのです」（二七一五、昭一三・三・一六）。

西田の性急な思い入れは、ひとつには暗い予感に突き動かされての危機意識のゆえでもあった。「私には何となく暗いUndercurrent〔地下流〕が流れ居るものと思われ」（同上二六二七、堀維孝宛）る。「何だか大きなUndercurrentがぐん〳〵流れて居る様です〔、〕いずれ押し流されることでしょう」（同上二六二八、和辻哲郎宛）。

この大きな地下流の流れに乗った文部省の傾向を、木戸がひとりで転換せしめることなど、もともと不可能だった。しかし、少なくとも何かしてくれるという期待を、西田は抱いた。当然ながら、西田はやがて木戸にも失望し始める。「木戸には次官をかえる事を〔、〕彼が大臣になるやすぐ尋ねて話したのですが〔、〕彼はだめです〔、〕唯あまり物事を荒立ない様にという考が強いので」（二七二一、山本良吉宛、昭一三・六・二一）。

この書簡の三カ月まえに、すでに文部大臣は荒木貞夫に交代していた。荒木は陸軍皇道派の軍人でもある。二・二六事件以後は皇道派はほとんど力を失っていたから、この派に属す荒木が大臣職を得ることは、すこし不可解に思われるかもしれない。事実、荒木は二・二六事件によって、他の多くの参加将校たちとおなじく予備役に編入された。ふつうならそこで栄転の道は塞がるはずである。しかし荒木は、なお政治的に生き残った。近衛の抜擢によるものかもしれない。そのあたりは分からないが、ともかく首相は依然として近衛であるから、西田はその荒木とも話をすることができた。

荒木との話の案件は、重要だった。京都大学・浜田耕作総長が死去したことを受けて、荒木が総長の選出を、学内の選挙ではなくて文部省主導のもとで行なおうとしていたからである。もちろん京大側は抵抗していた。西田は、文学部の三人の教授（小島祐馬・田辺元・天野貞祐）に、荒木との面談の経緯を書き記している。

「文部がいろ〳〵人選に干渉することはよくない〔、〕今日大学に自治的な制度のできたのは従来の経験の結果としてできたのである〔、〕特に近来の文部のやり方（右傾に媚びる如き）はよくない〔、〕人を正さんと欲するものは先ず己を正すのが〈大学〉の道ではないかと云いました〔、〕今の如き官僚の文部では大学は指導できない〔、〕文部大臣と云っても一年に三度も変わるでないかと云ったら〔、〕黙していました〔、〕（…）唯〔、〕選挙によって定めるということには妙にこだわるのである」（二八〇一、昭一三・八・八）。

この書簡は文末に「御一覧の上御火中」とある。しかしもちろん火にはくべられることなく、保管された。史料というものが、時代をくぐって生き延びるとき、史料成立の時点とまったくことなった意味を帯びるものとなることを、改めて痛感する。

西田は、文部大臣になった木戸が簡単に次官を罷免できなかったことに失望した。しかしいまは、交代した荒木文部大臣も「官僚の文部」の言うがままになっている。西田はそのことにも失望している。しかしその木戸と荒木をつぎつぎに文相に任命したのは、他ならぬ近衛である。その近衛は、時流に棹さすだけで、時流を変えようとする姿勢は皆無だった。

それでも諦めずに、西田は近衛と木戸のふたりに会う段取りを、またしてもすすめた（二八四六、小島祐馬宛、昭一三・九・二三）。そしてそれは、またしても空振りに終わった。「実は先日来［…］近衛［…］木戸［…］二君と廿九日［…］原田君の宅に会し晩餐を共にする約束をしていた」（二八五二、小島祐馬宛、昭一三・九・三〇）が、「両君共《とも》多忙を極め［…］その暇が御座いませんでした」（同上）。近衛も木戸も、国外にあっては日中間の関係のますますの悪化、国内にあっては国家総動員法の公布にともなう緊張のなか、西田の見識を聞く時間など皆無だったであろう。

もっとも近衛は、そののち時間を取ってくれた。ただし会ったあとに、かえって西田の失望が新たとなった。「近衛君には六月の末頃［…］京都に来りし時逢いましたが（…）近衛はどうしてあの様に安井を信任するのか」（三二四三、山本良吉宛、昭一五・八・四）。

近衛が右翼や軍人のロボットとして動くことへの懸念は、当たった。「近衛君の新体制も［…］中野正剛《せいごう》や橋本欣五郎という連中がリードする様では［…］何処へ持って行かれることか［…］官僚の弊どころではないではなかろうか（橋本の青年団などゴロツキの如きものの由）」（三二九四、山本良吉宛、昭一五・一〇・一二）。近衛が単に陸軍ロボットだったのか、それとも「近衛はどうもよい人物を使わないのでダメだ」（三四一九、山本良吉宛、昭一六・四・二）ということだったのか、いろいろに評価があるであろう。ただ、いずれにしても西田の失望は変わらない。

近衛に対する西田の幻滅は、新興国シュラクサイの皇子の教育を委託されて、「哲人王」の理念を

西田幾多郎（左）と木村素衛
（燈影舎提供）

現実化しようとシュラクサイに赴いたプラトンの幻滅と、似ている。シュラクサイの皇子は、哲学を解する人物ではなかった。それだけでなく、プラトンはシュラクサイの政争に巻き込まれ、一時は軟禁状態におかれて命の保証すらなかった。西田もまた、「原理日本社」に動かされた極右政権から危険視され、西田逮捕の動きすら出てくることになる。しかしこれについては、後述に委ねよう。

綺羅星の弟子たち（下）

すでに第三章で、西田の弟子たちの中から、久松真一、高山《こうやま》岩男《いわお》、三木清の三人の弟子たちと西田との交わりについて記した。ここでさらに、木村素衛《もともり》、高坂《こうさか》正顕《まさあき》、西谷啓治、下村寅太郎、の四人について、それぞれ西田との交わりを寸描してみよう。これらの弟子たちとの交わりの中に、西田の思想と時代が映るからである。

弟子たちのなかで最年長の務台理作《むたいりさく》に宛てて、西田はこんなことを書いている。「御手紙拝見、御手紙の如く高坂のは申すに及ばず〔、〕柳田ののも〔ママ〕相当と思います〔。〕若い人々が何となく腰ができて来た様《よう》に思われ〔、〕これから何物かゞ出るだろうと思います」（二六三一、昭一二・一一・二二）。

西田はこの書簡で、高坂正顕と柳田謙十郎の論文を賞揚している。柳田が戦後になって西田哲学からマルクス主義に転向すること、そしてこの書簡の宛名人である務台も西田哲学から離れていくことを、西田はこの時点では知る由もない。「黒板を去って」著述にいそしむ西田ではあったが、それだけに、弟子たちが学者として成長していくことに、西田は喜びを抱いた。それは、田辺元への失望が増大していくことと反比例していた。上記の書簡も、先に引用したように「田辺君の議論は精密だが抽象的にて〔、〕何だかいつまでもカント認識論の立場をはなれないで〔、〕歴史的世界というものに入ることはできまいと思われます」と、つづく。

木村素衛《もともり》（一八九五―一九四六）、芸術的感性の親和性

「〈身体と精神〉拝受した〔、〕木村、コノ論文ハヨイ〔良い〕ゾ〔、〕私は全く君と手を握り合った様に感じた〔、〕加之《しかのみならず》君一流の才があらわれて居る〔、〕これまで君の論文で物足らなく思っていたものがみたされて来た様《よう》におもう」（二九五二、木村素衛宛、昭一四・三・一九）。

木村素衛は京都学派の学者たちのなかで研究されることが少ない。しかし西田が木村を褒めるときは、自分と同質のものをもつ我が子を慈《いつく》しむような感じがある。それも、論理においてよりは感性においての同質性をもつ我が子である。

「〈美のかたち〉拝受しました〔、〕はじめの〈形式と理想〉の如き芸術論としてよい論文と存じます〔、〕自分が芸術的創作そのものの中にいて書かれた、繊細な観察に富む、しっくりした論文とおもいます（…）〈一打のノミ〉が分れば千言万語の芸術論が書ける訳です〔、〕カント・ヘーゲルなど迂回する必要はない」（三四〇二、木村素衛宛、昭一六・二・二七）。

この褒め言葉は、書かれた時期にも注目する必要がある。西田はこのとき「歴史的形成作用としての芸術的創作」という論文を書いていたのである。同年五月の『思想』に掲載されたこの論文は、西田後期の芸術論としても、また西田哲学の一到達点としても、重要な位置を占める。しかし木村は、それを読むまえに自分の論文集『美のかたち』（昭和一六年／一九四一）を出しているのである。西田の芸術論のほうがあとに成立した。西田は自分の芸術論が、「君の考には大に通ずる所あると思う」と書いている（同上）。否、さらに付け加えて、「私は霊光相照《あい》らすと云う如き感がする」（同上）とまで書いている。木村素衛は、まちがいなく「何となく腰ができて来た」ひとりだった。それは、西田の思想が弟子を通じて教育学・美学へ延びていくという吉兆だった。

高坂正顕《まさあき》（一九〇〇―一九六九）、歴史哲学の新展開

先に引用した西田の務台宛の書簡から、一〇歳年長の務台も早くから高坂を評価していたことが窺われる。歴史哲学の方面に進んでいく高坂に、西田は嘱目《しょくもく》していた。昭和一〇年代の西田にとって、歴史哲学は最も比重の大きな課題領域となっていたから、弟子の高坂が開拓していく歴史哲学は、頼もしいことだったはずである。「御著〈歴史的世界〉は大変評判がよいので［、］私もこの上なき喜に存じます」（二六二三、昭一二・一一・一五）。

高坂は、西田の「歴史的身体」「ポイエシス」という考えをきちんと押さえつつ、しかし西田とはちがって、厳密な学術スタイルを保持しながら、歴史哲学を展開していった。西田は、弟子が自分とちがった方向を歩むことを、承認していた。「君の思想の論文を読んだ〔、〕古代の祭礼の分析から原始社会の本質を現す手際は敬服だ、そういうやり方を深めて行くのは面白いとおもう、私の logisch-ontologisch〔論理的―存在論的〕に考える社会の本質も〔、〕全く君の考に一致すると思う」（二八三〇、昭一三・九・七）。

高坂の歴史哲学は、「世界史」という視野から日本の位置を見るものであったがゆえに、やはり「国粋主義」を奉ずる蓑田《みのだ》らの「原理日本」グループから、激しい攻撃に遭った。しかし戦後になると、左翼の「進歩的知識人」たちから批判されるものとなった。おなじ場所に立っていても、まわりの流れが変われば、流れの中での位置が変わる。そのこと自体が、歴史哲学的な問題であり得る。

西田と高坂との関係は、良き師弟関係の典型でもある。西田においては、生きた現実をそのままに摑《つか》むということが問題だった。それに対して高坂においては、現実を学術的な方法を通して再構成しゆく、という趣がある。「矛盾的自己同一」への着眼から、生きた現実そのものを摑もうとしていた西田の思索と、学術的な高坂の思索とのあいだには、両者の親密性にもかかわらず、異質性も介在していた。しかし弟子が独立の人格をもつかぎり、その異質性は極めて当然でもある。高坂の場合、西田との違いは、異質性としてよりは補完的な関係として、現れたと言うことができる。

西谷啓治（一九〇〇―一九九〇）、西田哲学の内奥の「突破」

西田の思想を弟子として「理解」し解説し得ることと、別の人格をもつ別の思想家として「会得」し自己化することとは、すこし違っている。後者の場合には、西田は必ずしも自分の同調者を相手の内に見るわけではない。場合に

西谷啓治（昭和53年［1978］頃）
（『京都哲学撰書16　西谷啓治「随想集　青天白雲」』燈影舎，より）

よっては、むしろ「他者」を見る場合もあるであろう。それも、田辺元の中に見たような、自分を理解しない「外部の他者」ではない。そうではなくて、自分自身の中にあってしかも自分とは別の人格をもつ「内なる他者」である。西田は、自分がこの上なく可愛がった孫・幾久彦に、「汝《な》が魂《たま》はいづちより来し」と問いかけた「「汝《な》が魂《たま》はいづちより来しむつぎ子のあやめも知らに笑ふを見れば」」。親と子、あるいは祖父と孫は、どこまでも別々の人格であることによって、切っても切れない人格的な関係となる。このことを思想の領域で示したのが、西田と西谷ではなかったかと、私は思う。

詳細を略して結論だけを述べるなら、西谷の思索には西田を内在的に突破するようなところがある。西田の弟子のなかでそのような関係に立ち得たのは、西谷だけだったように思う「このことは、かつて拙論「西谷哲学——西田哲学の「突破」」（『思想』第七六八号、一九八八年、二九—四六頁）でも、述べた。この拙論は若書きで、いま読み返すと不足が目立つが、西田哲学の内在的突破に西谷の到達点を見る見方は、いまも保持している」。もちろん久松真一も、西田が一目おく畏友のごとき弟子だった。ただし「禅」においてである。久松は西田の「哲学的思索」の中心には、突き入っていない。また三木清は、自分の構想力論理の展開において西田から多くの刺激を得ているが、思想の核心において西田を継承したわけではない。木村素衛は芸術的感性において一部分を西田と共有し、心が通じ合っていたが、それだけに、同質性が前面に出てきて、他者性が表面に出ることはない。高坂正顕も西田の思索を歴史哲学方面において敷衍《ふえん》し得た愛弟子であるが、まさにそれゆえに、西田の歴史哲学にとって「内なる他者」という位置に立ったわけではない。高山岩男は「場所的論理と呼応の原理」で西田の論理を独自に一歩展開し得たが、いわば大樹の樹枝にもうひとつの枝を伸ばす、というような位置だった。柳田と務台は西田の思想の優秀な同調者だったが、同調者にしばしばあるように、後には離反者となった。父を突き抜けることによって父を証明する、というような関係は、西谷だけに見られると、私は思う。ただし、宗教哲学方面に限定してのことであって、西田の数学・物理学的方面は後述の下村寅太郎を俟つことになる。西田がおなじ日に書いた二通の西谷宛ハガキを、つづけて引用しよう。

「昨日は難有御座《ありがとう》いました〔、〕後にて私は頭から自分の云うことだけを云って〔、〕よく君の云うことを聞かなかったのを残念に思う〔、〕鎌倉へ行く前〔、〕尚《なお》一度ゆっくり君の云われる所を聞いて考えて見たいと思う」（三八三一、昭一八・七・八）。

「絶対的一者に接するとか〔、〕つながるとか〔、〕云う語は沢山出て居るが〔、〕（…）こういう考えの私に強く動いてでたのは四頁の大燈國師の語からであったと思う〔、〕私にはこういう考えが私の無基底的場所論理の考に戻る〔悖《もと》る〕とは思われない〔、〕絶対矛盾的自己同一は絶対の無であると共に有でなければならない〔、〕単に無基底的と云うのではない〔、〕有として現れる方に一ということ

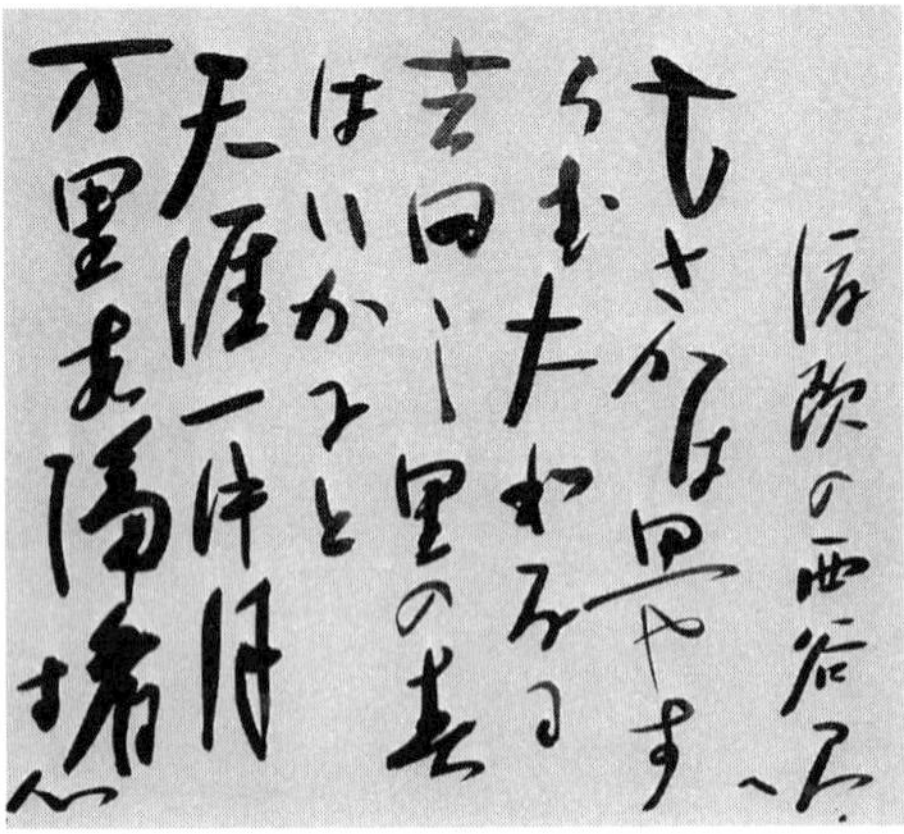

渡欧の西谷君へ
花さかは思やすらむ大和なる
吉田の里の春はいかにと
天涯一片月万里相隔看　寸心
（『西田幾多郎遺墨集』燈影舎、より）

もできるではなかろうか［…］一と云っても唯《ただ》超越的一というのではない［…］須臾《しゅゆ》不離である［…］何んとかこれをよく言い表わしたい［…］とにかくもう一度尚《なお》詳しく君と話して見たい」（三八三二、昭一八・七・八）。

第一通目は、西田と西谷とのあいだで生じた議論の光景を、すこし彷彿させる。西谷は西田に対して、おそらく核心に触れる批判的な見解を提示したと思われる。それに対し、西田が一方的に自分の考えを述べ、しかし西谷の考えをもっと聞くべきだと思い返した。

第二通目は、少し難しくなることを恐れずにパラフレーズするなら、要するに西谷が西田の「絶対的一者」という考えに異議を唱えたことと、関係している。絶対的一者とは、西田の『哲学論文集　第五』（昭和一九年刊）に頻出する語である。この論文集の前に、西田は『哲学論文集　第三』で、「絶対矛盾的自己同一」という自分の根本思想を確立していた。絶対矛盾的自己同一とは、絶対的一者に接するとか、つながるとかということだと、西田は言う。それに対して西谷は、書簡から察するに、プロティノス以来の「超越的一者」に接するという言い方が形而上学的な思弁であって、無基底的であるべき「場所」の考えに悖《もと》ると述べたのである。しかし西田は、超越的一者ないし絶対的一者という考えを放棄しようとしない。それに触れるということは、無基底的論理に悖るのではない。無基底的ということは、単に無でなくて有でもあるからだと。

この応酬には、さらに背景がある。西田はこの絶対的一者の考えを「大燈國師の語」から得たと述べる。その語とは、「億劫《おくごうあい》相別れて須臾《しゅゆ》も別れず、尽日相《あい》対して刹那も対せず」である。西田はこれを、「仏と衆生」との関係と解した。そしてそれが、「絶対矛盾的自己同一」の逆対応的な関係でもあると見た。その見方は、西田が久松に宛てた書簡にも記される。「君のえはがきの億劫《おくごうあい》相別而須臾《しゅゆ》不離〔、〕尽日相接而刹那不接が来て〔、〕丁度私が今書いて居る矛盾的自己同一の論理をそのまゝ言い表わしたもの、如くに感ぜられ〔、〕絶対の宗教即ち絶対の論理と感じました」（三七三七、昭一八・二・二四）。

西谷はこの語について、禅的にはおそらく正統と思われる見解をもっていた。大燈國師の語は、日常生活のなかでたがいに主となり客となって相対峙しあう「人《にん》」と「人《にん》」の関係であって、仏と衆生の関係という、すこし観念的なレベルの事柄ではない。「人《にん》」と「人《にん》」との関係においては、形而上学的な絶対的一者は要らない。この西谷の見解を最も具体的かつ鮮やかに展開する論文は、西谷の『寒山詩』に収録の、仰山と三聖というふたりの禅匠のやりとりについての解釈である〔『西谷啓治著作集』第一二巻、二七六―二八九頁〕。ともかくも大燈國師の語の理解からするなら、絶対的一者に触れるという西田の表現は、西田自身の無規定的「場所」の考えと薄い膜を隔てることに、なりかねない。西谷は、西田の宗教的思索に対して、外部からではなく内側から、その心臓部に突き入るような問いを出した。

念のために繰り返したいが、西田は西谷において、他者的な批判者を見ていたのではない。むしろ、自分を最も深く理解する弟子のひとりを見ていた。西谷宛のある書簡が、それを物語っている。「背後に禅的なるものと云われるのは全くそうであります［、］併《しか》し君だからよいが［、］普通無識の徒が私を禅などと云う場合［、］私は極力反対いたします［、］そんな人は禅も知らず［、］私の哲学も分らず［、］XとYとが同じい《ママ》と云って居るにすぎぬ（…）いづれ又その中《うち》委《くわ》しく書いて御教示を得たいと思い居ります」（三七三二、昭一八・二・一九）。

西田は西谷のなかに、禅も知り自分の哲学も分かるだけでなく、自分の宗教的思索の内奥になお一問を呈し得るような「内なる他者」を見ていた。だからこそ、「尚《なお》一度ゆっくり君の云われる所を聞いて考えて見たいと思う」と記したのである。

下村寅太郎（一九〇二―一九九五）、西田に逆影響を与え得た弟子

西谷による西田哲学の内在的突破は、西田の宗教的思索の面においてなされた。しかし西田の思索には、もうひとつ重要な面があった。それは西田における数学ないし数理の方面の蘊蓄《うんちく》である。その蘊蓄は、ライプニッツ哲学への関心と直結していた。そのライプニッツへの関心を媒介したのが、弟子の下村寅太郎である。

「下村君のライプニッツは我国にてはじめてのライプニッツ研究としての良書と存じます［、］（…）

私はライプニッツというものを見直して〔、〕今更に彼の哲学に非常に示唆的なものを感じます」（二八二三、務台理作宛、昭一三・九・三）。

西田は何度も下村のライプニッツ論に言及し、三年を経過してもなお、こう書いている。「私は此《この》頃《ごろ》又〔、〕君の『ライプニッツ』をよんでいます、此《この》書は（特に前半）実によくできて居る、私の考はどうもライプニッツと最もよく相通ずると思う、矛盾的自己同一的一般者の論理〔、〕即ち場所的論理の立場から〔、〕本当に歴史的世界を包括したMathesis Universalis〔普遍学〕ができそうだ」（三四八三、昭一六・八・一二）。

ライプニッツのモナドロジーは、簡単に言えば、個物（モナド）が全体を映して表現し、全体が個物に映り、一切が予定調和の重々無限の世界構造を形成する、という条理の叙述である。華厳の論理にも似ていると言われるが、それよりも、数学の群論や位相幾何学で説明しうるということのほうが、下村にとっては重要だった。西田は数学論文の入手依頼を、洋行中の下村宛に何度も書いている。そして書簡では、数学に関するやりとりとなる。「〈位相数学〉難有《ありがとう》御座いました」（三四八五、昭一六・八・一四）、「君の〈Ⅳ無限空間の構造〉は甚《はなはだ》面白い〔、〕〈遠近法的幾何学〉の考は誠にingenious〔独創的〕だ〔、〕空間もGeist〔精神〕に属するというのは

下村寅太郎（平成2年［1990］）
（『京都哲学撰書4　下村寅太郎「精神史の中の日本近代」』燈影舎，より）

よい〔〕ガイスト〔精神〕というより寧ろ矛盾的自己同一的神の一面として場所〔的〕なものであろう」（四〇三六、昭一九・三・二）。「カントルが集合論の基礎概念を射影幾何学から得たという御手紙を得て〔〕甚《はなはだ》悦《よろこ》ばしく〔〕大《おお》いに自信を得ました」（四一八三、昭一九・九・一〇）、等々。

下村宛の書簡も多数にのぼり、ライプニッツや数学に言及するものも多いから、すべてを引用したらきりがない。その上、かなり数学に通じている者でないと歯が立たない部分だから、上の四通だけで代表させることとする。本項で肝腎なことは、西田において下村からの逆影響があった、という事実である。

この逆影響の結果が眼に見える場として、『哲学論文集　第六』を挙げることができる。この論文集は、西田の生前には出なかった。西田が空襲のさなかに印刷所へ送り、しかし空襲で印刷所とともに原稿が焼けてしまったからである。それは戦後になって刊行された。この論文集が下村寅太郎との対話を触媒としつつ成立したということは、所収論文を鳥瞰《ちょうかん》すれば見当がつく。すなわち、「数理と論理」、「予定調和を手引として宗教哲学へ」、「空間」、「数学の哲学的基礎附け」、等である。これらはいずれも、数学とライプニッツ哲学に関するものであり、いずれも下村の仕事領域と重なる。そして、論文の成立時期が下村との書簡往復の時期と重なる。西谷啓治ですら、この領域では西田と切り結ぶことはなかった。下村は、西田の思想に含まれる科学論の分野を切り開いたばかりでなく、西田をライプニッツ思想へ導入し、後期の西田哲学形成に重要な触媒の役目を演じた稀有の弟子だったのである。

西田哲学における科学論の側面については、『西田哲学選集』（上田閑照監修、大橋良介・野家啓一編集、燈影舎）第二巻で、編者・野家啓一が、すぐれた解説をしている。なお私は科学論の専門ではないが、西田の数学方面についてはすこし論じた拙稿がある（「群論的世界——西田哲学の〈世界〉概念」『思想』第八五七号、一九九五年一一月、五六—七〇頁。仏訳 La théorie des groupes et la notion de monde chez Nishida, in: Logique du lieu et oeuvre humaine, sous la direction de Augustin Berque et Philippe Nys, Edition OUSIA, Bruxelles, 1997, S. 78-106.）。

禅における久松、宗教的思索における西谷、そして科学哲学とライプニッツ理解で逆影響を与えた下村等を、それぞれに弟子として持ち得た西田は、さらに稀有の人だったとも言える。「見、師と斉《ひとし》ければ、師、半徳を減ず」［弟子が見解において師匠と同じだったら、師匠の徳は半分に減る］という百《ひゃく》丈《じょう》懐海《えかい》禅師の語を、この弟子たちと師匠・西田とのあいだに当てはめることができる。

百丈の語がもともと誰のものかについては、はっきりしない。いろいろの禅匠や僧が、この語を発している。『碧巌録』では、第十一則の「評唱」で、百丈懐海（七四九—八一四）が黄檗を許す語として出てくる。『臨済録』では、この百丈の弟子だった黄檗希運（?—八五〇）が、臨済義玄（?—八六七）の心境を承認して、「百丈先師の禅板をもちきたれ」（印可証明を与えよう）と言ったのに対して、臨済が侍者に「火をもちきたれ」（そんなものは焼いてしまえ［印可証明など要らない］）と言ったエピソードが出てくるが、これに関して、百丈の弟子だった潙山霊祐《いさんれいゆう》（七一一—八五三）とその弟子・仰山慧寂《ぎょうさんえじゃく》（八〇四—八九〇）が問答をかわし、これを受けて、潙山《いさん》が弟子の仰山にこの語を発している。『祖堂集』では、潙山の弟子でもあった徳山宣鑑《とくさんせんかん》（七八〇—八六五）が、やはりこの語を発した。この時間系列で見るかぎりでは、百丈懐海がいちばん先にこの語を発したことになる。しかし、それだけでは証明にはならないで

田辺元（昭和29年［1954］頃）
（『京都哲学撰書3　田辺元「懺悔道としての哲学・死の哲学」』燈影舎，より）

あろう。

西田・田辺の最後の書簡往復

綺羅星のごとき弟子たちの一群を通して、西田の像もそれぞれの角度から浮かび上がる。そうであれば、ここでもうひとつの明星・田辺元《はじめ》と西田との、最後のかかわりをも見届けておかねばならない。これまで見てきた西田・田辺の関係は、その最終章とも言うべき部分を、まだ残して居る。田辺宛の西田の最後の書簡が、それである。太平洋戦争の最終局面が背景となっているので、本当はその局面を描いてからこの書簡を見るという順序もあり得るのだが、局面の描写を部分的に先取りするという仕方で、まずはこの西田書簡に焦点を当ててみたい。

西田の死去に先立つこと三週間たらずの、昭和二〇年（一九四五）五月一九日、それまで長く音信が途絶えていた田辺元から西田に、一通の書簡がとどいた。その日の日記に、「田辺元より手紙、返事」とある。ただし西田の実際の返事の日付は、翌二〇日になっている。西田にとって、田辺からの便りは日記に記すべき、ひとつの出来事だった。そしてそれは、内容においても重大なものを含んでいた。

田辺の激しい西田批判が個人的感情にまで及んでからも、両者の往来がいちおう続いていたことは、すでに述べた。田辺の最後の西田訪問は、西田の「日記」によれば、一年まえの昭和一九年（一九四四）五月九日だった。そのとき何を話したかは、日記からは読み取れない。上に挙げた昭和二〇年五月一九日の西田宛・田辺書簡も、現存してはいないが、しかしその内容は、西田の返信をネガフィルムのごとくに透かし読むことで、だいたい推定できる。返信を引用しよう。

「久しぶりにて御手紙拝見いたしました〔、〕御議論、御高見《こうけん》、憂国の御精神、敬服の至りに存じます〔、〕及ばずながら私共も今日いろ〳〵の意味に於て〔、〕皇室がお出ましになる外《ほか》ないかと存じ居ります〔、〕先に近衛公其他《そのた》にもそんな事を話したこともあります〔、〕併しそれには先見の明があり強固な意志と実行力のある輔佐《ほさ》の偉人がなければならないと存じます〔、〕近衛公など余程聡明の人とは存じますが〔、〕まだ何だか囚われて居る様に思われる所もあり〔、〕それにあの人はそれだけの力量のある人なのでしょうか〔、〕（…）原田君なども〔、〕お話の宮様へは多少連絡もあるのかと存じますが〔、〕先だってより憲兵の取り調べを受けて居り〔、〕一時近衛君などの方も皆〔、〕心配いたしました〔、〕近衛君なども一派のものから狙われ居り〔、〕邪魔せられ自由ならぬ所あるのではないでしょうか」（**四四七四、昭二〇・五・二〇**）。

この西田の返信から読み取れることは、今日ではとても想像できないような、とんでもなく切迫した状況である。まず第一に、田辺は天皇がみずから終戦の詔勅を発する必要があると、考えた。しかし、どういう経路でその方向へ動くことができるだろうか。西田の返書で記される「あの人〔近衛〕はそれだけの力量のある人なのでしょうか」という言い方、そして「お話の宮様」という語から、田辺が近衛公爵と高松宮宣仁《のぶひと》親王の名を挙げたことが、推し量られる。

もちろん「宮様」としては、高松宮宣仁（一九〇五—一九八七）のほか、秩父宮雍仁《やすひと》（一九〇二—一九五三）と三笠宮崇仁《たかひと》（一九一五— ）のふたりがいる。しかし秩父宮も三笠宮も当時は陸軍将校であり、西田および京都学派が接触していた海軍系ではないから、田辺がこれほどの重要な件で、陸軍の宮様たちと接することは、考えられない。加えて、秩父宮は昭和一五年（一九四〇）から肺結核を患って、終戦にいたるまで療養中だった。それに対して高松宮は、海軍将校であり、また海軍の高木惣吉と謀って東條内閣打倒を企てる関係にもある。田辺の言う「宮様」の可能性として、高松宮しか考えられない。

なお、内閣の告示や宮内庁の告示では「宮」という号は皇族に用いられず、『官報』では「親王」と表示されるが、一般には「宮」の表記が浸透している。政府のウェブサイトでもそうなっているから、本書でもこの表記を用いた。

西田も、戦争終結のためには天皇みずからの意志表示が不可欠と考えていたから、田辺の相談に、「御議論、御高見《こうけん》、憂国の御精神、敬服の至り」と返答している。お世辞ぬきに、そう思ったであろう。

しかしながら第二に、事はそう簡単であるはずがなかった。すでに昭和一二年（一九三七）の第一次近衛内閣のときに、時の外相・宇垣一成が重慶の国民政府との和平工作をした折、内務大臣がこう国会で発言した。「国策ニ反スル和平工作等ヲ行フモノハ閣僚ト雖《いえど》モソノ生命ノ保証ヲ為スコトヲ得ズ」［『高木惣吉　日記と情報』（下）、伊藤隆編、みすず書房、二〇〇〇年、五一六頁］。陸軍主導の軍閥政府にあって、和平工作とは、たとえ外相であっても生命の保証を得られないと威嚇される危険な行動だったのである。

いまその工作を、田辺は止むに已《や》まれず西田に相談してきた。京都学派の学者たちも、戦争の早期終結をひとつの目標として、海軍の一部との提携のもとで極秘会合を重ねていたが、もし間接であっても天皇に上奏するような動きとなると、事の重大性は比較にならないものとなっただろう。

しかも第三に、現実の状況として、いま元老・西園寺公の秘書として大きな人脈をもつ原田熊雄も、和平派であるがゆえに憲兵の取り調べを受けている。それだけではない。三度の組閣をした近衛文麿ですら、おなじく和平派であるがゆえに「一派のものから狙われ」ている状況なのである。

西田は田辺の考えに賛同はしたが、実際に動くには到らなかった。たとえ動こうとしても、とても動ける状況ではなかったであろう。しかしそのこととは別に、この書簡往復は、西田・田辺関係の第三にして最後の段階を意味していた。初期の熱い哲学的共鳴の恋文のごとき書簡往復が、西田・田辺関係の第一期だった。そしてはげしい哲学論争が第二期である。一般には、この第二期の関係だけが知られている。しかしそのあとに、さらに第三期があったのである。ただしそれは、西田の死去三週間まえに実現した、ただ一回きりの書簡往復だった。回数としては一回きりだったが、内容的には和解だった。田辺の側でも、国家緊急の大事と重ねて、大事の相談をあえて西田にもちかけることによって西田と和解したいという願望があったのではないかと、私は忖度する。

そしてその気持ちは、西田の側でも基本的におなじだったという気がする。田辺のことを「あの人」と呼んで批判した、務台理作宛の西田の手紙は、わずか半年前のものだ。「あの人は宗教というものを事実とせないで唯頭《ただ》で考えて居るので〔、〕少しも体験的に沈潜して見ないのです〔。〕ザンゲばかりの世界は道徳の世界で宗教の世界でありませぬ〔。〕（…）あの人は場所ということを今でも観ずることと思って居ると見ゆ〔。〕実に分からぬ頭ですな〔。〕（…）あの人に分からそうというのは徒労だ〔。〕しまいに興奮し出すのみです〔。〕相手になること無用です」（四三〇一、昭一九・一二・二一）。

しかし、国家の浮沈という一大事を前にして、西田も田辺も、小異を捨てて大同を取るごとくに、矛《ほこ》を収めた。和解は思想の奥底から出たとは言い難いが、そして遅すぎたかもしれないが、それでも、もし田辺の書簡があと三週間おくれて届いたなら、西田は幽明境《ゆうめい》を異にしていたから、いかなる和解も実現しなかったであろう。戦争の悲惨の最中で、その状況がかえって和解を可能にした、それは、ふたりの老哲学者に天が与えた絶妙の賜物という感じがする。

ポツダム宣言、玉音放送阻止クーデターの未遂

田辺元が西田に相談した、太平洋戦争が天皇の名において始められた以上は天皇の名において終結させるほかないという考えは、さすがに戦局が押し詰まった時点で、政権の中枢部でも議論されていた。

八月六日と九日の原爆投下のあとの御前会議で、西田が田辺に書いた「先見の明があり〔、〕強固な意志と実行力のある輔佐《ほさ》の偉人」が、ふたり出てきた。ひとりは外相・東郷茂徳《しげのり》、そしてもうひとりは、首相・鈴木貫太郎。本土決戦派の陸軍大臣である阿南惟幾《あなみこれちか》や、おなじく陸軍主戦派の東條英機

を前にしてでも、ふたりは御前会議で戦争終結の考えを述べ得た。天皇は鈴木の上奏によって決断を促され、東郷の意見を採り、ポツダム宣言の受諾を涙とともに表明した。その詔勅は、八月一五日にラジオで放送された。しかしこのとき西田は、すでにこの世の人ではなくなっていた。

終戦の詔勅がラジオで放送された八月一五日の未明、この玉音放送を阻止しようとした最後のクーデターが企てられたが、未遂に終わった。しかし、際どいところまで進んだ計画だった。なおも徹底抗戦を主張する陸軍省軍務局の将校たちが、森赳《たけし》・近衛師団長を殺害し、偽の命令書をつくって近衛師団［天皇・皇后を守護する精鋭部隊］を動かし、一時は皇居を占拠したからである。最終的には、陸軍大臣の阿南惟幾が企てへの同調を拒否していたことから、クーデターは失敗に終わった。これが、いわゆる「宮城《きゅうじょう》事件」である。半藤一利原作の東宝映画『日本のいちばん長い日』（一九六七年）でも、重要場面となっている。

この未遂クーデターの進行とほぼ同時刻に、阿南は戦争推進の責任を取って、八月一五日の未明に割腹自殺をした。介錯なしだった。近衛文麿は服毒によって自死し、蓑田胸喜は首を吊って自殺した。東條英機はピストル自殺に失敗して極東裁判を受け、絞首刑となった。おなじく太平洋戦争の責任を取って死ぬにしても、その死に方に、それぞれの人物の最後の生き方が映る。「一死以テ大罪ヲ謝シ奉ル」という遺書をのこして介錯なしの割腹をした阿南には、「大罪」にもかかわらず一種の人気もあり、映画『日本のいちばん長い日』にも登場する。そして鈴木と同様、いくつかの伝記の類いがある［角田房子『一死、大罪を謝す――陸軍大臣阿南惟幾』（新潮社、一九八〇年）のほか、下村海南（宏）『終戦

秘話』（講談社、一九五〇年、講談社学術文庫、一九八五年）、など」。

西田はもうこの世にはいなかったから、この未遂クーデターについて西田の伝記に記すことは、不要に見える。ただクーデターの企ては単発的に突発したのではなく、「原理日本社」を含めた極右国粋主義思想の「思想戦」ともつながる事件だった。その思想戦を仕掛けた側は、西田を標的のひとつにしていた。だから「宮城事件」も、そのかぎりで「西田評伝」に言及されるべき内容をもっている。

この玉音放送の阻止を企てた将校たちの動機は、ポツダム宣言に天皇制の保持と国体護持が盛り込まれていない以上は、それが保証するまで戦う、という内容のものだった。この期《ご》に及んでなおも、そんな動機から皇居を占拠し、天皇を擁して国家方針を変えようということは、正常な判断力でなされる考えではない。ふつうの常識を狂わせるような力をもった、ある種の思想が無ければ、生じ得ない。それが皇道主義を奉じる「原理日本社」を含めた極右国粋主義思想だった。この「原理日本社」グループについては、稿を新たにして後で言及することとして、いまは、ひとつだけ指摘するにとどめる。それはこのグループが、敗戦による国家権力の崩壊とともに、やっと崩壊した、という現実である［蓑田胸喜自身は健康悪化の理由から、『原理日本』への執筆は昭和一八年（一九四三）に中止し、一九年（一九四四）には郷里の熊本に疎開していた。戦後に首吊り自殺をしたのも、郷里である］。戦争末期の日本は、この狂気集団を自ら解体せしめる状態になかった。そこに、日本が陥っていた本当の悲劇性が示されている。

死去の一カ月前に

その悲劇のなかで、終戦日のクーデターを知ることもなく、西田はその二カ月まえに死去した。後述するような連日の空襲下のなかで、食べる野菜もわずかになった生活のなかで、西田は思索しつづけた。命が尽きる一カ月前に、西田はある書簡にこう書いた。「今後いかゞなるか〔、〕早く死んだ友人共が幸《さいわい》の様にも思い〔、〕又こんな時代を見るのも面白いとも思います」（四四四九、朝永三十郎宛、昭二〇・五・一）。

早く死んだ友を幸いと思いつつ、またこんな時代を見るのも面白いとも思う。この相反するふたつの思いをひとつにしたような西田の言葉を、最後に引いておこう。

「ヘーゲルの Jena〔イェーナ〕でナポレオン軍の銃声を聞きながら現象学〔『精神現象学』〕を書いたという心持にて〔、〕出版の事は何とか御努力を願います〔、〕ぶつかるまで何処《どこ》までも」（四二三〇、昭一九・一〇・二三）。

一八〇六年一〇月一四日、ナポレオン軍がイェーナに進軍してきたその日に、ヘーゲルは『精神現象学』を書き上げて、原稿を出版社に送ろうとしていた。しかし当時の馬車郵便が無事かどうかを確認できず、原稿を鞄に入れて、持ち歩いていた。このことを、ヘーゲルは友人宛て書簡に記している。

「ぶつかるまで何処《どこ》までも」――西田はその言葉どおり、狂乱の時代を生きた。そして死という壁にぶつかる一週間まえに、西田は「論理について」書き始めた（『日記』昭二〇・五・三〇）。しかしその論文は、絶筆となった。

第二節　思想と時代　昭和の破局と「矛盾的自己同一」の弁証法

矛盾的自己同一の論理

西田の「黒板を去って（下）」の思想と時代を、かいつまんで見てきた。ここで、ひとつの誤解を避けておきたい。それは、西田が時局を憂慮するあまり、ただ慌ただしく動いてこの状況に対応していたかのように、受け取られることである。しかし西田はこの非常の時局のなかでも、哲学の思索を離れることはなかった。先に一部を引用した西田の書簡を、改めて引いておこう。

「私ももう老年になり何時とも分かりませぬが、此頃になりて思想が熟したとでも云うべきか色々の考が浮んで来ます。そして従来解決のできなかったいろ〳〵の問題が、私の立場から解決できる様に思うのですが、今日の如き状態にて誠に残念です。併しできるだけ書き残して置きたいと思います。生前にむづかしくても、どうか諸君によって後に整理出版せられんことを望みます。私は実に決死の覚悟を以てペンを取っています」（四四〇六、島谷俊三宛、昭二〇・三・二三）。

＊この書簡はオリジナルが存在せず、島谷の筆写だけが残っている。そのためであろう、西田の書簡には通常ほとんど見られない句読点が、施されている。しかし、内容上の改変はなされてはいないであろう。島谷俊三は西田の弟子で、静岡師範学校の教授。島谷の「続晩年の西田幾多郎先生」（高山岩男・島谷俊三編『西田寸心先生片影』一九四九年、所収）に、西田の論文「場所的論理と宗教的世界観」を印刷に付す

ため尽力したことが、記されている。

西田が空襲の下で決死の覚悟で書いていた論文が何であるかは、この書簡の前半に記される。「私は今一つ『場所的論理と宗教的世界観』というものを書いて居るのです。四月一杯かかると思います。これも小生最後の考（宗教観）をかいたもので諸君に見てもらいたいと思うのですが、とても印刷の方法もないかと存じます。謄写版と云っても此頃《このごろ》は中々むずかしいそうですが、京大などで何とか方法なきものか、一つ高山《こうやま》［岩男］君位に聞いてみましょう」（同上）。

「場所的論理と宗教的世界観」は、西田の最後の完結した論文となった（絶筆論文「私の論理について」は、未完である）。そこでの考えの骨子は、「矛盾的自己同一」である。この語は今日、西田哲学の代名詞のひとつにすら、なっている。それは西田において、思索の語であると同時に、現実の世界に生きながらこの現実を捉える上での、根本的な概念でもあった。たとえば、こんな風に用いられる。「現実の国家は現実の国家から把握［する］［、］民族と云ってもそれが単に本能的でなくそれが人間の社会であるかぎり［、］現実に国家的なものが含まれて居る［、］それは作られたものから作るものへという矛盾的自己同一である」（二八四五、柳田謙十郎宛、昭一三・九・二一）。

「矛盾的自己同一」は、ここで「作られたものから作るものへ」と言い換えられている。「作られたもの」とは、たとえば目の前の茶碗がそうである。この茶碗は食事の器として、食事行為の必需品であり、食事という営みを形成する道具のひとつとなる。「作られたもの」としての茶碗は、生活世界のなかでこれを用いる人を制約し、扶《たす》け、この人の存在を「作るもの」として、作用しはじめる。形式論理的には、「作られたもの」と「作るもの」とは相反し、矛盾的関係にある〔厳密に形式論理的に言うと、「対立」と「矛盾」とはすこし違っているが、西田においてその違いは、あまり厳密に意識されていないようなので、いちおう、この言い方をしておく〕。しかし作られたものとしての茶碗と、作るものとしての茶碗とは、同じ茶碗であり、同一である。

同様にして現実の国家も、それに属する人間によって「作られたもの」であるが、同時にそれに属する人間を規定し「作るもの」でもある。西田は、現実の人間社会と民族と国家を、この現実の中から摑《つか》む論理として、「矛盾的自己同一」の論理を考えていた。

しかし、ここで矛盾的自己同一の論理にとってもすこし重大な問いが生じる。それは、なぜ西田の当時の日本という「現実の国家」が、不条理な現実を形成し、人々を形成するよりは弾圧するのか、という問題である。その現実の「矛盾」は、矛盾的自己同一というときの「矛盾」と、意味を異にしている。後者は存在するもの一般の構造であるが、前者は、存在するものの中で特に不条理の現実を意味する。この現実の矛盾は、矛盾的自己同一の論理によってどう捉えればよいのか。西田自身は上の書簡につづけて、こう述べる。「それ〔国家〕が民族的地盤を失った時〔、〕Idee〔イデア〕的でなくIdeell〔観念的〕となる〔、〕非創造的となる〔、〕Ideellとなった時〔、〕それはもはや現実の国家でない〔、〕民族的にして而もWeltlich〔世界的〕の方向にその極限が理想的国家であろう〔、〕併しそれは極限として又亡《ほろ》ぶる方向でもある〔、〕そこに大分問題があろう」（同上）。

「Idee的」は「イデア的」のほかに「理念的」とも訳すことができる。それは現実を方向づけるがゆえに creative〔創造的〕でもある。それに対して「Ideell 的」は、現実の連関から浮き上がったという意味での「観念的」なもののことである。民族的地盤を失った国家は観念的であって、「現実の国家」でないと、西田は述べる。それは「極限として又亡《ほろ》ぶる方向でもある」。西田はここで明らかに、天皇を観念化して軍部が暴走し始めた日本国家の現実を念頭においていたと思われる。

しかし問題は、「もはや現実の国家でない」国家が、実際には国家の現実になっている、ということである。亡《ほろ》ぶる方向にある国家が現実に存在して、巨大な不条理の力となって、言論を弾圧し大陸に膨張していく、ということである。日本国家は崩壊への道を歩もうとしている。その現実は矛盾的自己同一の論理では、どう論証され得るのか。西田は、「そこに大分問題があろう」ということを認めているが、そこで歩を止めている。

西田がこの書簡を記した昭和一三年（一九三八）九月は、日本をめぐる内外で「現実の国家」をめぐる重大な事態が進行していた。六年前の昭和七年（一九三二）には「満州国」という擬似国家が成立した。翌昭和八年（一九三三）には日本は「国際聯盟」から脱退した。昭和一〇年（一九三五）には「国体明徴運動」が起こって、国家本質である「国体」を明らかにすることが、文教政策上の最重要課題になっていた。西田自身も、やがて「国体」論を草するに到る。その「国体」論の展開は、「国体」にどういう意味を付与するかをめぐっての「思想戦」でもあった。当時、「現実の国家になっていない現実の国家」が、むしろ当時の現実をなしていた。西田でなくても、「そこに大分問題があろう」と言わざるを得ない状況である。

西田自身は、見通しがつかなくて呻吟していたわけではない。「此頃になりて思想が熟したとでも云うべきか色々の考が浮んで来ます。そして従来解決のできなかったいろ〳〵の問題が、私の立場から解決できる様に思うのですが」(四四〇六、島谷俊三宛、昭二〇・三・二三)と西田が記したのは、終戦の五カ月まえ、そして死去の二カ月半まえである。

この書簡で言う「従来解決のできなかったいろ〳〵の問題」を、西田は「矛盾的自己同一の論理」で解決できると言う。そして「第四論文集以来しばしば触れる国家」の問題に、ここでも立ち入り、「国家と宗教」の関係を考えようとしている。そこでも「世界的世界」の考えが維持展開される。そこから、いまや空襲にさらされて敗戦の見通しが確実となった戦争にも言及される。「世界戦争は世界戦争を否定するための世界戦争でなければならない」(『旧』一一・四三九、『新』一〇・三四七)。

しかしここでも、二重化した「現実」像がある。現実に進行している太平洋戦争は、太平洋をはさんでの対米戦争と、アジア大陸への帝国主義的進出という、ふたつの側面を持っていた。前者は、非西洋世界で初めて誕生した近代国家・日本が、欧米のアジア支配に対抗してアジアの主権を取り戻そうとする戦争でもある。そして後者は、日本が自ら帝国主義の道を採って大陸に侵攻する戦争だった。このふたつの側面を備えた現実がどのようにして「世界戦争を否定するための世界戦争」であり得るかは、「理念」の上でのことなのか、それとも「観念」に終始するほかないことなのか。

西田は「理想的な国家」すなわち民族的にして世界的な国家を、「世界新秩序の原理」の「要旨」で、「世界的世界」という語で叙述しようとした。あるべき理念としては、「大東亜共栄圏」は、「世界的世界」の部分集合でなければならなかった。それに対して実際の現実は、米英に拮抗して日本を盟主とする経済圏・軍事圏を確立しようとする戦争だった。その現実を、西田も見ていた。だから上の書簡でこう続ける。「我《わが》国民の国体的自信を単に武力にのみつなぎ居るのでは、将来に世界的発展の希望はないとおもいます。もっと高い立場即ち歴史的世界形成の道徳文化の立場に置かねばならぬとおもいます。万一不幸にして戦に利あらずとも、国民的自身を失うことなく又大《おお》いに再起の時あらんとおもいます」(同上、四四〇六)。

実際の現実と、あるべき現実とのギャップを、西田はたしかに見ていた。単に見ていただけでなく、空襲下で野菜もなくなり、疎開を考えている現実のなかの、体験として知っていた。「これから空襲は益々烈しくなるとおもいます。信念ばかりでも心細いものです」(同上、四四〇六)。「信念ばかりでも心細い」が、信念なしには「大《おお》いに再起の時あらん」という意志も生じない。

しかし、ここで哲学の論理としては、ある重大な問いが生じている。それは、「矛盾的自己同一」の論理が、そういうふたつの現実のあいだの矛盾を指す場面では展開されていない、ということである。少なくとも、西田の論理展開のなかでは、そういう場面はない。「作られたものから作るものへ」の矛盾的自己同一が、食べる野菜もなくなってきた空襲下の世界においては、どういう仕方で該当するのか、あるべき世界と現実の世界とのあいだの明らかな「矛盾」は、「矛盾的自己同一」なのか、それは西田のテキストでは論じられない。

おなじことは、「皇室」に関しても言える。すでに述べたような「万世一系の皇室は大なる慈悲、没我、共同の象徴である」という在り方は「理念」だとして、これが暗黒の力の勃起に動かされて、世界戦争をその名において開始する帝国主義の象徴になるという「現実」は、この理念と矛盾している。

ひとつの哲学思想が時代の展開のなかで課題をつくり、後世にそれを委ねるということは、哲学史の常でもある。「矛盾的自己同一の論理と現実」というテーマも、そのような課題のひとつと言うべきであろう。

この課題について筆者の現在の愚見は、拙稿「西田哲学における悪の問題——思索における正視座と偏視座」［日独文化研究所年報『文明と哲学』第四号、こぶし書房、二〇一二年、四三—五六頁］で述べておいたことを、報告しておきたい。

思想戦

太平洋上とアジア大陸において、近代兵器による大規模な戦争が進行していたが、それと平行して、日本国内では思想の戦いも進行していた。それが、京都学派を含めた帝国大学の思想系の学者たちに「原理日本社」グループが仕掛けた、「思想戦」である［この語は、もとは原理日本社グループが用いたものだが、本書でもそのまま採用する］。西田の晩年の時代背景を刻印するものであるから、特に言及しておかねばならない。

この結社は、慶應義塾大学予科の教授・蓑田胸喜《みのだむねき》が主宰していた。月刊の機関誌『原理日本』が昭和九年（一九三四）から刊行され、この誌上でマルクス主義的な傾向のみならずリベラルな学風の大学教授たちの糾弾がなされた。東京帝国大学と京都帝国大学の学者たちの「反国体学風」が、つぎつぎに槍玉に挙げられた。蓑田はこの反国体学風の深部に、西田と田辺の哲学を位置づけていた。

「自己の無哲学を投影せる日本無哲学の妄断こそ、六十年来の帝大学風の根本禍源であった。法学部経済学部の民主・共産主義学風が文学部哲学科のカント・ヘーゲル学風の学術的誤謬と不可分のものたることは既に概述したところであるが、この点特に本論に於ける西田幾多郎・田辺元氏の哲学思想批判中に細論したのである」［蓑田胸喜『学術維新』一〇九頁］。

『読書人』という雑誌も、この原理日本グループが刊行していた。昭和一八年（一九四三）七月号の特集号は、このグループが京都学派に対しておこなった「思想戦」の、熾烈な攻撃の場でもある。目次から、そのことを鳥瞰しておこう。

冒頭論文は、「見るものから聴くものへ――哲学の根本問題につき西田博士の教を乞ふ」（佐藤通次）。これにつづく論文の題目を列挙するなら、「文化類型学批判――蛆《うじ》たかる哲学的頭脳」（田中忠雄）、「〈無〉概念の弄び」（紀平正美）、「〈西田哲学〉に就いて警戒すべき諸点」（三井甲之《こうし》）、「下村寅太郎著『科学史の哲学』」（前田隆一）、「西田幾多郎著『日本文化の問題』」（浅野晃）、「〈世界史的立場〉論」（阿部仁三）、「世界史的立場と日本」（吉田三郎）、「総力戦と哲学と史観」（志村陸城）、「柳田謙十郎『歴史的形成の論理』所見」（蓮田善明）、「西谷啓治著『世界観と国家観』」（豊川昇）、等。

哲学的にいちいち真面目に取り上げるべきものは、ほとんど無いが、それらがもつ政治力学的な力は、学問的な力とはまた別である。上記の執筆者たちのひとりである阿部仁三が、「陸軍報道部」勤務だったことを見れば、その政治力学の一端が見えてくる。『読書人』特集号執筆者たちの背後には、思想統制の本部でもある陸軍報道部があったのである。西田が三年前に山本良吉に宛てた書簡を、想起しよう。

「蓑田一派の策動により司法権があすこまで動かされる様《よう》では〔、〕国家の学問的研究というもの〔、〕やめる外《ほか》ないとおもいます」。

「あすこまで」という意味は、早稲田大学教授・津田左右吉《つだそうきち》の四冊の著書、『神代史の研究』、『古事記及日本書紀の研究』、『日本上代史研究』、『上代日本の社会及び思想』が、昭和一五年（一九四〇）に発禁処分になった事件を、指している。

すでに一連の学者たちの大学追放事件が、次々と生じていた。若干の例を挙げるなら、矢内原忠雄の『中央公論』昭和一二年（一九三七）九月号の論文「国家と理想」が、全文削除となり、矢内原は同年一二月に東京帝国大学辞職に追い込まれた。翌昭和一三年（一九三八）には、矢内原の『帝国主義下の台湾』と『満州問題』が自主廃刊となる。河合栄治郎の『社会政策原理』、『ファシズム批判』、『時局と自由主義』、『第二学生生活』も、おなじ昭和一三年に発禁となった。天野貞祐の『道理の感覚』もこの同じ年に自主絶版。津田左右吉の『神代史の研究』、『古事記及日本書紀の研究』、『日本上代史研究』、『上代日本の社会及び思想』は、昭和一五年（一九四〇）に発禁となった。

昭和一八年（一九四三）の京都学派攻撃も、同様に熾烈だった。その「戦果」のひとつとして、学者たちに論壇を提供していた雑誌『中央公論』や『改造』は、翌昭和一九年（一九四四）七月に廃刊に追い込まれた。

西田と京都学派の学者たちにも、逮捕の動きがあった。陸軍軍務局長をつとめ、「総動員法」を立案し、言論統制の元締めをした佐藤賢了《けんりょう》の回想「制服時代の主役」に、次のようなくだりがある。「その頃こんなことがあった。西田哲学の西田幾多郎博士を引張るかどうかという問題があって、矢次一夫氏が中に入り、止めてくれという話があった。私はそんなことを知らなかったので、びっくりした。そして私の目の黒いうちは、西田さんを引張るようなことはさせないと言った」〔佐藤賢了「制服時代の主役」『文藝春秋』昭和三三年（一九五八）四月号、一五八頁〕。

蓑田は『原理日本』誌上で、西田を標的とした論文を次々と刊行した〔「西田哲学の方法について」（昭和一三年）、「西田哲学の戯論性」（昭和一四年）、「西田哲学の日本文化論における脱落」（昭和一五年）、「言語魔術の偶像としての西田哲学」（昭和一六年）など〕。西田はこの思想戦に警戒しつつも、応戦はしていない。「狂犬には相手になりませぬ」（二七七六、務台理作宛、昭一三・七・四）。「私も蓑田が始終ねらい居るが〔、〕直接に歴史的事実にふれて居らぬから大抵大丈夫とおもうが」（三一六二、堀維孝宛、昭一五・三・一二）。

他の京都学派の学者たちも、応戦はしなかった。ただ例外的に、田辺元だけがいちど『原理日本』昭和一一年（一九三六）一〇月号の蓑田の批判に応えて、「蓑田氏の批評に答ふ」という駁論を草した。それも、こともあろうに蓑田の機関誌『原理日本』昭和一二年（一九三七）五月号に、寄稿した。

この論文は『田辺元全集』第八巻第二刷（筑摩書房、昭和四八年）では、表題が「蓑田氏及び松田氏の批判に答ふ」となっている。表題のちがいは、田辺が蓑田にだけでなく、『原理日本』昭和一一年一二月号での松田福松の論文「科学的精神と新スコラシュテイク」にも駁論していたことによる。蓑田の『学術維新』に収録された折りには松田への駁論は省かれているので、表題もこう変えられたのであろう。

そして田辺は信じられないことを書いてしまった。「学術的に無原理にして思想的根拠の乏しき憾《うらみ》ある他の諸派に比するとき、『原理日本』の立場が思想的学問的に優越なるものを有することは疑はれない」〔『田辺元全集』第八巻(前掲参照)、一二三頁〕。田辺一流の礼儀正しさから、相手へのいちおうの敬意を表明したつもりなのであろう。しかし、さすがにそれは相手を持ち上げすぎていた。まもなく田辺は蓑田に手紙を送って、論争終結を一方的に宣言している。この書簡は、現在の『田辺元全集』には採録されておらず、蓑田胸喜『学術維新』六一八頁にのみ掲載されている。

国体論

上のような時代状況のなかでも、西田は基本的には哲学の思索に没頭していた。ただ、それとは別に現実力学としての政治は、西田の生活に濃い影を落とす。

古代から現代に到るまで、哲学と政治はいつもただならぬ関係におかれてきた。平時にはその緊張は覆われているが、乱時にはそれが顕わになる。哲学はその本性上、いかなる現実に対してもこれを根本的に吟味し、問い直そうとする。しかし他方で、いつも特定の政治的現実によって規定されている。繰り返しになるが、西田自身も、日露戦争での旅順陥落を祝う提灯行列を「浮薄」と評して「打坐」に沈潜したが、他方で日本海海戦の大勝利のときは、「国民歓喜措《お》く所を知らず」と、日記に記した(本書四六頁)。あれほど対米開戦に反対し、軍部の方針をはげしく批判しながらも、真珠湾攻撃の大勝のときは、「一旦立てば海軍のやる所すばらし」(三五五四、原田熊雄宛、昭一七・二・二)と、書いてしまう。もちろんそのすぐ後つづけて、「併《しか》し春になって北はいかん［、］欧州の方も知り難きものなきにあらず」と、愁いを記してはいるが、その振幅そのものが、「哲学と政治」の主体がつねに特定の歴史的環境の中におかれた人間だということを、示している。

いっそのこと時代の限定を受けない純学問的な哲学研究、ないしテキストの文献学研究に徹する、という立場もあるだろう。それはそれで、ひとつの立場ではある。しかしその研究は「研究」であって、現実と向き合う「思索」でないということも、明白である。それに、政治的関与を避けて象牙の塔にこもるということも、そのときは中立のように見えるが、時代が過ぎてみれば、その姿勢そのものがそのときの一定の政治力学的な磁場のなかでの立場であったことが、判明するはずである。

西田も、そしてその弟子たちも、乱時を生きた。「哲学と政治」あるいは「思想と時代」の、ただならぬ緊迫関係のなかに、投げ入れられていた。いま焦点を西田にしぼって、ある事由を介して、この緊迫を見とどけておこう。それが、西田の「国体論」である。

「例の私の〈国体論〉［、］その後［、］長野の国民学校の先生に漏れ［、］謄写版とかになって居るというので［、］それでは却って危険故《ゆえ》（務台君の話）今度『哲研』［『哲学研究』］の方に発表することにいたし［、］沢瀉《おもだか》［久敬］君の方へ送りました［、］務台君が文部の或《ある》人々に見せた由［、］国体という語があると或一派の者共の注目をひき［、］言尻《ことばじり》を捕えて騒ぐからと云うので［、］唯《ただ》に真の研究的学徒に見てもらうという意味で〈哲学論文集第四補遺〉という題にして置きました」（四二八八、高坂正顕宛、昭一九・一二・一六）。

この高坂正顕宛て書簡の語が、現在、西田全集「旧版」第一二巻、「新版」第一一巻に所収の、「哲学論文集第四　補遺」国体論の、成立経緯と伝播経緯である。同様の内容が、西谷啓治宛の書簡ではこう記されている。

「高山君のご存知の如き理由にて〔、〕例の〈国体論〉を哲研に出すことにいたしました〔、〕君のご注意で〈国家と国体〉として置いたのですが〔、〕それでも尚注意を引いてよくなかろうと云うので〔、〕あんな題にいたしました〔、〕もう一つ君の案があった様でしたが忘れました〔、〕又後日ゆっくり考えることに致しましょう〔、〕高坂高山君などとお読み下さいました由〔、〕何卒《なにとぞ》よろしく万事ご注意お願いいたします」（四二九七、昭一九・一二・二〇）。

西田の国体論の中心的な語句を、ふたつ引いておこう。「民族的主体が歴史的世界形成力として、絶対現在の自己限定の形を取ったものが国体である。」（「旧」一二・四〇三、「新」一一・一九六―一九七）。これは、西田が考える「国体」の一般的本質である。

もうひとつの語句は、こうである。「皇室は氏族的主体ではなくして、主体の主体である。我国民が皇室を中心として、種々なる時代の変遷に関らず、維新即復古、復古即維新として、今日まで生々発展し来り、天壌無窮の信念を有する所以は、右の如き国体観念に基くものであろう」（「旧」一二・四一八、「新」一一・二〇八）。

西田はこの「国体論」を、半年前の五月に西谷に見せ（四一一四）、西谷はこれを高坂、高山、鈴木の四人と読み合わせした。しかし「国体」というテーマは火中の栗である。原理日本グループの眼に入ったら、碌《ろく》なことはない。不要の挑発を受けないようにと、弟子の西谷啓治は表題をすこし包括的に「国家と国体」とすることを、西田に提案した。しかしそれにしても、あれだけ蓑田グループからの攻撃を避けていた西田が、どうしてこのようなテーマの一文を草しようとしたのだろうか。ひとつの参考は、西谷に原稿を渡す二カ月まえに和辻哲郎に送った手紙である。

「法律学者が簡単に我《わが》国体を家族的と云ってすまして居る様ですが〔、〕Recht〔法〕というものを何処から出すのでしょうか〔、〕又学問でも宗教的でも何でも国体を基礎として国体からと云う様ですが〔、〕国体というものを概念的に明《あきらか》にして置く必要なきものにや」（四〇五三、昭一九・三・一五）。

文教政策をめぐって時の首相や文相に談じ込んだり、日比谷公会堂で柄にもなく街頭演説までした西田のことである。いま「国体というものを概念的に明《あきらか》にして置く必要」を感じて、国体論の一文を書いた。もちろん、「あまり人が国体ということかけ〔書け〕とすゝめる故〔、〕一寸《ちょっと》〈国体〉というものをかきました」（四〇四四、柳田謙十郎宛、昭一九・三・九）ということも、あった。しかし火中の栗であるから、西田は自分の国体論を知人だけに回覧して、発表は見合わせていた。ところが信濃哲学会で西田の話を聞くことの多かった信州の国民学校の先生が、この原稿を入手して謄写版で配布してしまった。このような文書の一人歩きは、はなはだ危険である。きちんと発表しておかないと、禍《わざわい》が大きくなる。かくして西田はこれを『哲学研究』に発表した。そこでの考えは、かつて山本良吉に送った書簡での考えと基本的におなじであるから、確認を兼ねてもういちど、これを引用しておこう。

「此頃《このごろ》国体ということがやかましいが〔、〕我国の国体が大なるhumanity〔人間性〕の上に基づいて居ることを説く人はない〔、〕唯《ただ》万世一系ということをdogmatic〔ドグマ的〕に説くのみである〔、〕万世一系の皇室は大なる慈悲、没我、共同の象徴であると思う〔、〕此の深い精神をとかねばならぬと思う」。この国体理念の意味、そしてそれと現実との乖離という問題については、再説しない。

この「国体論」に続くようにして起こった、もうひとつの事由を書き加えておこう。「世界新秩序の原理」と題する西田の一文の顚末である。

世界新秩序の原理

まず、西田の「日記」の昭和一八年（一九四三）三月五日の記事を引用する。「金井来訪〔、〕国策研究会の矢次一夫来訪」。

日記のこの一行だけからは、後世の人間には意味連関は分からない。すこし解説するなら、「金井」という人物は元蒙疆《もうきょう》政府〔第一次近衛内閣が設置した「興亜院」の、モンゴル地区を管轄する「蒙疆連絡部」のこと〕の最高顧問・金井章次である。矢次一夫《やつぎかずお》は陸軍のブレーンで、「国策研究会」を組織した人物である。矢次一夫の『東条英機とその時代』（三天書房、一九八〇年）の該当個所を見ると、背景がもっとはっきり分かってくる。

まず金井章次が、大本営で構想されていたある会議を先取りして、この会議のために「大東亜宣言」といった文章を、西田か田辺に作成してもらったらどうかと、陸軍ブレーン・矢次に持ちかけた。そこでふたりは西田を訪れることにした。まず金井が先発隊となって西田に趣旨を説明し、矢次が本番として西田と訪問した。その際、矢次は西田の激怒に遭う。「近ごろの役人どもや軍人どもは、一体学者を何と心得ておるのか、ああの、こうのと指図がましく、ぶ、無礼な」、というわけである。しかし西田はあとで、激昂したことを詫びる手紙を送っている［ただしこの書簡は、矢次がそう言及しているだけで、現存していないから、実際の内容を確かめることはできない］。そして、ある文章を書いた。これが、「世界新秩序の原理」である。冒頭に約七百字ほどの「要約」があり、そのあとに二千七百字ほどの「解説」がつづく。

この文章は、奇怪な経緯をたどって、戦後まで尾ひれが付くこととなった。まず西田がこの文章を六月三日に田辺寿利に送った。（三八〇二）。これを田辺が金井に届け、金井が矢次に渡した。和辻哲郎もこれを読んだ。そしておそらく怪訝に思って、西田に照会したのであろう。西田は昭和一八年（一九四三）六月一四日、和辻哲郎宛にこう書いた。「別紙の基は意外の関係にて陸軍の方から頼まれ書いたのですが［、］これは陸軍に見せる為［、］金井章次［、］田辺寿利［、］二氏が私の書いたものによって書いたものにすぎませぬ」（三八一四）。

西田自身の元の文章は、戦後になって『西田幾多郎全集』の第二版までは収録されず、第三版に到って、下村寅太郎の解説を付して収録された。しかし収録に先立って、矢次がこれを自分の回想録『昭和人物秘録』（新紀元社、一九五四年）に載せ、その際、陸軍とのある会合に触れて、その会合で、西田を逮捕しないように依頼したと書く。そこまでは良いが、あたかもそのお礼に西田が「世界新秩序の原理」を草したかのような書き方をした。この回想を、評論家の大宅《おおや》壮一《そういち》が読み、『文藝春秋』昭和二九年（一九五四）六月号に、「西田幾多郎の敗北」と題する評論を載せた。これに対して矢次が、実際はそうではなかったと論駁する。田辺寿利も弁明の一文を草する〔田辺寿利『晩年の西田幾多郎と日本の運命』（西田幾多郎先生頌徳会発行、一九六二年）、三〇頁以下〕。

改変は、金井・矢次のまえに、田辺寿利もしていたのである。もっとも西田自身が田辺寿利に、表現について相談を一任した形跡もある（三七九五、三七九六）。そして「その後いかゞですか、例の文はもうできましたか」（三七九九、昭一八・六・二）とも、田辺に尋ねている。だから田辺寿利からすれば、改変は西田の意を体してのことでもあった。かくして西田の意を受けて田辺が原文に手を入れ、「謄写版で百部」刷って、金井に渡し、これを矢次が後に自分の『昭和人物秘録』に収録した。ところが、そこに収録された「世界新秩序の原理」は、この田辺の百部刷りのものと、さらにところどころで違っている。だから、矢次あるいは金井が、さらに改変したことが窺える。

結局、下村寅太郎が全集に収録した草稿「世界新秩序の原理」は、下村自身も「由来については編輯者自身は審《つまび》らかにしないが」と記すことになった。これに付された西田の「釈明」ともいうべき一文があるが、その釈明そのものが、どこまで西田の本意で、どこまで当時の状況を顧慮したものなのか、よく分からないところがある。他方、西田が田辺寿利に送った、封筒入りの「要旨」がある。これは、全文が西田の書簡の巻に載っている（三八〇二、田辺寿利宛、昭一八・六・三）。「要旨」とは言え、分量は本文の四分の一になり、必要な骨子だけを述べているから、西田の「世界新秩序の原理」を論じるときは、この「書簡」に付された「要旨」を、必須文献に加えるべきであろう。

この「要旨」から、西田の「世界新秩序の原理」の考えをよくあらわす個所を、やや長くなるが、引いておこう。

「今日の世界は、私は世界的自覚の時代と考える。各国家は各自世界的使命を自覚することによって一つの世界史的世界即ち世界的世界を構成せなければならない。これが今日の歴史的課題である。第一次大戦の時から世界は既に此の段階に入ったのである。然るに第一次大戦の終結は、かゝる課題の解決を残した。そこには古き抽象的世界理念の外、何等の新らしい世界構成の原理はなかった。これが今日又世界大戦が繰り返される所以である。今日の世界大戦は徹底的に此の課題の解決を要求するのである。」（「旧」一二・四二七、「新」一一・四四四―四四五）。

西田の「国体」論と「世界新秩序」論のキーワードは、「世界的世界」である。この語をもって西田は、「我国の八紘一宇の理念」、「共栄圏の原理」、「東洋新秩序の原理」、等を意味づけようとした。それは当時の政権に浸透していた極右国粋主義によるこれらの概念の意味づけと、大きくちがっていた。単にちがっていただけでなく、相反していた。西田の言う「世界的世界」とは、「各国家民族がそれぞれの世界史的使命を自覚して、地域伝統に従って、一の特殊的世界を構成」するような世界である。西田はこの「世界的世界」の観点から、当時の「国際聯盟」の理念はなおも「十八世紀的な抽象的世界の理念」だと、批判している。

西田のふたつの文章は、実質的には、「今日の我国の国家主義者」（同上）の偏狭な見方に対する「思想戦」という内実を、含んでいた。

ちなみに、この「思想戦」のコンテキストは、当然ながら太平洋戦争の終結とともに消滅した。国粋主義が舞台を去ったからである。そのあとに、西田のテキストだけが残った。そこには、「八紘一宇」「共栄圏」「東亜新秩序」「国体」等々、当時の言葉だけが残った。コンテキストを見ずにテキストだけを見ると、それは当時の体制の意味づけ、軍国主義の擁護、等々に見えるであろう。占領軍の「公職追放」政策の結果として、そして占領軍にとって計算外の皮肉な現象として、左翼知識人たちが戦後の言論界に勢力を得たが、この知識人たちは西田のテキストをコンテキスト抜きにして取り上げ、「戦争協力」として批判した。その批判は、京都学派全体にも向けられた。概念の「意味付与」をめぐる、身の危険をも伴う思想戦というコンテキストは、すっかり置き去りにされた。

さすがに現在は七十年の距離を隔てているから、当時の状況の全体を見渡すことが十分に可能になっている。山並みの形は、山並みから距離をおかないと見えてこない。そしてそのことは、われわれ自身の時代の「哲学と政治」ないし「思想と時代」に関する問いにも、つながってくる。

空襲の日々

原理日本社が仕掛けた「思想戦」、西田がかかわった「国体論」と「世界新秩序の原理」稿、それらの歴史的背景は、言うまでもなく太平洋戦争に集約される昭和一〇年代の日本の状況である。その戦争が最終局面に入る時期の西田の「日記」を、見ることにしよう。本書の「はじめに」で述べたように、四八年間にわたる「日記」を一台の走行車にたとえるなら、これまで淡々と西田の身辺と内面の出来事を記録しつつ、おなじスピードで走りつづけてきた車が、最後の走路に到って、すなわち昭和一九年(一九四四)の後半から、突如として黒煙に包まれ始める。今から見るのは、その走路である。そこでは、国家の破局を視覚化する「空襲」が、記事の主場面となる。

七・九「昨夜飛行機九州へ」。
八・二一「昨夜九州地方空襲」。
一一・七「空襲」。
一一・二四「七八十機東京空襲、はじめて」。
一一・二七「雨〔〕空襲」。
一一・三〇「雨〔〕昨夜中空襲、神田から日本橋辺まで火事」。
一二・三「空襲七十機」。
一二・二七「敵機大空襲、七編隊にて」。
昭和二〇年（一九四五）に入ると、空襲と戦局の記事は一挙に頻繁となる。
一・九「四編隊帝都侵入」。
一・一〇「敵ルソン上陸」。
一・一九「ロシヤ数日前より大攻撃開始」。
一・二七「有楽町辺爆撃」。
二・二「赤軍オーデルへ、ベルリンへ八十キロ」。
二・九「ジューコフ軍オーデル河を挟えてベルリン六十キロ前面に迫る」。
二・一〇「敵機五編隊九十機にて関東へ」。

やがて戦火は、西田の居住地・鎌倉の近辺にまで及ぶようになる。

二・一一「午前［、］我が家の上空［、］敵機落下の如きものを見る」。

現実の状況とメディア報道との乖離《かいり》は、覆い難いものとなっていく。「独逸《ドイツ》軍事評論家の言として曰く〈ドイツはベルリンを失っても破れたことにはならない〉、（…）我が国では比島［フィリピン］に出て居るものがアメリカの太平洋戦力の最大限と云って居るが［、］徳富［蘇峰］はアメリカは人的資源が尽きて居るという」（二月一一日の日記補筆）。

この三日後の二月一四日、長女の弥生が急逝した。「弥生［、］午前八時四十五分絶命」。西田は深い悲哀に沈む。「近年は特に親切に厚き孝養を尽しくれ［、］子供の中にて一番にかけ替えのない子とたよりにいたし居りましたのに［、］突然にこういうことになり何とも云い様のない淋しさを感じて居ります［、］思い出す毎に胸迫り涙を催します」（四三五四、上田操宛、昭二〇・二・一六）。

はげしい空襲のため、静岡で執り行われる弥生の葬式に、西田は出かけることができない。戦局という国家の公《おおやけ》の出来事と家族の葬儀という私的な出来事とは、悲しい仕方で一体化して分かち得なくなっていた。しかし、他方では「きょうは又関東のほうは［、］はじめての大空襲の様で［、］前の海の宝《ほう》にても砲声殷々《いんいん》たるものがあります」（同上）。そして翌日、「近衛公来訪」。弥生の死を知らずに来訪したのであろうが、その近衛と、やはりいろいろ意見交換をせねばならない状況があったと思われる。近衛はこのとき、すでに首相を退いているが、戦争終結の必然性を認識していた。状況は十分に切迫していた。西田の日記がそれを物語る。

二・一六「敵小型百数十機侵入、飛行場等爆撃〔、〕前面海上にも敵機攻撃〔、〕砲声殷々《いんいん》〔、〕午後二時弥生葬式の筈（静〔静子〕静岡へ）〔、〕敵何百機と入り代り侵入、終日砲声殷々《いんいん》絶えず〔、〕空母十数艦隊三十何隊を以て近海に迫り来り〔、〕延《のべ》千機を以て来襲せりと云々」。

娘の死への悲しみと大空襲の砲声とが混じり合う、異様な日々となった。

二・一七「昨日と同様、五百機」。

二月一八日に三木清がまたしても検挙され、その後ふたたび監獄を出ることは、なかった。しかしその三木検挙の報せは、西田には届いていない。たとえ届いたとしても、何もできなかっただろう。この日、西田は人に「疎開」を勧められている。戦局は決定的な局面を迎えていた。

二・一九「敵〔、〕硫黄島上陸」。

この戦局は、もちろん戦線だけの問題でなくて、国民生活の問題でもある。はたして三月に入ると、

三・七「もうだん〳〵野菜もなくなる、野草にても食う外ない」。

三・一二「一昨夜のＢ29百三十機の空襲〔、〕東京大火災、聞けば聞く程悲惨」。

この記事の欄外には、こう記される。「岩波の松本云、死者六〔、〕七万、罹災《りさい》者七〔、〕八十万」。

そして空襲は名古屋から大阪・神戸へと広がる。しかし政局担当の当局は、その狂信を改めなかった。否、狂信者の集団だったからこそ、このような政局となったとも言える。

三・二三「小磯首相はサイパンはおろかガダルカナルも取り返すという」。

もちろん戦局はどうにもならず、戦争終結のための内閣として、

四・六「鈴木貫太郎［一］大命拝受」

となる。

二・二六事件で襲撃され、奇跡的に一命を取り留めた海軍の鈴木貫太郎（一八六八―一九四八）が、組閣を命ぜられた。東郷平八郎より二〇歳年少の、おなじ薩摩の海軍軍人・鈴木貫太郎については、その大きな人柄と確かな見識と日本海海戦での武勲などから、これまで多くの映画やテレビでも描かれてきた。『日本のいちばん長い日』（東宝、一九六七年）、『そして戦争が終わった』（TBS、一九八五年）、『坂の上の雲』第三部（NHKスペシャルドラマ、二〇一一年）などが、その一部である。たしかに実人生そのものが、ドラマ的であったようだ。二・二六事件で安藤輝三大佐の班に襲撃され、止めを刺されようとしたとき、妻のたかが身を張ってこれを阻止し、安藤大佐が捧げ銃《つつ》の礼をして去ったこと、大佐が実は鈴木を深く尊敬していたことなどは、ほぼ事実であろう。同様に、襲撃隊が発射した弾丸のひとつが頭部に入ったが、貫通して出ていったこと、胸に入った弾丸は心臓をわずかにそれ、鈴木は一命をとりとめたことも、事実であろう。逆に、二・二六事件で反乱軍として鈴木を襲撃した安藤大佐が、後に処刑された。生と死の逆転劇のようなドラマが、ふたりのあいだで生じていた［鈴木の人生には、ほかにもいろいろ劇的な場面が伝えられる。「伝記」の類いとしては、多くのものの中から、小堀桂一郎『宰相鈴木貫太郎』（文藝春秋、一九八七年）を、良書として挙げておきたい］。

鈴木貫太郎
（国立国会図書館提供）

この四月六日の日記記事の続きと、その後の記述を、追跡しよう。

四・八「ソ聯〔、〕日ソ条約破棄通告〔、〕小磯〔、〕数日前ガダルカナルまで取り返す自信ありと云い、舌根乾かざるに辞職、国民を欺くもの甚し」。

「沖縄戦果大か〔、〕又音楽。〔欄外に〕鈴木総理〔、〕日露戦争の時〔、〕世界が日本の敗《まけ》と思ったが勝った〔、〕今度も勝つという。（国際関係が大分違う様だが）〔、〕日本の政治家は外交無視、あまり武力のみ見ていないか〔、〕判断あまりに抽象的」。

鈴木貫太郎は、上述のようにいろいろドラマ化もされて人気もあり、またそれらは必ずしもフィクションばかりではないから、西田のコメントはすこし厳しすぎると受け取られるかもしれない。それに、いつの時代にも新聞で報道される当局者の発言と、実際の本人の本音とのあいだには、見通し難い隔たりがある。鈴木自身に関してその典型的な例をあげるなら、連合軍がポツダム宣言（昭和二〇年／一九四五、七月二六日）を発表したとき、鈴木が七月二八日の新聞に、「断固戦争完遂に邁進」「政府は黙殺」等々と述べた語が、それである。鈴木は後日に、その語は本音ではなく陸軍の「無理強い」だったと、述べている〔『鈴木貫太郎自伝』（時事通信社、一九六八年、新版一九八五年）、二九三頁〕。

西田の鈴木貫太郎批判は、当時の新聞報道を判断根拠としているから、そのかぎりで鈴木を斟酌する余地はあるであろう。しかしながら、この「黙殺」発言が連合国側に日本の意志として伝わり、結果的には八月六日の広島原爆投下、八月九日のソ連参戦、同日の長崎原爆投下、等につながった。鈴木自身も、「この一言は後々に至るまで、余の誠に遺憾と思う」〔同上〕と、悔やんでいる。鈴木自身は、本土決戦を主張する東條英機や阿南惟幾《あなみこれちか》といった陸軍強硬派と対峙しつつ、戦争終結に努力したから、その働きは認めねばならない。しかしそのように認めた上で、もしなおも上の鈴木発言にコメントをするなら、やはり西田のように言うほかない、という気がする。西田の日記をさらに追跡しよう。

四・一四「宮城、大宮御所、火災〔、〕明治神宮消失」。

四・一七「防空壕掘りはじめる」。

このような状況なのに、というか、このような状況のゆえに、当局の報道の誇大虚偽はさらに甚だしくなる。西田はそれを凝視して、日記に記す。

四・一八「空母五隻撃沈、又大音楽」。

この記事の欄外には、ドイツでの誇大虚偽報道が引用される。「ヒットラー、数日の中《うち》の戦争にて、東西の敵を破る、ベルリンは十分に防備した」。

五月一日には、ラジオでイタリア・ファッショ政府の首相ムッソリーニの処刑が報道され、五月三日には、ナチスの天才的宣伝相・ゲッペルスが自殺した。それらも日記記事となった。

五・八「此日ドイツ全体降伏」。

西田の「書簡」をも、参照しておこう。「ヒットラーも悲惨な末期を遂げた〔。〕無理が通れば道理が引込むという諺もあるが〔、〕無理はやはり遂には通らぬものらしい」（四四五九、鈴木大拙宛、昭二〇・五・一二）。「ドイツもついに没落、日本もとうどう〔到頭《とうとう》〕世界相手にせねばならぬことになりました」（四四六六、木村素衛宛、昭二〇・五・一六）。

西田の日記は、それまでは一行から二行での出来事の簡単な記述がほとんどだったが、この頃には、当局や時流に迎合した言論人への西田の怒りが縷々《るる》、記される。たとえば五月一〇日、「徳富〔蘇峰〕は日清日露と違って今度の戦争に日本国民が気魄ないという〔、〕国民が徳富の如き指導者より頭が進んで居るのだ〔、〕（…）徳富は敵を沖縄に撃破し尽すは天与の神機だという」。

書簡にも、怒りは記されている。「不幸にして私共の予見していた通りになりました〔、〕田舎者共の世界みずの驕慢《きょうまん》無謀の自業自得の外《ほか》ありませぬ〔、〕而も今日に至りて尚総理以下〔、〕空虚な信念を号呼して居るに過ぎないでありませぬか」（四三八九、長与善郎《ながよよしろう》宛、昭二〇・三・一四）。

疎開を目前にして…

西田の最後の日記記事は、六月一日。「ウス曇20°」とだけ記された。その前日には疎開先が決まっていた。五月三一日、「下村、布川へ、疎開の道筋につき」。下村寅太郎が疎開先を考慮し、布川角左衛門《ぬのかわかくざえもん》が具体的な疎開先を手配していた。日記記述とおなじ五月三一日、西田は布川にこう手紙を書いている。「小生の疎開の事につき色々と御配慮御厚情〔、〕誠に難有《ありがたく》感謝の至りに堪えませぬ〔、〕飯島の家というのはそれで結構で御座います〔、〕唯、今はとても日用品など持って行くのがむつかしいと存じます」（四四八三、布川角左衛門宛、昭二〇・五・三一）。

その三週間まえまでは、西田はまだ疎開をためらっていた。「この辺は毎日敵の飛行機がブン〱云って通り行きます〔、〕先達《せんだって》川崎横浜辺《あたり》を爆撃せし時など〔、〕茅山の後《うしろ》が真っ赤でした〔、〕それに相模湾の艦砲射撃上陸などの噂もあり〔、〕にげて行く人も多い様です〔、〕切《しき》りに信州辺《あたり》へ疎開をすゝめる人もあるが〔、〕もう女中もにげ帰り老人二人にて他に行って中々不自由なるべく〔、〕信州の冬も凌ぎ難きかとも思い〔、〕その気にもなれませぬ、万事天に任せて居ります」（四四五六、山内得立宛、昭二〇・五・七）。

「その気にもなれませぬ」とは言ったが、しかし翌日には「此日《このひ》ドイツ全体降伏」（「日記」昭二〇・五・七）となった。その一週間後には、「名古屋へ五百機」（「日記」昭二〇・五・一四）。そしてその十日後には、「B二五〇機東京都へ来襲〔、〕山ノ手〔線〕不通〔、〕東京大船間不通〔、〕宮城御園、赤坂爆撃」（「日記」昭二〇・五・二四）。つづいて「B京浜来週四百機」（「日記」昭二〇・五・二九）。そしてさらに翌日は、「横須賀線不通」（「日記」昭二〇・五・三〇）。

信州の冬は凌ぎ難いとか、天に任せて居りますとかと、呑気なことはもう言っていられない状況となった。それで西田も、ついに「その気」になった。

「中央線にて行き〔、〕何とかいう駅にて飯田線に乗換、飯田線の伊那本郷という駅にて下車としてよろしいのですね〔、〕中央線から飯田線に乗り換える駅名をお知らせ下さい」（四四八三、布川角左衛門宛、昭二〇・五・三一）。

投函日が判明している書簡としては、これが西田の最後の書簡である。飯田線は、もとの伊那電気鉄道が二年前の昭和一八年（一九三三）に国有化されたもので、現在は東海旅客鉄道である。伊那本郷駅は飯田線のときから現在まで、変わらずに存続している。西田の疎開先がどういう家なのかは、

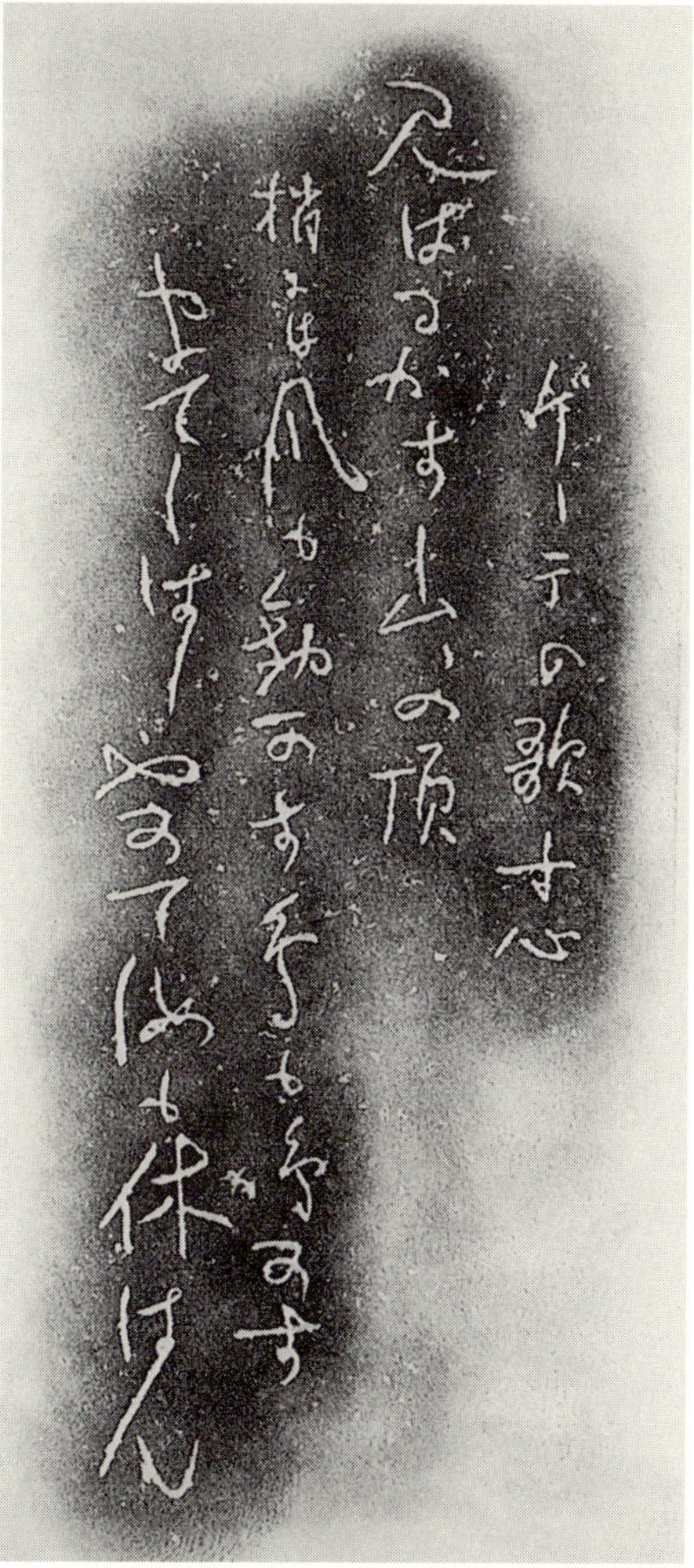

ゲーテの歌　寸心
見はるかす山々の頂梢には風も動かす
鳥も鳴かすまてしはしやかて汝も休はん
九鬼周造墓碑側面
（『西田幾多郎遺墨集』燈影舎、より）

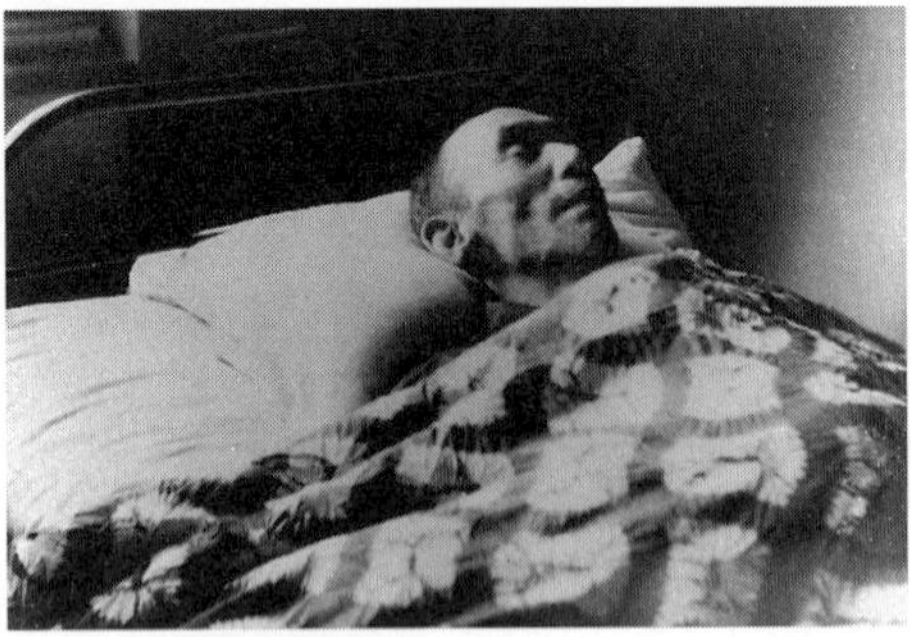

臨終（昭和20年［1945］6月7日）
（燈影舎提供）

調べていないが、しかし調べても、西田の足跡はそこには無いであろう。西田は疎開をまさに目前にして、絶命してしまったからである。学士院経由で疎開先への列車の切符を手配することを念頭におきながら、六月三日に体調を崩して、六月七日に腎臓炎（腎炎）で急逝した。

西田は、自分がこの世を去るということを、すでに予感していたように思われる。死ぬ二週間まえの五月二六日の日記に、「九鬼の墓碑を書く」とある。その前夜に、はげしい空襲で都内の各所が炎上した。この二六日の日記にも、「昨夜二五〇機来襲〔、〕宮城、大宮御所炎上〔、〕都内所々火災〔、〕山手〔線〕不通〔、〕東京大船間不通」とある。そのちょうど三年前の五月に、九鬼は死去した。連日の空襲がつづくなか、西田は九鬼周造の墓碑にゲーテの歌を刻ませようとして、ゲーテの歌を自分で訳し、その訳詩を自ら墨書した。その墨書は、京都の「哲学の道」沿いにある法然院墓地の、九鬼の墓碑の右側面に、刻まれた。西田はゲーテのどの歌を選んだのか。

見はるかす山《やまやま》、の頂／梢《こずえ》には風も動可す《うごかず》鳥も鳴かす《ず》／まてしはし《しばし》やかて《やがて》汝も休《やすら》はん

「やがて汝も休《やすら》はん」は、西田が自分自身に語る語でもあった。その「やがて」は、きわめて早くやってきた。二週間後に西田は永遠の休らいに入ったからである。もし西田が下村や布川の用意した疎開をあと一週間でも早く決心し実行していたら、西田は空襲の轟音・爆音から離れて信州の新鮮な空気のなかで健康を維持し、生きて終戦を迎え得ただろう。過ぎて還らぬ歴史に「もしあのとき…」と語るのは無意味だが、しかしその感慨のなかで故人が蘇るということ自体は、無意味とも思われない。

終章　「本当の日本はこれからと存じます」（一九四五―）

西田の現在

死とともに人は土に還って現世から消える。「死体」としても消える。しかし、「死者」として存在し始める。この考えを初めて活字にしたのはもう二十年も前だが［拙稿「死者の現在」『仏教』第二二号、一九九三年一月、四七―五五、九八頁］、いまもその考えは変わらない。故人としての存在は、単に生者の追憶のなかでのことであって、実際は灰に帰した非実在にすぎないと言われるかもしれない。また、追憶のなかで存在する場合であっても、いずれは忘却の淵に沈んでしまう意識像にすぎず、「存在する」などとは言えないと、批判されるかもしれない。しかし、本当にそうだろうかと逆に問い返してみたい。無名無数の死者たちが営み築いた事蹟が、現在世界の基層と伝統とを形成している。伝統とは、無名無数の死者たちが築いた世界のことである。生者たちが記憶しようとしまいと、「死者」たちは、世界の現在のなかに、「伝統」ないし「基盤」を築いた者たちとして、存在しつづけている。

無名の死者たちですらそうであるなら、歴史に名を刻まれた死者たちは、世界の現在のなかにもっと表明的な仕方で存在しつづけることになる。西田幾多郎は、そのテキストが多くの人に読みつがれ、欧米の哲学界でも着実に受容が広がってきた。西田もまた、「死者」として現在的である。それなら、立ち入って問うてみなければならない。西田はどのような「現在」を、今もわれわれと共有しているだろうかと。逆に、われわれはどのような「現在」のなかで、西田と接しているだろうかと。

西田の予見と現実

これまでに見てきたように、最晩年の西田は、当時の政治家や軍人たちとの接触を通して文部行政の方向是正にも心を砕き、連日の空襲のさなかにあっても、ひたすら思索をつづけた。思索はつぎつぎと開けていった。しかし戦局のほうは、西田が開戦まえから予見していた通りとなり、絶望的な状況となっていった。その状況下で、西田は今後の日本についての根本的な洞察を堅持していた。

「唯《ただ》武力のみに自信を持つ国は〔、〕一旦武力的に不利ならば国民は全く国民的自信を失い〔、〕失望落胆〔、〕如何なる状態に陥るか〔、〕実に寒心の至りに堪えないのです〔、〕之《これ》に反し高い立場を何処までも失うことさえなければ〔、〕一時は万一国家不運の時あるも必《かならず》再起〔、〕大いに発展の時が来ると思います〔、〕道義文化の立場に於て真に東洋に大なる使命を有って居るのではないですか〔、〕本当の日本はこれからと存じます」（四四二三、高坂正顕宛、昭二〇・四・八）。

昭和二二年（一九四七）七月九日、岩波書店から『西田幾多郎全集』第一巻を買い求めようとして、大勢の人々が書店の前で一夜を明かして列をなしたが、〔『岩波書店五十年』（岩波書店、一九六三年）、二

『西田幾多郎全集第１巻』発売を待つ人々
発売日の３日前から行列ができた（昭和22年７月19日午前２時，『朝日新聞』７月20日号掲載）（『写真でみる岩波書店80年』岩波書店，より）

五九頁による〕、その人々は、「一時は万一国家不運の時あるも必《かならず》再起〔、〕（…）本当の日本はこれからと存じます」という西田の語を、聞きたかったであろう。

それにしても西田は、「本当の日本」をどういう方向に見ようとしたのだろうか。「道義文化」というだけでは、まだ抽象的すぎる。先にも引いた、ヒットラーの悲惨な末期に言及した西田の鈴木大拙宛書簡を、引いておこう。

「今の人は力《ちから》信仰の全体主義が新しい行方のようにいうが、逆にそれは旧思想で最早《もはや》時代錯誤であり〔、〕新らしい方向は却《かえ》ってその逆の方向に〔、〕即ち世界主義的方向にあって〔、〕世界は不知《しらず》不識《しらず》その方向に歩んで居るのではなかろうか」**（四四五九、鈴木大拙宛、昭二〇・五・一一）**。

「世界主義」は、西田がよく用いた「世界的世界」と同義である。ひとつひとつの国家が、民族の特性を維持しながら世界を映す一角となり、ないし世界を形成する一角として世界性を得る、という方向である。西田は、「大なる慈悲、没我、共同の象徴」としての皇室を抱く日本が、この「世界的世界」の在り方を先取りし、世界に寄与すると考えた。西田は種々の論文にこのことを記しているが、ここでは先に引いた「世界新秩序の原理」の語を、もういちど引用しよう。

「第一次大戦の時から世界は既に此の段階［世界的世界］に入ったのである。然るに第一次大戦の終結は、か丶る課題の解決を残した。そこには古き抽象的世界理念の外、何等の新らしい世界構成の原理はなかった。これが今日又世界大戦が繰り返される所以である。今日の世界大戦は徹底的に此の課題の解決を要求するのである」。

もちろん現実に戦争を遂行した列強諸勢力は、こんな考えをもっていたわけではないであろう。ただ、それぞれの諸勢力の主観的意図を越えて、現実世界の構造力学がそのようになっていたということは、あり得る。少なくとも西田は、そのように考えた。

それでは現実の世界は、西田が考えたような「世界的世界」の実現方向を歩んできただろうか。戦後の世界史は、簡単に「然り」とも「否」とも言い難い方向で進んできた。一方ではグローバリゼーションが進行して、「世界主義的な方向」が開けているようにも見える。しかし他方で、このグローバリゼーションと表裏をなすかのように、戦後のアジア・アフリカにおいては民族独立運動の柱としての民族主義が高まり、東西世界の冷戦が半世紀つづき、ポスト冷戦時代になっても、イスラム世界とキリスト教ヨーロッパ世界とのあいだの関係は、激化することはあっても、距離が縮小したということはない。小民族が大国のもとに編入され、これに抵抗するという図式は、現在も東アジアを含めて世界各地に見られる。領土的・戦略的な対立も、基本的に過去と変わっていない。

歴史世界の反復と対照

もし西田が長く生きていたら、自分の予想を越えた世界史の流れに一驚し、自分の歴史思索を多くの点において新たにしたと思われる。現代技術の問題ひとつを取り上げても、おなじことが言える。もともと「ポイエーシス」〔制作〕というものを晩年の思索の主題のひとつとして取り上げた西田だったが、その「技術論」は、ひとえにポイエーシスの創造性、発展性に目を向けるものであって、その途方もない破壊力を深く思索するものではなかった。一瞬にして都市と数万の人間とを焼き滅ぼす原爆投下の事実や、一地方全体を放射能汚染区域に変える原発事故を見聞したら、また地球環境を根本から破壊しかねない産業技術や、人間の内面までをも変え得る通信技術、医療技術等を知ったら、西田は、「技術の本質」についての思索を修正展開していったはずである。

西田にはハイデッガーの技術論に比すべき、独自の「技術論」がある。かつて旧稿「西田哲学の〈技術論〉」(『現代思想』第二一巻第一号、一九九三年一月、一三八―一四五頁)に、その一端を論じてみたが、最近の筆者の見方は、日独文化研究所の年報『文明と哲学』の創刊号(二〇〇九)から第四号(二〇一二)まで連載してきた西田哲学論に、述べてきた。報告として、タイトルだけ挙げておきたい。「ポイエーシスとノエーシス――西田哲学の視点と逆視点」(日独文化研究所年報『文明と哲学』第一号、二〇〇八年一一月、四五―六一頁)、「プラクシスとテオーリア――西田哲学の正視点と逆視点」(同上、第二号、二〇〇九年一一月、四四―五六頁)、「テクネーとヌース――西田哲学の正視座と逆視座」(同上、第三号、二〇一一年一二月、四一―五一頁)、「西田哲学における「悪」の問題――正視座と偏視座」(同上、第四号、二〇一二年三月、四三―五六頁)。

技術の問題のみならず、政治や軍事や経済のすべてにわたって、太平洋戦争後の歴史世界は、マスコミが毎年の年末特集で用いる「激動の年」という表現がいつも該当するような展開を、繰り広げてきた。それでは西田の「世界的歴史」の思索は、現代にあってどのような射程をもち得るだろうか。

このような問いを論じることは、西田の「伝記」という本書の枠を越える。しかし西田が「死者」としてなお生きているのなら、「終章」でこの問いへの最小限の着手点を探っておくことも、許されるだろう。まず手始めに、西田が晩年を生きた第二次世界大戦の状況と現代の状況とを、二枚重ねに見てみよう。そうすると、西田の時代とわれわれの時代とのあいだに、「反復」と「対照」の両面が浮かび上がってくることが分かる。そして、それが最初のヒントとなる。

「反復」の面で言えば、戦後の日本は少なくとも経済力の面では、ヨーロッパ諸国を凌駕した大国となり、戦前の位置を回復し反復するのみでなく、凌駕さえしている。国民総生産で世界第二位になったのは、一九六八年である。対米戦争が始まってまもなく、西田は「戦争まだ〳〵見透しはつかぬが日本も実に大きくなったものだ」（三六一〇、山本良吉宛、昭一七・六・一四）と記した。一九七〇年代の高度成長期の日本は、かつて領土において「実に大きくなった」日本の、経済面での反復である。そしてそれに伴って生じた日米経済摩擦は、かつて太平洋を隔てて一世紀のあいだ対峙しつづけた両国の対抗関係の反復でもあった。

もっとも、西田が上のように書簡に記した九日まえの六月五日、日本はミッドウェー海戦（昭和一七年／一九四二）で大敗し、航空母艦四隻を失って、早くも戦局の転換を迎えていた。西田が「日本も実に大きくなったものだ」という感懐は、西田がミッドウェー海戦の大敗を知らずに、アジア大陸で拡大しゆく日本軍の支配領域の広がりだけを、指したものである。領土の拡大が敗戦による領土縮小に反転するまでに、たかだか三年を残すだけだった。西田は、日本が大きくなったという感懐をもつ一方で、その膨張を政府がコントロールしかねる危うさをも、直観していた。「幸にしてかゝる状態にして終るとして〔、〕いかに之を統治するか〔、〕実に見当がつかぬ」（同上）と述べている。

この西田の言葉は、「経済大国」化して諸外国に経済的進出をつづけた一九七〇／八〇年代の日本経済にも、妥当するところがある。バブル経済が膨張しつづけていたとき、そんな状態は永続しないという声も一部の識者のなかにあったが、全体としてその声は、投資の加熱のなかでかき消されていった。戦前の軍部勢力の拡大に似ている。やがて経済はコントロールがきかなくなって、九〇年代に入ってからのバブル経済の崩壊となった。「失われた十年」という言葉が交わされたが、同時に日本人の自信喪失という、さらに別の深刻な事態も進行した。西田が述べる「唯《ただ》武力のみに自信を持つ国は〔、〕一旦武力的に不利ならば国民は全く国民的自信を失い〔、〕失望落胆」という言葉を、「武力」を「経済力」に置き換えたなら、バブル崩壊後の日本にもそのまま「反復」し得るところがある。経済力のみに自信をもつ国は、いったん経済が下降しはじめると国民的自信を失い、誰に責任があったのかと、あれこれ内部捜索を始める。

これに対して「対照」の面を取り上げるなら、かつて日本が敵対した「英米」のうち、米国が日本を軍事上の傘のもとに置く同盟国となった。外交的に同盟ないし友好関係にあるから良いではないかという立場もあるであろうが、良し悪しの議論とは別に、他国家の世界戦略の傘の下に入るという、太平洋戦争以前には考えられもしなかった事態があるということも、消せない。経済面での日本の肥大と対照的に、政治面・軍事面では、逆にこれより大きな対照はないという事態になった。「ノーといえる日本」などという言葉が流行る背後には、この事態への潜在的な反発心理があるであろう。他方で、日本としてはもう独自の政治的・軍事的システムを構築する態勢にはない。そんなシステムなど志向しないほうが世界平和のために良い、という意見もあるであろう。「歴史の記憶」は消えないから、アジア近隣諸国には、日本が戦前のように強くなってほしくないという潜在的願望があるはずである。実際、軍事的であれ経済的であれ、単に強からんと志向することは、二一世紀の思考としては一種の倒錯だと、私も思っている。ただ、良き意味での「国民的自信」は形成されてもいいと思っている。

ちなみに、国民的自信の喪失という点で、戦後日本は戦後ドイツと、すこし共通するところがあった。現在ではNATOの中心を形成するに到った戦後ドイツではあるが、精神的な国民的自信という面では、「ナチスの過去」の負債はいまだにあまりにも大きい。戦後ドイツはこの過去を、懸命に清算しようとしてきた。しかし過去は、「清算」はできても「消滅」はしない。ナチスの過去が、「過ぎ去ろうとしない過去」という名で、戦後四十年も経た一九八〇年代半ばの西ドイツで、「歴史家論争」の主題となった。歴史家だけでなくハーバーマスなどの哲学者たちも、この論争に加わった［論争を記録した原書の題は、„Historiker-Streit: Die Dokumentation der Kontroverse um die Einzigartigkeit der nationalsozialistischen Judenvernichtung" となっている。直訳すると「歴史家論争。国家社会主義（ナチス）によるユダヤ人抹殺の唯一性をめぐる諸論議の記録」となる。しかし邦訳（人文書院、一九九五年）では、この論争の口火を切ったエルンスト・ノルテのキーワード「過ぎ去ろうとしない過去」が、そのまま表題に用いられた」。しかしその論争も、過去の清算には寄与したかもしれないが、過去そのものを消したわけではない。ヒットラー・ナチスはユダヤ人だけでなく、ドイツ人自身の感性をも、その一部をガス室に送りこんでしまった。戦後ドイツの精神史は、このガス室から自らの感性を蘇生させて道義的自信を回復することに苦闘してきた歴史でもある。

西田は、「我国の政策の観念的独善的にて現今の如き難局に陥ったのも［、］一に我が国民及《およ》び政治家に［、］深い思想がなかったからと存じます」（四四二三、高坂正顕宛、昭二〇・四・八）と、切歯扼腕した。西田自身は「政治家」ではないが「国民」のひとりだから、切歯扼腕の語は自分に対しても向けられる。だから西田は日比谷公会堂の街頭演説会にまで出かけてしまった。西田が現在の日本を見たら、その言葉を訂正するだろうか。それとも反復するだろうか。それは、西田と現在を共有するわれわれが、自分に向ける問いでもある。

対欧米の関係だけでなく、アジアとの関係においても、反復と対照の両面は際立っている。韓国と中国を焦点とするなら、韓国はいま近代化のプロセスにおいて、日本を激しく追い上げている。韓国の電子機器企業サムソン社は、いま日本の電子機器企業を圧倒し、米国のアップル社と壮絶な競争を繰り広げる世界企業である。個人所得でも社会的インフラの整備でも、日韓の差はまだ大きいとはいえ、それでも着実に縮まりつつある。戦前と現在との「対照」は、そういった個別現象面では歴然としている。そしてそれは、概してポジティブな意味をもつであろう。ただし「反復」の面は、概してネガティブであり、厄介である。歴史問題や「竹島」領有権の問題を介しての、そしておそらくは韓国政府の反日教育の効果も手伝っての、日韓相互のあまり良くない国民感情である。韓国（朝鮮）側の反日感情の歴史は、実は植民地時代よりもずっと昔に遡ることは、歴史を見ればすぐに分かる。いわゆる「歴史認識」論がいろいろ言われるが、そこでの視野はすこし短すぎるように思える。日本文化史における朝鮮半島の役割にまでさかのぼって、大きく考える必要を感じる。

同様のことが、もっと大きな規模で中国との関係において生じている。ここ二十年ほどのあいだに中国は急速な近代化路線を疾走しはじめ、二〇一〇年には国民総生産において日本を凌駕した。二〇二〇年頃には経済規模は日本の二倍に達するという統計もある。宇宙開発でも、中国は自力の宇宙ステーションを開発する域に達し、軍事力も米国が深刻な懸念を抱くまでになっている。過去との「対照」は、日韓の場合よりも遙かに大規模の仕方で際立っている。その対照は、中国にとってポジティブな意味をもつであろうが、歴史の「反復」面となると、それは日中双方にとり危険域に入りつつある。「尖閣諸島」の領有権をめぐって両国間に生じている緊張の背景には、中国の急激な国力上昇や資源確保の必要性、深刻な国内問題のはけ口、といった側面のほかに、日清戦争や日中戦争の頃から存在しつづけてきた（そして日本では忘却されがちな）反日感情の反復がある。日中間に三度目の戦争が生じるとは思いたくないが、そしてそうなったときの結末は想像がつかないが、「歴史は繰り返す」という箴言が当たりはしないかという懸念は、単なる杞憂とも思えない。西田の問題意識には一度も浮上しなかった日清戦争の頃と対照的な、日中対立史の反復であるから、大きな視野と沈着な肚《はら》が要請される。

西田の現在とわれわれの現在とのあいだには、以上のような政治・経済・軍事といった外界面だけでなく、価値観を含めたわれわれの生き方においても、反復と対照がある。価値観の対照から言えば、西田が生き抜いた明治から昭和の時代は、第一章に述べたように、欧米に追いつき追い越せという国家目標が青年たちの人生観に反映する時代だった。明治以来のこの目標は、太平洋戦争後の経済復興と、それにつづく一九六〇年代からの高度成長のなかで、ほぼ達成された。それは戦後日本の業績として評価すべきである。ただ、それに対応する、生き方を環境的に支え定める新たな国家目標が、出てこなかった。福祉国家の建設と言うが、それは人々の人生目標に重なるというような意味での国家目標には、ならなかった。マイホーム、マイライフ、「おたく」、といった個人的な観点が前面に出てきたのは、必ずしも悪くはないが、ただ前提となった経済繁栄や表面的な平和は、すでに保証期間が過ぎている。

このことは、すでに多くの人々が気づいているように思われる。「生き方」の模索がいろいろの形で、あちこちでなされているからである。これは新しい現象ではなくて、文明開化と西洋化に直面して従来の価値観の変更と新しい価値観の構築に迫られた明治以来、日本近代精神史上で反復されてきた現象である。

そこでひとつの問いを立てることができる。すなわち、西田の言う「道義文化の立場に於て真に東洋に大なる使命を有《も》って居る日本」というような意識は、現在と「対照」をなす過去のものとして、忘れるべきものであろうか、それとも現代において「反復」されるべきものであろうかと。多くの現代人は、この言葉に白《しら》けるか、さもなければ、過去の「日本主義」の弊害を思い出して引け目あるいは警戒感をも交えて、大《おお》時代的と笑うだろう。実際、そのほうが健全かつ無難なのかもしれない。ただし、国の浮沈といったことも連想される危機の時代でも、同様に笑って済ませられるかどうかは、それほど自明ではない。

西田以後の西田哲学

以上の問題を、西田自身の「思想」という場面に引き移して、考えてみよう。「西田以後」を考えていた最初の人々は、西田の弟子たちである。西田の三十三回忌法要に、弟子の久松真一が次のような偈《げ》を呈した。「三十三年一刹那／幾多分身帰寸心／遮莫誰智過於師／殺佛殺祖是酬恩」〔久松真一の墨跡集『墨海　久松真一の書』（燈影舎、一九八二年）に所収〕。すこし難しい文言だから、中身を砕いておこう。「寸心」は、西田の居士名。「幾多の寸心」は、寸心・西田幾多郎の多くの弟子たち。かれらは「寸心に帰す」。「遮莫」〔さもあらばあれ〕、「誰智過於師」〔誰が智において師を過ぎ越えるだろうか〕。しかし弟子たちは、弟子であると同時に独立の人格でもある。否、独立の人格であることを思想において証することによって、初めて弟子たちは本当の弟子たちになる。だから、「殺仏殺祖是酬恩」。仏に逢っては仏を否定し、祖師に逢ったら祖師を否定する。これが恩に酬《むく》いることである。

もちろん弟子たちのなかには、殺仏殺祖を試みる「分身」たちばかりでなく、獄死を遂げた戸坂潤と三木清、そして西田哲学から離れていった務台理作と柳田謙十郎、といった人たちもいる。西田から離れていった弟子たちは、西田の「分身」であることを拒否した人たちでもある。

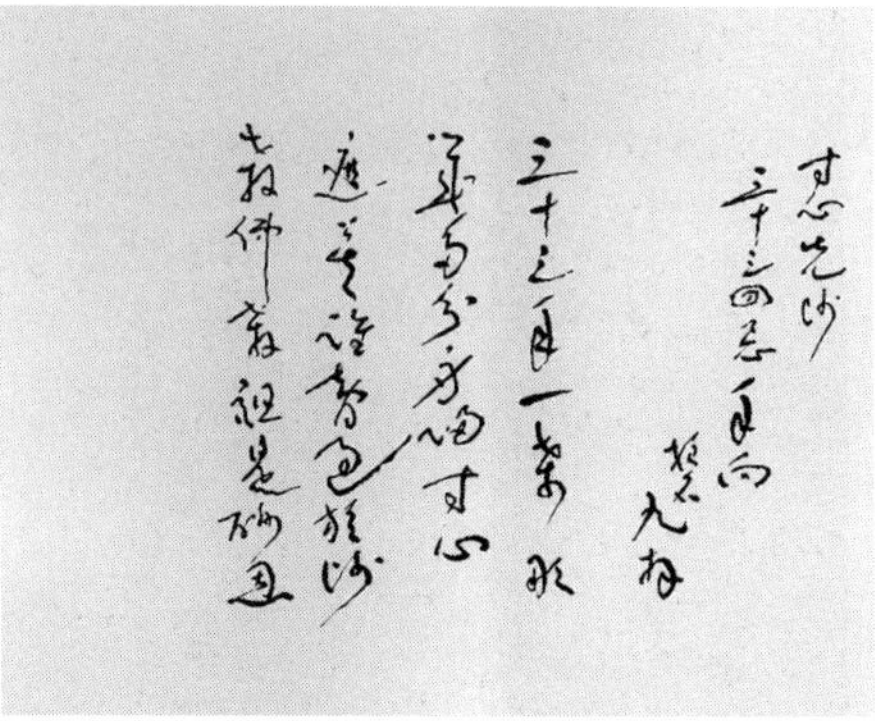

寸心先師
三十三回忌手向
　抱石九拝
三十三年一刹那
幾多分身帰寸心
遮莫誰智過於師
殺佛殺祖是酬恩
（『墨海　久松真一の書』燈影舎、より）

これらの弟子たちについては、すでに述べたから再説はしない。ここでは、その弟子たちからさらに元の源泉にもどって、西田哲学そのもののなかに、「西田以後」の動きがあることを、確認したい。簡単に言えば、それは西田自身が自分の論文集を出すときに、いつもそれ以前の自分の立場の不足点を批判することから始めた、というところに見出される。西田自身が自分の到達点に立ち止まることをせず、これを越えるべき必需性を感じていた。このことを自分で表明して新たな出発点にする、ということは、長い哲学史を見渡しても、前例がないことはないが、西田ほど自覚的・表明的に行なった例は、あまりない。もちろん、西田の思索は『善の研究』以来、ずっと一貫したところがある。だから、たとえば立場がよく変転するがゆえに哲学史家［クーノー・フィッシャー］から「プロテウス」のあだ名を得たシェリングのようなことは、無い［筆者が知る限りでは、初期ロマン派のＦ・シュレーゲルがシェリングのことをプロテウスと揶揄しているから、フィッシャーもこの表現の元祖ではない］。ただ、その一貫するものを絶えず自己更新させていったのである。デ

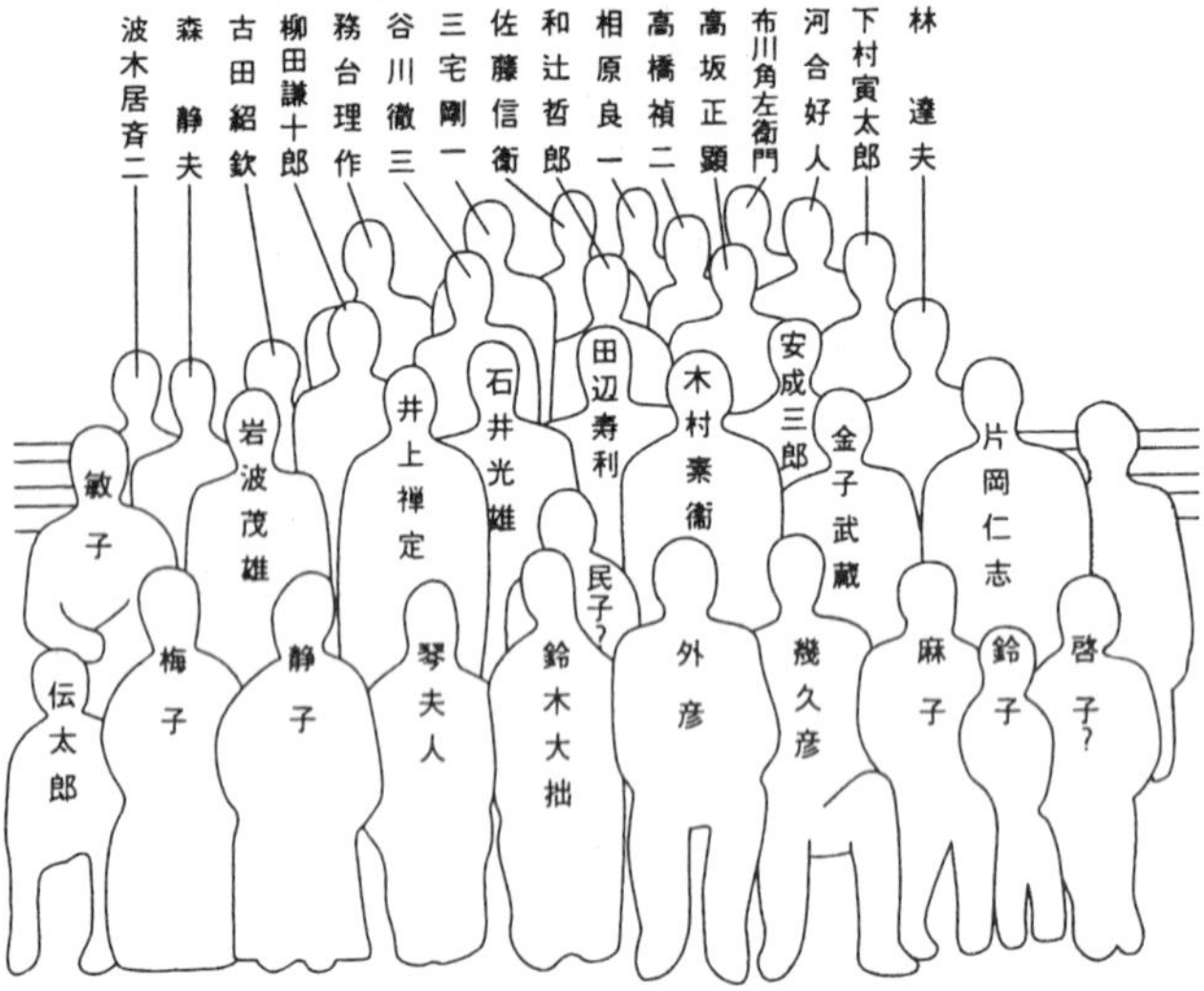

葬儀にて（昭和20年［1945］6月9日）（燈影舎提供）

モーニッシュに創造的、ということができる。

このことは、信奉者といった姿勢で西田哲学を慕う者に対して、西田自身が発する警告であり冷水でもある。そして何よりも、西田の思索そのものが「西田以後」を促す、ということである。

典型的な場面を、挙げておこう。西田の絶筆論文「私の論理について」である。この絶筆がはげしい空襲のつづく最中に起稿されたことは、すでに述べた。起稿したことを記す日記記事は、昭和二〇年(一九四五)五月二〇日であるが、すでにその翌々日に、西田の四八年間にわたる日記が終わる。論文は「四、五枚の」原稿で終わった〔西田の次男・外彦が、「場所的論理と宗教的世界観」の「跋」に、「『私の論理に就いて』と云う四五枚の未完了の原稿」と記しているが(「旧」一一・四六七、「新」一〇・三七〇)、活字数から算出しても、枚数はそのとおりとなるだろう〕。

この絶筆に私が着目するのは、内容のゆえであるよりも、その位置のゆえである。ふつうに西田哲学の最後の到達地点とされる宗教論「場所的論理と宗教的世界観」の、さらに後に位置するからである。西田自身においては、最後の「宗教論」は自らの思索の完結などではなかった。そのあとに、少なくとも「論理」考察が続こうとしていたのである。どんな論理が考察されようとしていたか、「場所的論理」に新たな頁が加わるのか、それは問うても答えがもどることはない。ただ、西田自身のなかで絶えず進行しゆくデモーニッシュで創造的な思索が、そこにまたしても現れている、ということだけは言える。先に挙げた「技術」の問題なども、西田が生きていたら彼自身が提起したであろう。

「我々人間は歴史的世界から生まれ、歴史的世界に於て働き、歴史的世界へ死に行く」(「哲学論文集第四補遺」、「旧」一〇・四四七、「新」一〇・三五四）と、西田は記した。歴史世界へ死に行く者は「死者」として、歴史世界の伝統のなかに生きている。西田の場合は、その思索そのものが、自らの依って立つ所を越え行くよう指示する、という仕方で存在しつづけている。そうであれば、「西田以後の西田哲学」は、西田哲学そのものが促す課題ということになる。

具体的な形として、それはどういう哲学を意味するのかが、さらに問われねばならないが、それは「伝記」の枠を越えた哲学論文の課題でもあるので、本章としてはここで筆を止めることが許されるであろう。ただ、「本当の日本はこれからと存じます」という西田の語が、「日本」という語を「西田哲学」という語に置き換えてもある意味で成り立つ、ということだけ付け加えても良いように思われる。

付論　欧米言語圏での西田哲学研究

欧米での西田研究のビッグバン現象

純血種のごとき「日本文化」や「日本思想」などは、どこにも存在しない。日本文化は絶えず外来文化を吸収して、特殊性のなかに普遍性を蔵しつつ発展してきた。哲学思想となると、なおさらである。日本的特殊性と世界的普遍性とは両立するはずである。後者の観点を欠落させたナショナリズムは論外だが、足場なき国際主義もいかがわしい。いずれも、西田の言う「世界的世界」に届いていない。

この問題は、「世界史」という概念において顕在化する。西洋において「世界史」というとき、長いあいだ「西洋世界の歴史」のことだった。ヘーゲルの「世界史」はその典型だったし、ランケに到って見方は大きく変わるとはいえ、完全に一八〇度の転回を遂げたわけではない。西田の「世界的世界」は、そういった世界史というものの見方を多中心的に展開する上でのキーワードだった。それは西田につづく京都学派の学者たちが共有し、「世界史の哲学」として展開していった［森哲郎の編著になる『世界史の理論――京都学派の歴史哲学論攷』（燈影撰書、第一一巻、二〇〇〇年）が、よい手引きとなる」。

ところでいまは西田の哲学思想が問題だから、そこに場面をもどして考えるなら、「哲学史」もそのような世界的世界の多角性と多中心性をもっても良いはずである。そして日本の哲学思想も特殊性と普遍性を備えた「世界的世界」の一角として、哲学史に参入していいはずである。ただし、それだけの内容を備えた哲学思想が実在する、という前提があれば、である。たとえば西田の哲学思想は、「世界的世界の哲学」といった意義を担い得るものだろうか。

もしこの問いを、たとえば一九八〇年代までの日本哲学界に提出したら、大半の答えは「否」の冷笑でしかなかっただろう。後述するように、京都学派および西田哲学の文献が急に増加しはじめるのは一九八〇年代に入ってからであり、一九九〇年以降にさらに加速するからである。戦後の三〇年ないし四〇年は、欧米での西田研究文献は寥々たるものだった。日本国内でも、西田哲学は大学という象牙の塔の外で広く読み継がれてきたが、肝腎の哲学研究者のあいだでは、講座の専門課程で演習に取り上げたり、卒業論文のテーマにしたりするということは、寡聞にして聞かなかった［ただし西田が奉職した京都大学では、例外的に、かつ自覚的に、西谷啓治が宗教学講座で、周囲の同僚の了解を得て西田哲学の演習をしたということは、聞いている］。西田哲学と京都学派の哲学は、長いあいだ、「戦争協力」というレッテルを貼られていたこと、そして戦後の文献学的アカデミズムの傾向も、拍車をかけたと思われる。ようやく半世紀を過ぎて、九〇年代に入った頃から、現象学者のあいだで注目され始めた。本格的な西田研究の広がりが、そこから始まったと言ってもよい。そのあと一気に京都の一隅での保存状態から解放されて、全国的な広がりで、西田哲学が日本の哲学研究者のあいだの共有テーマとなっていった。

その風潮は、日本だけのものだっただろうか。それとも、ちょうど西田の『善の研究』の出現時期がそうであったように国際的な思想潮流と平行し、哲学の世界における「世界的世界」の位置を西田哲学に対して承認される、といったことがあったのだろうか。この問いに対して、参考となる文献がある。J・W・ハイジック編「外国での日本哲学」〔原書は英文。J. W. Heisig (Hrsg.), Japanese Philosophiy Abroad, Nagoya: Nanzan University Press, 2004, S. 155-171.〕。しかしこの文献が出てすでに八年が経過しているから、そのことも念頭において、いま別の資料によって上の問いを検証してみよう。

その資料とは、ドイツのアルバー社から刊行された『京都学派の哲学』と題するテキスト集である。第一版は一九九〇年に〔以下「第一版」と略称〕、そしてその増補・第二版は二〇一一年に出た〔以下「第二版」と略称〕〔Die Philosophie der Kyôto-Schule, 2. und erweiterte Auflage, herausgeben von Ryôsuke Ohahsi, Karl Alber Verlag, Freiburg. i. Br., 2011.〕。編者は私である。「第一版」を刊行したときは、「京都学派」の学者として採録した著者たち一一人のうち、なお六人が存命中だった。しかし二〇年後にこの増補第二版を出したときは、もう存命者はひとり（上田閑照氏）だけとなっていた。また、二〇年のあいだに後続の学者たちの思想的展開も著しいものがあったから、私も増補版の解説を大幅に補わざるを得なかった。

この「第一版」と「第二版」に、それぞれ付録として「文献目録」を載せた。この文献目録から、欧米における西田研究文献の「ビッグバン」とも言うべき現象が意図せざる仕方で浮き上がってくる。中国、韓国、等にも多少の研究状況が成立しつつあるのだが、上記の「文献目録」は言語的制約から、欧米言語の文献だけに限定している。

とりあえず、挙げられた文献の点数だけを数えてみよう。まず京都学派全体に関する文献は、西田の生存中の一九四〇年から、「第一版」の刊行前年の一九八九年まで、つまりほぼ半世紀のあいだに、全部で一八点である。それに対して一九九〇年から「第二版」刊行の二〇一一年までのほぼ二〇年のあいだに、一〇七点が、出ている。単純統計で二〇一〇年までの出版点数を推定するなら、一一七点といったところだろう。要するに、最初の五〇年間の出版点数に対して、その六倍の出版点数が、後続の二〇年のあいだに出たということになる。この増加傾向は、実は一九八〇年代から始まっている。

西田哲学研究に限定した論文は、「第一版」の文献目録では全部で一一四点を数える。これは西田の生存中の一九三六年から、「第一版」刊行前年の一九八九年まで、つまり半世紀あまりのあいだの点数である。それに対して「第二版」に挙げられた、一九九〇年から二〇〇八年のあいだに出た西田研究論文は、二〇一点である。出版テンポの傾向から推定して、二〇一〇年までの総点数は、おそらく二一〇点を超えているだろう。最初の五〇年間の出版点数に対してその二倍が後続の二〇年間で出たということになる。年平均では、最初の五〇年間は毎年二本強、それに対してあとの二〇年では年に一〇本強。実に五倍のペースである。この増加傾向も八〇年代から始まっているが、最近の二〇年間で顕著となる。

西田文献の増加傾向は、京都学派に関する文献の増加傾向にくらべて、ややテンポが緩やかのように見える。しかしこれは、「京都学派に関する文献」の定義にもよるであろう。たとえば私の„Japan im interkulturellen Dialog"〔『インターカルチャー対話のなかの日本』〕(München 1999)は、京都学派文献に数え入れられている。しかしそこでの一章は、実は西田論であるから、本当は西田文献に入れらるべきものである。文献目録の作成者にとり、膨大な文献の中身まで眼を通して正確な分類をおこなうことは不可能であるから、表題から判然としないものは、無難を期して京都学派文献に入れたのであろう。その限りで、京都学派に関する文献の増加テンポが大きくなるのは当然でもある。しかしその場合でも、学派の中心像はかならず西田であるから、おなじく無難を期して数えるのであれば、京都学派文献と西田文献を併せた数が、実態をよりよくあらわすことになるだろう。

そこで改めて四捨五入して大雑把に数えるなら、京都学派・西田哲学文献は、最初の五〇年間に一三〇点、後続の二〇年間に三〇〇点となる。増加テンポは六倍の早さになっている。

ちなみに、ドイツ語での京都学派・西田哲学文献に関しては、前記の書、J. W. Heisig (Hrsg.), Japanese Philosophiy Abroad, のなかに、きちんとした調査論文が収録されている。Rolf Elberfeld, Japanische Philosopphie in detuscher Sprache, ibid., S. 155-171.

田辺元文献と西谷啓治文献の場合

論文の点数ばかり数えて中身を見ないというのは、カステラの箱に描かれた城の絵を見て、中身をカステラ(ポルトガル語で「城」は「カステーラ」となる)と呼ぶことと、大差がない。桃山時代の日本人がポルトガル宣教師とのやりとりで、そういう思い込みをして、それがカステラの語源になったとの俗説を聞くが、もしかして本当のことだったのかもしれない。私もおなじ日本人であるから、その滑稽談と同じ系譜に立つ恐れが大いにあるのだが、そうと知ったなら、カステラへの視点をすこしずらしておきたい。すなわち、「箱」にもそれぞれの形と大きさがあり、それが意外に「中身」の性質と関係する、という点に着眼したい。

たとえば、京都学派のなかでもとりわけ重要な学者である田辺元と西谷啓治についての文献の数を、見てみよう。そのとき、数字が単なる無機的な在り方から抜け出して、いろいろの意味を語り始める。「第一版」の文献目録に記載された田辺文献は、一九点ある。最初の文献が一九六六年で最後が一九九〇年だから、時間的スパンは二四年間で、一年に一本弱、というペースである。「第二版」では文献数は二七点であり、一九九〇年から二〇〇六年までの一六年間の点数である。だから、一年に一本半、プラス・アルファ、というペースとなる。文献増加率はいちおう高まっているが、西田文献の場合の六倍という数字にくらべて、その増加率に力強さは見られない。何よりも論文の絶対数という点で、双方の数はいちじるしく異なっている。それに、二〇〇六年以降にまだ一本も論文が出ていないというのは、調査の側の見落としではないかという懸念すら、生じさせる。

この傾向差は、日本国内でも言えることである。一方では京都学派の内部で、「西田・田辺」と併記する場面が頻繁にあり、「西田・田辺記念会」といった組織もある。本書で見てきたように、西田は田辺の学力と思索力を早くから認めており、後には田辺が西田に論争を挑んで、西田自身がそれによって自分の思索を修正し、新たに展開せざるを得ないことにもなった。おそらく学識においては、田辺は西田を凌駕するものを持っていたし、思索力においても西田を真剣に構えさせるだけのものをもっていた。「田辺哲学」は、「西田哲学」と対峙し得るだけの中身をもっている。それなのに他方で、『西田幾多郎全集』は旧版で四版を重ね、新版を迎えるに到ったのに比して、『田辺元全集』は版を重ねたことがない。日本語での研究論文の点数を比較する資料が手元に無いが、おそらく「田辺研究」の文献数と「西田研究」のそれとでは、欧米文献とおなじく、数において格段の差があるだろう。

この点についての解釈は保留するとして、今度は京都学派第二世代の西谷啓治に関する文献数を、見てみよう。生まれた年は一九〇〇年だから、西田より三〇年おそい、ということを念頭においておこう。「第二版」の文献目録では一七点で、最初の文献は田辺文献の場合とおなじく一九六六年である。一八八五年に生まれた田辺は、西谷よりも一五年年長である。それなのに、この時点ですでに田辺文献と西谷文献は、数においてほぼ拮抗している。ついでに言えば、田辺のテキストの翻訳点数は、この時期に一〇点、西谷の場合はすでに三二点ある。欧米における両者への関心の差は、歴然たるものがある。

もちろん、関心の度合いがそのまま哲学思想の内容への評価を意味する、という保証は何もない。哲学史において、ひとりの思想家が長らく忘れられて、あるとき発掘されるという例は、枚挙に暇がない。田辺の場合にもそれが生じないとは、もちろん断言できない。ただし、今のところその兆しは皆無である。

「第二版」の文献目録に眼を移そう。西谷文献は五二点を数え、田辺文献の二七点のほぼ二倍に達している。テキストの翻訳数も、田辺の九点に対して西谷の翻訳は三〇点となり、三倍以上である。テキスト翻訳の増加スペースは、思想の中身への関心のバロメーターでもある。もちろん翻訳の点数は論文のそれとちがって、テキストがすべて訳されたらそこが天井になっておしまいとなるから、このバロメーターはいずれ意味を失うものである。しかし田辺元全集や西谷啓治著作集のすべてを訳すプロジェクトは、いまのところ聞かないから、当分は個別論文の翻訳がつづくだろう。そしてその場合は、数字は単なる無機的な性質を脱して、「関心のバロメーター」という意味をもつものとなる。

欧米での関心分布図と現況

一体「欧米言語圏での西田文献」と言うが、欧米といってもそれぞれの国によって事情はちがっている。国別の比較は、文献目録からは正確にはできない。研究者の使用言語がそのまま研究者の国籍を意味するとは、限らないからである。たとえばドイツ人研究者が英語で書いて米国で出版するといった場合は、その文献は「ドイツ」と「米国」のどちらに帰する文献として数えるべきか、決め難い。また欧米言語で書かれた論文といっても、日本人が執筆者である場合も多い。たとえば、「第一版」での「京都学派」文献は、一八点のうち四点が日本人の手になる。また「西田哲学」文献一一四点のうち、日本人が書いた論文の点数は、四割強の四四点にのぼる。これらをただちに、「欧米の言語圏での京都学派・西田哲学への関心」に数え入れることの是非も、いちおう検討しておかなければならない。

私見では、日本人による京都学派・西田哲学文献も、欧米側の雑誌の編者や対話者の側での需要がもとになっている。欧米側の哲学関係者は、一般に日本語が読めないから、まずは日本人に西田あるいは京都学派についての執筆を依頼する、というケースが多い。私自身も、その意味で何度か執筆や講演を依頼された。しかし次に、日本人研究者としてヨーロッパの学界への啓蒙ないし自己存在のアピールとして、執筆するというケースもあるであろう。ただその場合でも、それだけでは活字にもならないし、発表の機会もない。もちろん、よほどパイオニア的な仕事なら別である。たとえば九鬼周造（一八八八―一九四一）がパリ時代に"Choses japonaises"（日本のことども）［『九鬼周造全集』第一巻、岩波書店、一九八一年、所収］と題するエッセイを著したときなどが、そうである。しかし一般的には、日本人研究者が啓蒙ないし自己アピールとして執筆する場合も、一定の需要ないし関心が前提となる。

以上を顧慮するなら、執筆者の国籍を問うことはあまり意味がない、ということになる。そこで国籍ではなく、使用言語という観点で、統計的な分析をつづけよう。「第一版」の文献目録では京都学派に関しては、全体で一八点のうち、英語文献は七点、ドイツ語文献が一一点。西田哲学文献となると、比重は逆転して、英文献が七六点、ドイツ語文献が二九点、フランス語が三点、その他、となる。

「第二版」の文献目録では、京都学派に関しては全体で一〇七点のうち、英語文献が六三点、ドイツ語文献が一七点。そしてフランス語文献が二三点となって、ドイツ語文献の数を越える。これは九〇年代に入ってからの傾向である。英語文献の点数が突出することには替わりはないが、フランス語文献の急増加は新しい傾向である。それまでフランス語圏での西田研究は、実に寥々たるものだった。

「第二版」の文献目録では、西田哲学文献は全体総数二〇二点のうち、英語文献が約半数の九五点、ドイツ語文献が二四点、そしてフランス語文献の点数はここでもドイツ語文献を大きく抜いて六一点。

ドイツ語文献は、その他のイタリア語等の二二点と、大差がなくなっている。「第二版」の文献目録が示すことは、一九九〇年代以降はドイツ語圏よりもフランス語圏のほうが、西田哲学・京都学派の研究が活発になった、ということである。

ついでながら、目録から浮かび上がる、現在の時点での牽引車的な研究者たちの名を、挙げておこう。英語圏では、私よりすこし年長ながら、そして最近北フロリダ大学を定年になったが、依然として執筆活動をつづけるJ・マラルド［J. C. Maraldo］の名は、不可欠である。つづいて順不同に挙げていくなら、日本人であるが西ワシントン大学で教鞭を執る遊佐道子、南山大学で日本哲学の発信事業をつづけているJ・ハイジック［J. W. Heisig］、最近東京大学に職を得た林永強［W. K. Lam］、母国語のイタリア語でもいろいろ発表しているM・チェスターリ［M. Cestari］、そして新しく登場してきた若手ホープ、ロヨラ大学メリーラント校のB・W・デーヴィス［B. W. Davis］、といったところであろう。第二版の文献目録は二〇〇八年までのものだから、デーヴィスの論文数はそう目立たないが、もしその後いまに到るまでの五年間の目録が出来たら、彼の活躍は瞠目すべきものとして見えてくるはずである。

次に、文献数の多さで第二となるフランス語圏を挙げるなら、精力的に西田に関する著書を出し続けているJ・トランブレ［J. Tremblay］がいる。また日本人であるが、長くデュ・アーブル大学［Université du Havre］で教鞭を執る斎藤孝子［斎藤氏は二〇一一年にパリ高等科学院（エコール・ノルマル・シュペリエール École Normale Supérieure）で、画期的な会議「現代日本の哲学者たち」を開催し、私も稚拙なフランス語で話をさせていただく栄に浴した〕、ルーヴァン・カトリック大学のB・スティーブンス〔B. Stevens〕、最近同志社大学にポストを得た若手ホープのM・ダリシエ〔M. Dalisier〕、西田の翻訳を介して翻訳学を研究する明星大学の（本年四月からは京都大学の）上原麻有子等を挙げておきたい。

ドイツ語圏では、なんといってもヒルデスハイム大学の中堅教授として瞠目すべき活動をつづけるR・エルバーフェルト〔R. Elberfeld〕が、牽引車である。学位論文からして西田論であり、その後も西田翻訳も多く手がけるかたわら、インターカルチャー哲学的な視点で、いろいろ活動している。二〇一一年に彼がヒルデスハイムで組織し開催した五日間の「西田哲学会議」は、各国からの西田研究者三十人あまりが招かれ、公用言語のひとつが日本語という、画期的な学会となった。日本でも、これだけの規模の西田哲学をめぐる会議は、前例がなかったであろう。このエルバーフェルトと連携する仕方で、アラーヌス高等専門学校のS・グラウペ〔S. Graupe〕がいる。この他、西田を博士論文のテーマとする若い研究者が諸処にいるから、今のところ英語圏やフランス語圏にくらべて研究者の底辺の広がりは小さいが、そのうち、ひとつの展開があるだろう。ドイツには、「インターカルチャー哲学会」の本部があり、全国組織の「ドイツ哲学会」でもインターカルチャー哲学はひとつの分野として認知され、その関連で、西田と京都学派への関心は高い。

このほか、イタリア語圏では、東北大学で教鞭を執るE・フォンガロ〔E. Fongaro〕が、チェスターリと並んで、まちがいなく今後の牽引車である。フォンガロによる西田のテキストのイタリア語訳が、着々とすすんでいる。

さらに、ブラジルで西田のテキストの翻訳や研究論文の刊行をつづけ、西田研究を牽引しているZ・ジャシント［Z. Jacinto］の名も、貴重な存在として挙げておきたい。

「ビッグバン」寸考
——道草として

以上のように、欧米言語圏の内部でも言語的な差異を含んだ種々の傾向があるから、これらを一括りにして、「ビッグバン現象」に喩えることは、問題がないわけではない。仮に比喩的な意味に転用するにしても、一三七億年まえにわれわれの時間感覚からすれば一瞬としか言いようのない短い時間に宇宙が爆発的に膨張したという理論を、少々の文献の増加現象に転用するのは、大げさかもしれない。ただ私自身は、そのことを念頭においた上でなお、この語を用いた。ちょっとその意味を説明しておきたい。

横道に逸れすぎるかもしれないが、巷に流布するビッグバンの啓蒙的説明に接するたびに、私は首をかしげる。私の物理学知識の不足による誤解を恐れずに言うのだが、説明に用いられる言語に、哲学的に素朴なカテゴリー・ミスが含まれていると思うからである。たとえば一般に、「宇宙は超高温、超高密度のエネルギー状態での爆発から始まった」、「このエネルギー状態はこれこれの組成で、これこれの条件の重なりのもとで一秒のマイナス何十乗という短い時間に、これこれの作用を引き起こして、現在の宇宙へと爆発的に膨張し始めた」、といった説明がなされる。それは数学の計算に根拠づけられた説明であり、数字に関してはそのとおりであろう。しかし現象学的に見れば、その説明言語は大きなカテゴリー・ミスを犯している。なぜなら、「時空内部」の膨張現象に用いられるカテゴリーを、「時空そのもの」の膨張現象に適用しているからである。

たとえば、「超高温、超高密度のエネルギー状態」は、「時空内部」でのひとつの凝集状態についても言われ得ることである。その場合は、われわれはこのエネルギーの凝集状態を、直接ないしシミュレーション的な図解を通して、傍から観察することができる。しかしビッグバンは「時空そのもの」の凝集状態だから、その「外部」というものをもたない。そしてその事態を、われわれは数字を通して把握しても具体的なイメージとしては思い浮かべることはできない。なぜなら、われわれが何かを思い浮かべるとき、その何かはすでに時空という形式をもっているからである。カント的に言うなら、時間と空間は「感性のアプリオリな形式」である。あるいは道元の語を借りても良い。「うを［魚］水をゆくに、ゆけども水のきは［際］なく、鳥そら［空］をとぶに、とぶといへどもそら［空］のきは［際］なし。しかあれども、うを［魚］とり［鳥］、いまだむかしよりみづ［水］そら［空］をはなれず」［道元『正法眼蔵』「現成公案」］。

ビッグバンを頭の中でイメージとして思い浮かべるときに、カテゴリー・ミスが生じるのである。われわれは、時空そのものの爆発的膨張［この表現の仕方自体が「時空内部」の現象形式である］を、時空内で成立する「経験対象」として、思い浮かべてしまうからである。ビッグバン現象を、時間空間の座標軸を用いて数字をもって「図示」するとき、カテゴリー・ミスは最大となる。図の中で、空間内部の極小点のごときものとして図示されたビッグバンの初期状態を、「模様」とするなら、図の全体は「地」である。しかし本当はビッグバンそのものが「地」の全体でもある。だからビッグバンを図解することは、形容しがたい猛虎の威を説明しようとしてネコを描くのに似ている。

もしなおもビッグバンを記述し得る場所があるとすれば、それは数字の世界だけである。では数字とは、いかなる世界なのか。これもカントに倣って言えば、われわれは1、2、3、4、5と数えるとき、空間的ないし線的に表象化している。しかし、「1」と「一つのもの」とは、ちがっている。田辺元の論文「数学的対象の存在について」について、西田が論評したことは、すでに述べた（本書七九頁以下）。この問題は、新カント学派以来のものでもある。哲学者でなくて数学者がいろいろのイメージで数式を展開する、ということはあるであろう。しかし同時に、イメージは「像」であって、実物ではない。イメージ化された数式と、数式の数学的内容とは、どこまでも別である。

＊アウグスティヌスが神学の範囲で時間論を展開したとき、彼は神の天地創造に向ける諸議論に含まれる同様のカテゴリー・ミスを、すでに指摘した。神は天地創造以前のそのとき何をしていたか、というもっともらしい問いに対して、神は天地創造とともに時間を創造したのだから、「そのとき」［tunc］など存在しないと述べる［アウグスティヌス、『告白』第一一章］。また、神は天地を「時間のなかで」創造したという俗理解に対して、神は「時間そのもの」を創造したのだと述べて、「時間の内部」と「時間そのもの」との異次元性に、注意を促した［アウグスティヌス、『告白』第一一巻、第一四章］。この異次元性は、カントの時間論にも基本的に引き継がれるのであるが、話が横道に逸れすぎるから、今はそれには立ち入らない。

こういった問題があるのに、ビッグバンをあえて比喩に持ち出したのは、ただ次の一点の故である。すなわち、傍から観察することの出来ない「超高温、超高密度のエネルギー状態」という初期状態の記述が、どうやら思索の世界にも比喩的に言えそうだ、ということである。文献の「点数」は、いわば「時空内部の現象」である。それは繰り返して言うなら、研究者および読者の「関心」のバロメーターである。それはグラフで現される。しかしそのバロメーター・グラフが示す関心の内容そのものは、そしてその関心を呼び起こす源泉エネルギー、すなわち思想の高温・高密度のエネルギー状態は、図示できない。文献の点数増加をビッグバンに喩えたのは、傍から観察することのできない思想の源泉エネルギーというものに、思いを馳せるからである。

欧米での期待地平

思想の源泉エネルギーはデモーニッシュあるいは無底的であろう。西田の思索が「デモーニッシュ」だということは、よく言われるし、西谷啓治の思索が「無底的」ということも言われる。しかし、そう言われるだけなら、ヨーロッパの思想家についても大なり小なり言えることであろう。欧米で京都学派あるいは西田哲学に対して向けられる関心は、もう少し特定の方向をもつはずである。

そこで、上記に挙げた諸文献から、いくつかの関心方向を取り出しておこう。大別的に挙げるなら、ひとつは政治・文化論、次に宗教論、そして比較思想論、の三つであろうか。第一の政治・文化論について言えば、戦後五〇年のあいだの欧米言語圏での西田文献は、日本国内の議論が輸出されてそれを再生産するような趣を、一部にもっていた。だから、イデオロギー的な動機が見え隠れする。当然のことながら、この動機は歴史の実態が見えてくるにつれて冷却していく傾向にあるから、本章で言う文献のビッグバン現象を引き起こすエネルギーではなかった［もっともビッグバンも超高温・超高密度でなくて、「冷却した」エネルギー状態だという説もあるから、上記の現象はその意味では、一種のビッグバンだったかもしれない」。

次に宗教哲学的な関心について言えば、「禅」への関心が核心の一部を形成している。西田が禅に打ち込んだことのほかに、西田の弟子である久松真一や西谷啓治が、やはり禅経験を思索の根底に蔵し、この両者への注目も、宗教哲学的な関心と相乗作用を及ぼしあっていると、思われる。そのことは、「仏教とキリスト教の対話」という大きな問題領域が背景にある、ということでもある。これは鈴木大拙の活動で引き起こされた欧米における禅への関心を、ひとつの史的背景とするであろう。西田の内部での思索エネルギーの凝集状態は、そういった諸背景からして、欧米から見てかなり特異な精神史的地盤をもつものである。

第三に挙げた比較哲学的な関心は、特に宗教哲学の色彩を帯びることなく、東西比較思想的で且つアカデミックな体裁を取ることが多い。マルクス、カント、ヘーゲル、ジェイムズ、ホワイトヘッド、といった思想家たちが、よく取り上げられ、そしてそれは正当である。この第三の関心領域は、東西対話といった性格をもつが、この領域内部で、第一の領域と融合するような新しい方向が出てきていることにも、注目したい。それは、西田哲学を「インターカルチャー」という視点で読むという方向である。インターカルチャー哲学は、この二〇年のあいだにヨーロッパで定着した問題意識である。伝統的思考の枠を解体し、その制約を見直して、ヨーロッパ世界の外部の諸文化・諸思想との対話を形成するという動きと言ってよい。その場合、欧米の側からすれば、高温・高密度のエネルギーを蔵した相手でなければ、対話にならない。言い換えると、対話相手が蔵する思索のエネルギー状態は、西洋世界のそれとは異質のものを含んでいるからこそ、対話になる。

西田の意外なコンプレックス

欧米の哲学界から見て、西田の哲学的思索はまさにこのような異質かつ高密度のエネルギーを蔵しているが故に、対話へと引き込む相手と映るのだと思われる。

ところでここで、おそらく読者にとっては意外な、ないし、まったく拍子抜けすると思われるような伝記的事実を、お伝えしておこう。すなわち西田自身は、自分の哲学思想を積極的に西洋の哲学界に提示するという点に関しては、はなはだ気後れしていた。もっとずばり言うなら、たいへんなコンプレックスを持っていた。これは「伝記」だからこそ意味をもつ事実であって、真面目な（?）西田受容史の記述をなす場合には不必要な部分である。しかし何度も述べたように、「伝記」とは学問的にトリビアルなものが意味を持つような場所である。

昭和二年（一九二七）に京都帝国大学文学部哲学科を卒業して、ハンブルク大学に留学し、新カント学派のカッシーラーのもとで学んだ、由良哲次（一八九七―一九七九）という学者がいた。彼は西田の論文「叡智的世界」のドイツ語訳を試みて、実際にそれを訳した。おそらくカッシーラーの勧めもあってのことだろう。初めは西田は「私如きものの考えを独語にて紹介せられること、過分の光栄に存じます」（一四〇〇、由良哲次宛、昭五・一二・一五）と、礼を述べた。しかし四日後には、こう書いた。「あの論文は極めて不完全なものであり、また私の体系の一部分にすぎない。あれだけでは、よく人に分からぬだろうと思うのです。それから、その中に訂正するべき所もあるのです。それらの点を序文で十分明らかにして置いてもらいたいと思うのです。（…）一体カッシーラー教授など、私の考えなどどう考えられるか。一笑に付しはしないか。東洋人の顔色は変に黄《きいろ》いぐらいに考えないか。下駄や傘が妙だぐらいの所ではないか。」（一四〇二、昭五・一二・一九）。

哲学史的にも画期的と思われる「場所」の考えを確立し、そのさらなる展開として、これも西田哲学の展開史のなかで重要な道標となる「叡智的世界」を書いた西田が、自分の考えは黄色い顔の東洋人の、妙な下駄や傘と同列にされないかと、気にしている［黄色い顔、云々は、九鬼周造の自嘲歌「黄色い顔」から採った表現であろう］。そして「カッシーラー教授」に一笑に付されはしないかと、心配している。現代の時点で見れば、カッシーラーは新カント学派の有力な学者だが、それ以上でも以下でもない。基本的にカントの視圏を、すこし拡大したとしても、基本的に越えたわけでもなく転換させたわけでもない。他方の西田は、アリストテレスの「実体」の定義を逆にして「無の場所」の考えを開き、大きく言えば西洋哲学史にかつて無かった視圏をひらいた。哲学史的な位置と意義において、カッシーラーあたりが及びもつかない地平を、開いている。しかしその西田が、「カッシーラー教授」に対して、そして自分の論文がドイツ哲学界に披露されることに対して気後れし、逡巡するのである。それは単なる謙遜ではなかった。さらに四日経って、西田はこう書くからである。

「君が折角苦心して訳せられたものを打ち壊すのは、情において誠に忍びないが、どうか、あれを出版することは断然やめてもらうようにゆかないか。甚だすまないが、どうかお願い申します。私一箇のことはどうでもよいが、要するに私が国の学界を恥かしめるのは、忍び得ないと思いますから。」（一四〇四、昭五・一二・二四）［この書簡も、現物からでなく転記からの印刷だから、上記の「私が国の学界を」

は、「我が国の学界を」の誤植かどうか、保留の余地がある」。

西田は、「叡智的世界」のドイツ語訳によって自国の学界を恥かしめることを忍び得ないと、本気で述べている。おそらく、「無の場所」という考えそのものについては、自分で確信を抱いていたはずである。ただし、それをドイツの哲学界に提示して理解を得るための「論文形式」において、確信をもてなかったのではないかと、私は推測する。本文でも述べたことだが、もし西田が京都帝国大学での職を得なかったら、西田の論文形式で次々に原稿を掲載してくれる雑誌は、無かったであろう。その場合は、「西田哲学」が今日のような形で成立したかどうか、保証の限りではない。おそらく「否」だっただろう。そしてそのときは、「京都学派」も誕生しなかっただろう。

西田の思索は、一般の学術論文形式を「破る」ことを不可欠とするようなビッグバン的な、デモーニッシュなエネルギーを含んでいると、私は思う。しかし西田自身は、自分自身の思索形式についてそこまで確信するには、到っていない。ひとり思索路を歩む西田にとって、既存の論文形式というものは、それも本場ドイツの学界での論文形式は、大きな関門に見えたであろうし、そのことは異とするに足らない。

六年後の昭和一一年（一九三六）には、西田の「論理と生命」がドイツ語訳で出た。しかしそれは„Cultural Nippon"という、日本で印刷される雑誌だった。また同年に、シンチンガー［Robert Schinchinger, 1898-1988］のドイツ語訳で「ゲーテの背景」がゲーテ協会の雑誌„Goethe"に掲載されたが、それはエッセイであって哲学論文ではなかった。さらに翌年、西田の姪の高橋文《ふみ》（一九〇一―

一九四五）が西田の「形而上学的立場より見た東西古今の文化形態」を、ドイツ語訳でプロイセン学士院から冊子で刊行したときも、それは文化論であって哲学論文ではなかった。ようやく「叡智的世界」がシンチンガーのドイツ語訳でドイツで刊行されたのは、昭和一八年（一九四三）である。その翻訳の事情については、『西田幾多郎全集』（第二刷）の月報所収「西田哲学の翻訳のことなど」に、記されているが、シンチンガーのこの叙述は、頭が良いのに皆の前に立つ自信のない生徒を、なんとかして黒板のまえに立たせて喋らせる苦労に、似たものがある。

時代が替って、いま西田哲学に関する欧米言語での研究文献は、すでに三〇〇点を超えている。それは、西田哲学が欧米の観点で言う「哲学史」のなかに、すでに一定の場所を得てしまっている、ということを意味している。その事実は、「哲学史」の概念に変容を迫るという意味すら、帯びている。なぜなら、繰り返しになるが、これまでの哲学史は「西洋哲学の歴史」だったからである。西田本人が自分の哲学について抱いていた自己評価を、歴史世界のほうが軽く越えてしまったのである。

あとがき

本書の主目的ないし主意図は、西田幾多郎の伝記を著述することではない。――こんなことを記すといぶかしく思われるかもしれないが、やはり書いておきたい。

自分自身の問題展開としては、本書は拙著『聞くこととしての歴史――歴史の感性とその構造』〔名古屋大学出版会、二〇〇五年〕の「実践編」である。その拙著で試みたことは、「歴史」というものの本質を考えてみることだった。ヘロドトスの『歴史《ヒストリー》』にまで遡って考えるなら、「歴史」は「物語り《ヒストリー》」という性格をともなっている。それは出来事を記述する歴史家がいて、初めて成立する。「歴史《ヒストリー》」は、歴史家が出来事を「物語る」、という行為から成立する。歴史家が物語ったことがそのあとに一人歩きしはじめて、それが客観的な出来事として伝承され、「歴史」となる。だから、歴史記述をする語り手から独立した「歴史それ自体」というものは、常識から離れた言い方になるが、実はどこにも存在しない。

西田の人生もまた、ひとつの「歴史」である。それは西田の人生の諸々の出来事を「物語る」ことによって、「伝記」として立ち現れる。このことは逆に言えば、西田の伝記が語り手の主観性ないし個人性を映さざるを得ない、ということでもある。たとえばヘロドトスの『歴史』は、ペルシア戦争の単なる記録ではなくて、どこまでもヘロドトスが描いたペルシア戦争史だった。しかしそれならば、「歴史」は単なる物語りに過ぎず、「伝記」は語り手の主観と個人性を投影したフィクションに帰するのみだろうか。これは時には深刻な問題となる。西田の晩年を刻印した太平洋戦争を例に挙げるなら、この戦争にかかわる東京裁判では、多数意見と少数意見とが内容を大きく異にした。イギリス領インド帝国の法学者で裁判官パール判事が提出した、いわゆる「パール判決書」は、少数意見の典型だった。少数意見というと量的な言い方になるが、質的な観点でも、植民地をめぐる帝国主義列強間の相克を見つめてきたパールには、太平洋戦争は、単に「勝者」の側からは判定しきれない内容をもつものだった。だから、パールは、「勝者」の立場から裁く東京裁判の論理そのものを否定した。ナチス政権のホロコーストに匹敵する太平洋戦争での戦争犯罪は、米軍による原爆投下だという見方すら、もっていた〔東京裁判研究会『共同研究　パル判決書（下）』講談社学術文庫、一九八四年、五九〇頁〕。「太平洋戦争の歴史」像は、パール判事と戦勝国の判事において、まるで異なっている。「語り手」の眼を通して成立する史学が果たして客観的な「学」として成り立つのかという問いは、一九世紀以来の史学の問題だった。同じ問いは「伝記」にも向けられ得る。

いま、その問題の委細を述べることはしないが、ただ私には、出来事を「物語る」以前に、この出来事に「聞き入る」ということが先んじる、という考えがずっとあった。「聞く」という営みは、「聞こえる」という出来事と表裏をなしている。「聞く」とだけ言えば、それは主観的な限定を伴った行為作用だが、「聞こえてくる」と言えば、外から中へ入ってくる出来事そのものである。「聞く／聞こえる」は、「見る／見える」とおなじく、出来事に立ち会うことであると同時に、その出来事が立ち会う人にとって開かれてくる「場」である。その両面をともなうのが、出来事というものである。そうであれば、歴史を物語る行為に先行して、「聞くこととしての歴史」が生じているのではないか。それが、上記拙著の主旨だった。

しかしこの拙著は、ある未展開の課題を残していた。それは、「聞くこと」がどのようにして歴史を「物語ること」に転ずるのかを、示すことである。上記の拙著に懇切な書評をしていただいた野家啓一氏も、この課題を指摘された。この課題に自分なりの答えを出すことが、私のなかに残されていた。西田の「伝記」という限定された場面で、その答えを試みてみることが、本書の意図となった。

そのような作業を始めてみると、西田が語ることを「聞き書き」をしている、という実感が湧き始めた。同時に、私が知らなかった西田像がつぎつぎと立ち現れてくることに、何度も驚いた。もちろん私という個人の「聞き書き」であるから、先に述べた通り、そこには私の個人性と力量の限界とがつきまとう。ただしその制約は、「恣意」と区別されるということにも、改めて思い到った。歴史を語る語り手は、自分が背負う限界内で、限界を背負ったまま、尚かつ自分というものを消して史料に「聞き入る」ことが、できる。そしてその場合の「聞き入る」が成立するには、きわめて厳格な尺度が要求される。

そのような感想とともに、もうひとつ、ある平凡な事実をあらためて痛感するに到った。すなわち当たり前のことながら、偉大な歴史家と言われる人たちは例外なしに、いずれも「聞くこと」にきわめて長《た》けた人たちだった、ということである。「伝記」の作者にしぼるなら、私が高校生の頃に図書室で見つけて読みふけった、古ぼけた装丁の『プルターク英雄伝』（これは鶴見祐輔訳の『プルターク英雄伝』全六巻で、改造社、昭和九年刊だったと思う）などは、その最たるものだった。また、大学生の頃に圧倒的な感動を覚えつつ読んだヘロドトスの『歴史』（これは、生活社から出た二巻本の古本だったと思う）と、司馬遷の『史記』（中央公論社『世界の名著』シリーズ）、また時代が下ってランケの『世界史』（鈴木成高編訳の岩波文庫）、トインビーの『歴史の研究』（新潮社刊）等々は、いずれも、著者たちが重々無尽の史料の語りを聞き取って、史料を物語らせる作品だった。

これらの歴史家たちは、私ごとき者が「聞くこととしての歴史」を喋々《ちょうちょう》するのを聞いたら、「いまさら何を」と、憫笑《びんしょう》するだろう。

ただ、蛇足を加えるなら、「では〈聞くこと〉とは、どういうことでしょうか」と尋ねたら、これら大歴史家たちも、問いに答えてくれない。そもそも、そんな問いを立てた形跡がない。それは「歴史学」の問いではなくて、「哲学」ないし歴史哲学の問いだからであろう。

「聞くこと」が「物語ること」に転換するのではないと、いま実感している。そうではなくて、「聞くこと」というエレメントと「物語ること」というエレメントとが回互しあうのである。「聞くこととしての歴史」の要請上、「伝記」の語りは限りなく「自伝」の語りに近づくものでなければならない。しかし唯一の自伝というものはない。「本人」の自伝ですら、本人の中の種々の「他者」が語る伝記である。

聞くことと物語ることがひとつだと言うときの「ひとつの事態」を、何と言えば良いだろうか。きわめて唐突であることを承知で記すなら、私としてはこの「ひとつの事態」を、最終的に煮つめた形態においては、英語で言うなら“compassion”，ドイツ語で言うなら„Gemeingefühl“，そして日本語で言うなら、大乗仏教の語を借りて「悲」と呼びたいと思っている。広義における感性の場を広く深くした、自他の区別以前にもどったような場である。歴史といった事態が、ないし「世界」と「人」とが、そこで開示される場と言い換えてもよい。そのような大《だい》それた場に私が立ち得たと称するのではない。ただ、その一端が少し見えてくるという実感だけ、吐露しても許されるように思う。

これまで何度か、そのおぼつかない実感を文章にすることを試みてきた。旧著『悲の現象論・序説』はその最初の拙い足取りだったが、前述の拙著『聞くこととしての歴史』も、その主題は「悲の現象論　歴史篇」のつもりだった。大乗仏教では、「悲」は宗教的感性となるであろうが、現代世界のコンテキストでは、それは「歴史世界の感性」という新規定を得てしかるべきと思われる。

前口上ばかりで本番が欠けていると批難されても仕様がないが、尺取り虫が天地一尺を身の丈に合わせて前進するのに類した歩みをしてきたので、御斟酌をと、低頭するのみである。ともかく拙著もそういうわけで、西田の伝記そのものを主目的としたものではない。しかしまた、西田の伝記として成立しないなら、私の「聞くこと」は失敗したことになる。だから本書の直接の目標は、やはり西田幾多郎の「伝記」である。

*

本書の成立事情について、なお若干のことを付け加えたい。いかなる風の吹き回しによるものか、六十路の半ばに到って、私は急にドイツ語圏のあちこちの大学・研究所に招かれ始めた。最初は二〇一〇年四月から一年間、ケルン大学でのドイツ文科省支援プロジェクト「モルフォーマタ講座」に、一〇人の初代フェローのひとりとして招かれた。それが契機となって、引き続き同大学の哲学講座に招かれて一学期。さらにそれが機縁となって、今度はウイーン大学哲学科とヒルデスハイム大学哲学講座にも、それぞれ一学期ずつ客員教授に招かれた。現在はふたたびケルン大学で、専任教授代行として四コマ授業を担当している（講義「ドイツ観念論」、正演習「ハイデッガー『有と時』」、初級演習「ヘーゲル『差異書』」、上級演習「シェリング『自由論』」）。熱心かつ優秀な学生諸君と議論にあけくれるときは、充実感に満たされる。他方で、学部教授会や学科主任会議に出席するときは、不思議な感覚に襲われる。西田が語った、「黒板を前にして一回転した」という言葉が、自分の内から湧くような感覚である。四十年まえのミュンヘン留学時代の自分と、いまケルン大学で教鞭を執る自分とが、黒板の前で向きを逆にしたまま重なる。

そのほか、ドイツ国内・国外からも講演招待がしきりに舞い込んで、かなりてんてこ舞いをしたが、他方で、そのような陽光をすべて覆い消して氷雨の降る暗夜に転じさせる、心底まで愕然とせしめるおぞましい事件にも、襲われていた。具体名を出すと支障が出るからすべて伏せるが、ある大きな組織のなんとも信じ難い性急な決定が、組織体全体の意志決定となって、数年前に私を圧し潰した。これを防ごうとした小さな個人の蟷螂《とうろう》の斧は、無力に終わった。やっと法の場で対等の位置が保証され、本書の再校の時点で、組織側の行為は「違法、無効」との順当な地裁判決がとどいた。しかし、重い年月がつづいた。その重苦しさに輪をかけるかのように、この二年半のあいだに、選りによって最も身近な人たち、親しい人たちが、まるで意図してこの時期を選んだかのように、三人、四人と次々に亡くなり、彼岸に旅立っていった。その旅立ちの跡がそのまま、底の見えない深い穴となって自分の前後左右に口をひらいて、限りない淋しさがその奥底から湧きあがってくるのを、禁じ得なかった。

人生は明暗双双としか、言いようがない。こういった状況のなかで、ミネルヴァ書房から慫慂《しょうよう》されていた本書を、講義や講演のあいまを縫って書き進めてきた。「死」というテーマが本書を貫通していくのを、不思議な感じで見ていた。意図してそうなったのではない。西田の「書簡」と「日記」と「短歌」が、そう語るというだけである。「伝記」と「自伝」とは、最終的に一致するものでなければならない。西田の人生は、明暗の度合いにおいて私などのそれよりも、遙かに極端かつ悲痛なものがあるが、それでも西田の初期から後期までを貫く死というテーマに、西田の人生をも通して不思議な近さを感じつづけることとなった。かくして、本書執筆を通して垣間見た西田の人生は、私自身においては、会ったことのなかった曾祖父に見参するような「遠さ」と「近さ」とを、感じさせるものとなった。

＊

お世話になった方々を挙げたい。ドイツ語圏の大学や研究所では、いまのところ『西田幾多郎全集』の「新版」を揃えている図書館は、絶無であるから、そして私は「日記」と「書簡」の巻のほかに、新版の全部は持参しなかったから、旧版との照合が課題となった。しかしその作業は、京都大学非常勤講師・水野友晴氏がご多忙のなか引き受けてくださり、実に助かった。氏は、本書前半（第一章、第二章）の最初の閲読者にして、的確な批評者でもある。

また西ワシントン大学教授・遊佐道子氏も、事前に原稿を閲読してくださったほか、鈴木大拙の書簡集をご自分でつくられたPDFで送ってくださった。西田と大拙の関係は本書のなかで大事な部分なので、遊佐氏のご親切も、たいへん貴重だった。遊佐氏に原稿を事前に送ったのは、氏もまた西田伝記の著者であるほかに、氏の伝記が余人の追随を許さない丹念な史料収集にもとづくものだからである。このことは、「はじめに」にも記した。

本書の後半部分（第三章、第四章）は、かつて拙著『京都学派と日本海軍』（PHP新書、二〇〇一年）に詳細なご批評をくださった聖心女子大学教授（当時は助教授）の加藤好光氏に、原稿段階で閲読していただいた。氏は、自分は歴史家ではないと謙遜なさるが、昭和の戦史について瞠目すべき蘊蓄を持っていられる。今回は原稿の段階で種々の貴重なご指摘をいただくことができた。上記の二氏と併せて、心から感謝を申し上げたい。

種々の邦文文献を渉猟させていただいたケルン大学日本学講座、ケルン日本文化会館、ウイーン大学日本学講座、ヒルデスハイム大学哲学講座、同講座のロルフ・エルバーフェルト教授、等にもお礼を申し上げる。

また、私を招いてくださった各地の研究所や大学の関係者、とりわけケルン大学のクラウディア・ビックマン教授（Prof. Dr. Claudia Bickmann）、ウイーン大学のゲオルク・シュテンガー教授（Prof. Dr. Georg Stenger）、そして上記ヒルデスハイム大学のロルフ・エルバーフェルト教授（Prof. Dr. Rolf Elberfeld）に、格別のお礼を申し上げる。

本書に掲載の写真については、燈影舎から多大のご協力を頂いた。同社の岩淵万明社長には、感謝に堪えない。また私の研究滞在の一部を財政的にサポートしてくださったアレクサンダー・フォン・フンボルト財団にも、いつもながら感謝に堪えない。

最後になったが、ミネルヴァ書房の岩崎奈菜さんには、校正作業のほか、年譜や索引の作成に際して、また挿入写真の手配において、丁寧かつ厖大なお仕事をしていただいた。本書執筆を慫慂《しょうよう》してくださり、辛抱づよく待ってくださったミネルヴァ書房と併せて、厚くお礼を申し上げる次第である。

平成二五年一月、ケルンにて

大橋良介

西田幾多郎略年譜

関係事項の基本史料は西田の書簡と日記であるが、そこに出てこないデータも、多くある。それらは、「はじめに」に挙げた諸文献に所収の年譜・年表から、転載させていただいた。なお、西田幾多郎と直接にかかわりのあった人物の記事は、この欄に挙げ、その他の人物の記事は下段の「一般事項」の欄に記載した。重要事項は**太字**で記した。

西田幾多郎が生きた時代の出来事は、各種の年表やデータバンクに拠って、かなりアット・ランダムに挙げた。「歴史」（ヒストリー＝物語り）になる前の、雑多な事項の記載である。あえて採択基準を挙げるなら、読者が西田の時代の連関を知る上で関心を惹くかもしれない、という程度のものである。なお**太字**で記した事由は、本文でも触れた事柄を意味している。

和暦	西暦	齢	関係事項	一般事項
明治 三	一八七〇	0	**5・19**父・得登《やすのり》と母・寅三《とさ》の長男として、生まれる。ただし、戸籍上の生年月日は一八六八年八月一〇日。生地は加賀国河北郡森村。現在は石川県かほく市森（後に親友となる藤岡東圃（作太郎）と鈴木大拙（貞太郎）も、同年に生まれる）。	**3月**政府、樺太開拓使を置く。**6月**北海道に屯田兵が入植。**7月**第一回バチカン公会議。普仏戦争はじまる。
四	一八七一	1	妹・隅、生まれる（後に親友となる山本（金田）良吉も、同年に生まれる）。	**7月**廃藩置県。**9月**文部省設置。**11月**岩倉具視訪米使節団、横浜

五	一八七二	2		出港。2月福沢諭吉『学問ノススメ』出版。3月訪米使節団の岩倉具視、米国のグラント大統領と会見、12月英国のヴィクトリア女王にも謁見。
六	一八七三	3	弟・憑次郎、生まれる。	1月徴兵令施行。9月岩倉使節団帰国。
七	一八七四	4		1月板垣退助、「民選議院設立建白書」を提出。2月江藤新平「佐賀の乱」。
八	一八七五	5	従姉《いとこ》の得田寿美《ことみ》、生まれる。4月開校したばかりの森小学校に入学。	5月日本とロシアとの間で樺太・千島交換条約。11月新島襄、同志社英学校（同志社大学の前身）を創設。
九	一八七六	6		2月日朝修好条約。3月士族の帯刀禁止。10―11月旧士族による「神風連の乱」、10月「萩の乱」。
一〇	一八七七	7		2月西郷隆盛等による「西南戦

				争」勃発。**4月**東京大学設立。**9月**西郷隆盛自刃。
一一	一八七八	8		**5月**大久保利通、西郷派の暴漢に暗殺される。**8月**フェノロサ、東京帝国大学文学部教授になる。
一二	一八七九	9	森小学校が閉鎖されて西田家の屋敷に移り、新化小学校と改称。初代校長は、父・得登。	**1月**朝日新聞創刊。**10月**エジソン、白熱電球を発明。**12月**イプセン『人形の家』コペンハーゲンで初演。女性解放運動史上の出来事となる。
一三	一八八〇	10		**10月**ケルン大聖堂が着工から六百三十年余を経て完成。**この年**ニューヨークでアーク灯が初めて点される（日本では銀座で一八八二年）。
一四	一八八一	11		**1月**パナマ運河工事開始。**7月**岩倉具視、憲法制定意見を具申。**10月**板垣退助「自由党」設立。
一五	一八八二	12	**4月**新化小学校高等科を卒業。	**2月**ハインリヒ・ヘルツ、電磁波を発見。**4月**板垣退助、暴漢

				に襲撃される。10月大隈重信、東京専門学校（早稲田大学の前身）を設立。
一六	一八八三	13	7月石川県師範学校に入学。11月姉・尚、チフスで死去。	3月カール・マルクス没。4月日本銀行、開行。11月鹿鳴館開館式、招待者は千三百人。
一七	一八八四	14	2月石川県師範学校予備科卒業。10月師範学校に進むが、病気で中退。	7月清水次郎長、懲役七年の刑。華族令が制定される。8月森鷗外、ドイツ留学へ。10・11月秩父事件で農民蜂起。
一八	一八八五	15		3月福沢諭吉「脱亜論」。4月日清間で天津条約締結。12月伊藤博文、初代内閣総理大臣となる。
一九	一八八六	16	3月北条時敬《ときゆき》に数学を学び始める。9月石川県専門学校初等中学科に補欠入学。	1月イギリスがビルマを併合。3月帝国大学令を公布。「東京大学」が「帝国大学」となる。10月ニューヨーク自由の女神像除幕式。
二〇	一八八七	17	7月初等中学科を卒業。9月第四高等中学校（いわ	2月徳富蘇峰『国民の友』創刊。

			ゆる四高《しこう》）入学。	4月第二高等中学校（仙台）、第四高等中学校（いわゆる四高《しこう》）設立を決定。この年二葉亭四迷、言文一致体の小説『浮雲』初篇を刊行。完結は二年後。
二一	一八八八	18	6月鈴木大拙、家計のため第四高等中学校予科を中退。7月西田は卒業。9月第四高等中学校本科に入学。	4月三宅雪嶺、『日本人』創刊。枢密院設立。初代議長・伊藤博文。
二二	一八八九	19	5月藤岡作太郎、山本（金田）良吉、松本文三郎らと、文芸活動のグループ「我尊会」を結成。7月第一学年を「行状点」不足（百点中八点）で落第。9月理科へ転科。	2月大日本帝国憲法発布。この日に、初代文部大臣・森有礼、国粋主義者に刺され、翌日死亡。3月パリ万博のシンボル塔として、かつ鉄鋼建築の表現を目指して、エッフェル塔完成。12月北里柴三郎、破傷風菌培養に成功。
二三	一八九〇	20	3月第四高等中学校退学。7月「我尊会」解散。9月山本良吉、藤岡作太郎らと「不成文会」を結成。	11月第一回帝国議会。10月教育勅語発布。7月ゴッホ、拳銃で自らの胸を撃って自殺。他殺説もある。12月北里柴三郎、破傷

				風の血清療法を発見。
二四	一八九一	21	5月「不成文会」解散。9月帝国大学文科大学選科入学。11月鎌倉円覚寺で鈴木大拙を介して今北洪川に接する。	1月森鷗外、『舞姫』を『国民の友』に発表。5月ロシア皇太子が大津で襲撃される（大津事件）。
二五	一八九二	22	9月鈴木大拙、帝国大学文科大学選科入学。	2月衆議院選挙。毎日新聞（東京日日新聞）創刊。
二六	一八九三	23	弟・憑次郎、士官候補生となる。	1月北村透谷ら、『文学界』創刊（これは一八九八年まで続いた同人雑誌。一九三三年に小林秀雄や林房雄が創刊した、文藝春秋の『文学界』ではない）。6月ウォール街暴落。経済恐慌はじまる。7月御木本幸吉、真珠養殖に成功。
二七	一八九四	24	7月帝国大学文科大学哲学科選科を卒業。	5月詩人で評論家の北村透谷、自殺。8月日清戦争はじまる。11月ニコライ二世、ロシア皇帝即位（ロシアの最後の皇帝）。
二八	一八九五	25	4月石川県尋常中学校七尾分校の主任となる。5月	1月樋口一葉『たけくらべ』を

			従妹の得田寿美と結婚。	『文学界』に発表し始める（完結は翌年）。4月下関講和条約と三国干渉。10月帝国京都博物館（片山東熊設計）竣工。
二九	一八九六	26	3月長女・弥生、生まれる。4月第四高等学校嘱託講師となる。「洗心庵」で雪門禅師に参禅し始める。	2月日本銀行本店の建物（辰野金吾設計）竣工。3月大隈重信、進歩党を結成。4月アテネで第一回オリンピック。
三〇	一八九七	27	2月鈴木大拙、アメリカに渡る。5月寿美、弥生を連れて家出し、離縁となる。第四高等学校講師嘱託を解かれる。10月山口高等学校教務嘱託となり、山口に転居。12月京都の妙心寺で大接心《おおぜっしん》に参加。	1月尾崎紅葉、読売新聞に『金色夜叉』を連載し始める（完結は五年後の明治三二年）。2月八幡製鉄所設置。6月京都帝国大学設立。8月島崎藤村『若菜集』。12月志賀潔、赤痢菌を発見。
三一	一八九八	28	1月妙心寺で参禅。6月長男・謙、生まれる。7月妙心寺で大接心に参加。10月父・得登、死去。12月妙心寺で参禅。	6月アメリカがハワイ併合。初めての政党内閣（首班・大隈重信）成立。
三二	一八九九	29	1月妙心寺で参禅。2月寿美と復縁。3月山口高等学校教授となる。7月妙心寺で大接心《おおぜっしん》に参加。第四	9月足尾銅山鉱毒の被害民七千余名の上京嘆願。

			高等学校教授となる。10月雪門禅師、家業を継ぐために還俗《げんぞく》。	
三三	一九〇〇	30	11月「三々塾」を作る。	9月ドレフュス大尉、スパイ容疑で終身刑。津田梅子、女子英学塾（津田塾大学の前身）開校。10月フロイト『夢判断』出版（初版は反響ほとんどなし）。
三四	一九〇一	31	1月洗心庵で元旦を迎える。2月次男・外彦、生まれる。3月雪門老師から居士号「寸心」を貰う。6月弟・憑次郎、結婚。	8月ライト兄弟、初飛行。12月第一回ノーベル賞授与式。ドイツのレントゲンに物理学賞、他。
三五	一九〇二	32	1月洗心庵で元旦を迎える。12月次女・幽子、生まれる。	1月陸軍第八師団青森歩兵第五連隊の八甲田山遭難。日英同盟調印。9月東京専門学校が早稲田大学と改称。12月ナイル河のアスワン・ダム完成。
三六	一九〇三	33	1月洗心庵で元旦を迎える。7月大徳寺・広州老師のもとで「無字」の公案が透る。	3月パリでアンデパンダン展。5月一高生・藤村操、華厳の滝に投身自殺。10月『万朝報』が日露開戦に傾き、幸徳秋水、内村鑑三らが万朝報社を退社。

三七	一九〇四	34	6月弟・憑次郎出征。8月憑次郎、戦死。	2月**日露戦争**はじまる。6月トルストイ、ロンドン・タイムズに「日露戦争論」を執筆。9月島崎藤村『藤村詩集』。
三八	一九〇五	35	1月洗心庵で元旦を迎える。7月国泰寺で参禅。10月三女・静子、生まれる。	1月旅順、陥落。**乃木大将**とステッセル将軍が会見。5月日本海海戦で、日本連合艦隊が勝利。9月（ロシア暦では八月）ポーツマス条約。**この年夏目漱石**『吾輩は猫である』。
三九	一九〇六	36	1月洗心庵で元旦を迎える。7月幽子肺炎になる。	9月ドレフュス大尉、再審で無罪判決。新渡戸稲造、第一高等学校長に就任。**京都帝国大学文科大学**設立。12月ルーズベルト大統領、日露戦争終結に貢献した功労により、ノーベル平和賞を受賞。
四〇	一九〇七	37	1月次女・幽子、死去。3月乾性肋膜炎にかかり、以後ずっと慢性となる。5月四女・友子と五女・愛子、生まれる。6月五女・愛子、死去。	2月足尾銅山で大暴動。日本社会党、結社禁止。3月小学校令改正。義務教育年限が六年にな

				る。6月別子銅山の争議が暴動下。
四一	一九〇八	38	6月山本良吉、京都帝国大学学生監となる。	3月平塚雷鳥・森田草平、心中未遂。8月アメリカ海軍、真珠湾に軍港建設着手。12月愛新覚羅溥儀、二歳で清朝皇帝に即位。
四二	一九〇九	39	3月六女・梅子、生まれる。鈴木大拙、帰国。7月学習院教授の辞令が出る。	9月東京天文台がハレー彗星を撮影。10月伊藤博文、ハルピンで暗殺される。
四三	一九一〇	40	2月藤岡作太郎、死去。4月鈴木大拙、学習院教授となる。8月京都帝国大学文科大学への辞令が出る。	4月武者小路実篤、志賀直哉、有島武郎らが『白樺』創刊。8月日韓併合条約。
四四	一九一一	41	1月『善の研究』出版。10月真宗大学（大谷大学の前身）の講師となる。	1月幸徳秋水、大逆事件で処刑。他に一一人が処刑。2月徳冨蘆花、「謀反論」を一高で講演。政府の思想弾圧を批判。6月平塚雷鳥ら、『青鞜社《せいとうしゃ》』結成。8月警視庁、特別高等警察（いわゆる「特高」）を設置。12月ミュンヘンで第一回『青騎士』展。

四五 大正元	一九一二	42	1月京都工芸繊維大学の講師となる。9月植田寿蔵、久松真一、山内《やまのうち》（中川）得立《とくりゅう》、京都帝国大学文科大学に入学。	2月愛新覚羅溥儀、辛亥革命により帝位を退き、清朝滅亡。4月タイタニック号沈没。7月明治天皇崩御。9月乃木希典夫妻、殉死。
二	一九一三	43	4月田辺元《はじめ》に初めて会う。5月北条時敬、東北帝国大学総長となる。8月京都帝国大学文科大学、宗教学講座を担当。12月文学博士の学位を授与。	2月尾崎行雄らが政友倶楽部を結成。7月京大・沢柳事件、進行し始める。9月中里介山の『大菩薩峠』、都新聞に連載はじまる（以後、毎日新聞、読売新聞などに連載。完結は昭和一六年）。9月ドイツ人ディーゼル「ディーゼル・エンジン」を発明。12月京都法政大学が立命館大学と改称。
三	一九一四	44	京都帝国大学文科大学、哲学哲学史第一講座を担当。	4月宝塚少女歌劇、第一回公演。7月第一次世界大戦、勃発。8月パナマ運河開通。
四	一九一五	45	8月雪門老師、死去。この年務台理作、京大入学。	1月日本、中華民国に「二十一箇条要求」。永井荷風『夏姿』

				発禁。11月御大礼（大正天皇即位の礼）。10月芥川龍之介『羅生門』。
五	一九一六	46	9月三宅剛一、京大入学。秋、京都帝国大学学生課主催の特別講演「現代に於ける理想主義の哲学」。	1月ドイツのツェッペリン飛行船、パリを空襲。5月夏目漱石『明暗』、朝日新聞に連載を開始（同年一二月まで連載。漱石の病死で、未完に終わる）。7月アラビアのロレンス、トルコ攻撃開始。
六	一九一七	47	8月長男・謙、第三高等学校に入学。10月『自覚に於ける直観と反省』出版。	2月ロシア革命。3月ニコライ二世が退位して、ロマノフ王朝滅亡。4月アメリカ、ドイツに宣戦布告。ヴァレリー『若きパルク』刊行、名声を獲得。5月カリフォルニアで排日新移民法。11月石井・ランシング協定。
七	一九一八	48	9月母・寅三、死去。	4月北海道帝国大学設置。東京女子大学開校。学長・新渡戸稲造。8月富山で米騒動。

八	一九一九	49	6月長女・弥生、上田操と結婚。7月次男・外彦、第三高等学校に入学。	6月ヴェルサイユ条約締結で、第一次世界大戦終結。
九	一九二〇	50	1月『意識の問題』出版。5月長女・弥生夫婦に、孫・薫が生まれる。6月長男・謙、死去。8月田辺元、京都帝国大学文学部助教授となる。9月木村素《もと》衛《もり》、高坂正顕《こうさかまさあき》、京大入学。	1月森戸事件。ヴェルサイユ条約発効。国際聯盟成立。日本は常任理事国となる。2月ドイツ映画『カリガリ博士』、ベルリンで封切り、大ヒット。ミュンヘンのビヤホール「ホーフブロイ」で、ナチス党結成、綱領を発表。3―4月株大暴落で日本恐慌。8月ガンジー、非暴力抵抗運動を始める。12月アメリカのウイルソン大統領、ノーベル平和賞を受賞。
一〇	一九二一	51	3月鈴木大拙、真宗大谷大学教授となる。	1月志賀直哉『暗夜行路』を『改造』に連載し始める。3月倉田百三『愛と認識の出発』出版。大学学年の始まりが、一般にも四月となる。4月羽仁もと子、自由学園を開校。5月ドイ

				ツ映画『カリガリ博士』日本封切り。7月バートランド・ラッセル来日。11月原敬首相、東京駅で暴漢に刺殺される。12月ワシントン軍縮会議。米英日の主力艦隊保有率は5・5・3となる。
一一	一九二二	52	3月田辺元、ドイツ留学へ。6月三木清、ドイツ留学へ。8月一燈園で講演「エックハルトの神秘説と一燈園生活」。	3月全国水平社が結成される。7月日本共産党結成。
一二	一九二三	53	4月下村寅太郎、京大入学。7月『芸術と道徳』刊行。8・10フッサールに書簡。	5月北一輝『日本改造法案大綱』刊行。9月関東大震災。大杉栄、憲兵の甘粕大尉に拷問死。
一三	一九二四	54	6月次男・外彦、結婚。田辺元夫妻が媒酌。9・22リッケルトに書簡。	5月浅草で漫画映画『ノンキナトウサン』封切り。大評判。6月荻野久作が「オギノ避妊法」発表。8月甲子園球場完成。
一四	一九二五	55	1月妻・寿美、死去。3月和辻哲郎、京都帝国大学文学部講師になる。7月同、助教授になる。4月高《こう》山《やま》岩男、京大入学。5・20フッサールに書簡。	3月普通選挙法、成立。治安維持法、成立。7月ヒットラー『我が闘争』刊行。8月ニュー

				ヨークでチャプリン『黄金狂時代』封切り。12月モスクワで『戦艦ポチョムキン』封切り。大日本相撲協会設立。
一五 昭和　元	一九二六	56	3月務台理作《むたいりさく》、ドイツ留学へ。6月三木清『パスカルに於ける人間の研究』出版。	1―2月川端康成『伊豆の踊子』。6月蒋介石の中国国民党、北伐（北京の毛沢東・中国共産党に対して）決定。12月大正天皇崩御。
二	一九二七	57	6月帝国学士院会員となる。大谷大学講演。三木清、法政大学教授となる。7・3日記「いかなる腐木にも新しい生命の芽をふくことができる。今日最も楽しかりし」。	3月ヒットラー、ミュンヘンで活動再開。5月リンドバーグ、大西洋横断単独飛行。7月芥川龍之介、睡眠薬自殺。この年ハイデッガー『有と時』（『存在と時間』）出版。
三	一九二八	58	2月哲学概論終了。6月特殊講義終了。8月京都帝国大学免官の辞令が出る。10月長男・外彦夫婦に、孫・幾久彦が生まれる。	2月普通選挙（ただし男子のみ）。『赤旗』創刊。3月三・一五事件、共産党員の大量検挙。4月河上事件、京大で河上肇免職。6月張作霖爆殺事件。8月

				アムステルダム・オリンピックで、三段跳びの織田幹雄と平泳ぎの鶴田義行が金メダル、女子陸上八百メートルで人見絹枝が銀メダル。11月御大礼（昭和天皇即位の礼）。
四	一九二九	59	2月京都帝国大学名誉教授となる。3月東大哲学会で講演。10月哲学会で講演。	4月共産党員、大量検挙。**島崎藤村『夜明け前』**を『中央公論』に連載し始める（完結は昭和一〇年）。8月ツェッペリン号世界一周。9月**小林多喜二『蟹工船』**を『戦旗』に発表、プロレタリア文学の旗手となる。ヘミングウェイ『武器よさらば』。10月世界大恐慌、勃発。
五	一九三〇	60	1月**『一般者の自覚的体系』**出版。10月四女・友子、小林全鼎と結婚。媒酌は鈴木大拙夫妻。	1月ロンドン軍縮会議（調印は四月）。2―8月**共産党員大検挙**。7月第一回サッカー・ワールドカップ。ウルグアイが優勝。相手国アルゼンチンで暴動。11

				月浜口首相、東京駅で狙撃される。第一回全日本柔道選手権大会。
六	一九三一	61	4月戸坂潤、法政大学へ赴任。11月九鬼周造、『「いき」の構造』出版。12月山田琴と再婚。	3月三月事件。5月ドイツ映画『嘆きの天使』日本封切り。大幅な検閲カット。9月満州事変勃発。11月天津暴動事件で、日中両軍が衝突。
七	一九三二	62	1・2月京都帝国大学で連続講演。6月法政大学講演。9月信濃哲学会講演。10月六女・梅子、金子武蔵と結婚。12月『無の自覚的限定』出版。	1月上海事変。2月ホー・チ・ミン、インドシナ共産党結成。2―3月井上準之助、団琢磨、血盟団員に暗殺される。5月五・一五事件で、犬養首相、射殺される。6月警視庁に特別高等警察部（特高）設置。7月ドイツ総選挙、ナチスが第一党。8月ロサンゼルス・オリンピック三段跳びで南部忠平が金メダル。文部省が国民精神文化研究所を設置。

八	一九三三	63	1・2月京都帝国大学で連続講演。9月法政大学講演、11・12月大谷大学講演。12月『哲学の根本問題』出版。この年九鬼周造、京都帝国大学文学部助教授になる。	2月小林多喜二、特高警察により拷問死。3月ルーズベルト、アメリカ大統領に選出。ニューディール政策が始まる。日本、国際聯盟を脱退。ドイツ総選挙。ナチス党、絶対多数となる。5月京大法学部・滝川事件。9月河上肇、獄中で敗北声明。アメリカ映画『キングコング』封切り。10月ドイツ、国際聯盟を脱退。11月ドイツ総選挙で、全議席をナチス党が得る。
九	一九三四	64	1月信濃哲学会講演。3月和辻哲郎『人間の学としての倫理学』出版。7月和辻哲郎、東京帝国大学文学部へ転出。8月戸坂潤、思想不穏の理由で法政大学を免職。10月『哲学の根本問題　続篇』出版。文理大学講演。11月同志社大学講演。英文学会講演。	1月連邦大審院で、カリフォルニアの排日移民法違憲判決。3月かつて清朝皇帝だった愛新覚羅溥儀が、満州国皇帝に即位。
一〇	一九三五	65	1月信濃哲学会講演。6月京都帝国大学美学会講演。12月『哲学論文集　第一』出版。九鬼周造『偶然性	2月美濃部達吉「天皇機関説」問題が、進行し始める。4月美

			の問題』出版。**西谷啓治**、京都帝国大学文学部助教授になる。	濃部達吉、不敬罪で告発される。8月政府の「国体明徴声明」（第一次。第二次・一〇月）。吉川英治『宮本武蔵』連載はじまる。
一一	一九三六	66	1月『思想』「西田哲学」特集。9月三木清が西田と対談「ヒューマニズムの現代的意義——西田幾多郎博士に訊く」。	**2月二・二六事件**勃発、高橋是清蔵相などが殺害される。4月**美濃部達吉**の著書、発禁。8月ベルリン・オリンピック三段跳びで、田島直人金メダル。9月文部省、**日本諸学振興委員会**を設置。11月日独防共協定。
一二	一九三七	67	5月**『続　思索と体験』**出版。9月信濃哲学会講演。10月日比谷公会堂講演「学問的方法」。高坂正顕《こうさかまさあき》『歴史的世界——現象学的試論』出版。11月**『哲学論文集　第二』**出版。**この年西谷啓治**、ドイツ留学へ。	5月パリ万国博覧会。6月**第一次近衛内閣**。7月**盧溝橋事件**で日中両軍の衝突。ドイツ、ユダヤ人強制収容所開設。ミュンヘンで「退廃芸術展」。8月**北一輝**、**二・二六事件**連座で死刑。9月後楽園球場、開場。12月日本軍、南京総攻撃、占領。

一三	一九三八	68	4・5月京都帝国大学文学部連続講演「日本文化の問題」。6月高山岩男『哲学的人間学』出版。9月学習院で講演。10月第四高等学校で講演。この年高山岩男、京都帝国大学文学部助教授になる。	1月第一次近衛声明。4月国家総動員法。8月ヒットラー・ユーゲント一行、横浜に到着。11月第二次近衛声明。日独文化協定。12月第三次近衛声明。
一四	一九三九	69	11月『哲学論文集　第三』を出版。12月『哲学の基礎問題』（信濃哲学会、非売品）。	1月双葉山六九連勝で、ストップ。3月日伊文化協定。8月ソ連、ノモンハン攻撃で関東軍敗北。9月イギリスとフランスがドイツに宣戦布告、第二次世界大戦（欧州戦争）始まる。ソ連とドイツがポーランド分割の取り決め。12月アメリカ映画『風と共に去りぬ』、アトランタで封切り。
一五	一九四〇	70	3月『日本文化の問題』を出版。三木清『哲学入門』出版。5月高山岩男『続　西田哲学』。9・10月慶應大学で連続講演。10月高坂正顕『神話』出版。11月文化勲章受章（痔のために、授章式を欠席）。	2月大本教事件判決。治安維持法違反の出口王仁三郎に無期懲役。3月津田左右吉と岩波茂雄、起訴。6月ドイツ軍、パリ占領。7月フランス、ヴィシー政権発

一六

一九四一

71

4月四女・友子、死去。**10月**リウマチ大患（翌年五月まで）。**11月『哲学論文集 第四』**を出版。第一回『中央公論』座談会「世界史的立場と日本」（高坂正顕、西谷啓治、高山岩男、鈴木成高）。

足。**8月**ドイツ、イギリス本土爆撃。**9月**日独伊三国同盟。**10月大政翼賛会**、発足。ニューヨークでチャプリンの映画『独裁者』公開。**12月**ドイツ空軍、ロンドン爆撃、イギリス空軍、ベルリン爆撃。**4月**イギリス空軍、ベルリン爆撃、ドイツ空軍、ロンドン爆撃。**7月**ドイツ空軍、モスクワ爆撃。日本軍、仏印進駐。**8月**ソ連空軍、ベルリン爆撃。ルーズベルトとチャーチル「大西洋憲章」発表。高村光太郎『智恵子抄』。**9月**ドイツ軍、レニングラード包囲。**10月東條内閣**。**11月**アメリカ、日本に「ハル・ノート」提示。強硬路線表明。**12月**真珠湾攻撃。**太平洋戦争**、始まる。

一七	一九四二	72	7月山本良吉、死去。	3月イギリスの客船クイーン・メリー号、米兵一万人を輸送中、撃沈される。6月ミッドウェー海戦で日本が大敗。大本営は、勝利報道をする。7月アメリカ西海岸の日本人、アリゾナ州収容所に強制収容。10月嵐寛寿郎『鞍馬天狗』封切り。
一八	一九四三	73	国策研究会の求めで、「世界新秩序の原理」執筆。	1月ソ連、レニングラードの包囲線を突破。アメリカ空軍、ドイツ本土空爆。2月日本軍、ガダルカナル島撤退。大本営は「転進」と発表。4月山本五十六、戦死。湯川秀樹、文化勲章。5月日本軍、アッツ島守備隊玉砕。6月閣議で、学徒戦時動員体制を決定。12月第一回学徒出陣。
一九	一九四四	74	9月『哲学論文集　第五』を出版。12月金子武蔵・梅子の家宅、空襲で全焼。	1月ソ連軍、レニングラードのドイツ軍包囲網を破る。6月アメリカ軍の北九州空爆。日本軍、

二〇	一九四五	75	2月長女・弥生、死去。3月田辺元、退官。三木清、二度目の検挙。5月九鬼周造の墓碑のため、ゲーテの詩を訳して揮毫。絶筆「私の論理について」起筆。6・7腎臓炎（腎炎）で死去（午前四時）。8月戸坂潤、獄死。9月三木清、獄死。	マリアナ沖海戦で大敗。連合軍、ノルマンディー上陸作戦。7月アメリカ軍、グアム島上陸。8月学童疎開が始まる。10月レイテ沖海戦。戦艦「武蔵」、撃沈される。11月ソ連のスパイ・ゾルゲ、絞首刑。東京大空襲。2月ヤルタ会談。3月硫黄島の日本軍守備隊、玉砕、沖縄本島上陸。4月戦艦「大和」、撃沈される。ヒットラー自殺。ムッソリーニ処刑。5月ドイツ無条件降伏。8・6広島に原爆投下。ソヴィエト連邦、対日参戦。8・9長崎に原爆投下。8・15日本政府、ポツダム宣言を受諾し、終戦。8月連合国総司令部（GHQ）横浜に設置。9月「ミズーリ」艦上で降伏文書調印。12月近衛文麿、服毒自殺。

二二

一九四六

1・1**昭和天皇**「天皇神格化否定詔書」(人間宣言)。

は　行

ま　行

や　行

著作索引

や・ら・わ行

事項索引

さ　行

ら 行

わ 行

ま　行

や　行

は　行

た　行

な　行

さ　行

人名索引

あ 行

か 行

《著者紹介》

大橋良介（おおはし・りょうすけ）

1944年　京都市生まれ。
1969年　京都大学文学部卒業。
1973年　ミュンヘン大学哲学部博士課程修了。
1983年　ヴュルツブルク大学哲学教授資格（Habil. phil.）取得。
1990年　シーボルト賞受賞。
京都工芸繊維大学工芸学部教授，大阪大学大学院文学研究科教授，龍谷大学文学部教授，ケルン大学 Morphomata 講座初代フェロー，ウイーン大学客員教授，ヒルデスハイム大学客員教授等を経て，
現　在　ケルン大学哲学科代行教授。
著　書　『放下・瞬間・場所――シェリングとハイデッガー』（創文社，1980年，Fink Verlag, 1975）。
『ヘーゲル論理学と時間性』（創文社，1983年，Alber Verlag, 1984）。
『「切れ」の構造』（中公叢書，1986年，DuMont Buchverlag, 1994）。
『西田哲学の世界』（筑摩書房，1995年）。
Japan im interkulturellen Dialog（Judicium Verlag, 1999）.
『感性の精神現象学』（創文社，2009年，Alber Verlag, 2010）。
Naturästhetik interkulturell（Verlag der Bauhaus-Universität, 2010）他，多数。

ミネルヴァ日本評伝選
西《にし》田《だ》幾《き》多《た》郎《ろう》
――本当の日本はこれからと存じます――

2013年３月10日　初版第１刷発行　〈検印省略〉

定価はカバーに
表示しています

著　者　大　橋　良　介
発行者　杉　田　啓　三
印刷者　江　戸　宏　介

発行所　株式会社　ミネルヴァ書房
607-8494　京都市山科区日ノ岡堤谷町１
電話代表（075）581-5191
振替口座　01020-0-8076

共同印刷工業・新生製本

ISBN978-4-623-06614-8
Printed in Japan

刊行のことば

歴史を動かすものは人間であり、興趣に富んだ人間の動きを通じて、世の移り変わりを考えるのは、歴史に接する醍醐味である。

しかし過去の歴史学を顧みるとき、人間不在という批判さえ見られたように、歴史における人間のすがたが、必ずしも十分に描かれてきたとはいえない。二十一世紀を迎えた今、歴史の中の人物像を蘇生させようとの要請はいよいよ強く、またそのための条件もしだいに熟してきている。

この「ミネルヴァ日本評伝選」は、正確な史実に基づいて書かれるのはいうまでもないが、単に経歴の羅列にとどまらず、歴史を動かしてきたすぐれた個性をいきいきとよみがえらせたいと考える。そのためには、対象とした人物とじっくりと対話し、ときにはきびしく対決していくことも必要になるだろう。

今日の歴史学が直面している困難の一つに、研究の過度の細分化、瑣末化が挙げられる。それは緻密さを求めるが故に陥った弊害といえるが、その結果として、歴史の大きな見通しが失われ、歴史学を通しての社会への働きかけの途が閉ざされ、人々の歴史への関心を弱める危険性がある。今こそ歴史が何のためにあるのかという、基本的な課題に応える必要があろう。評伝という興味ある方法を通じて、解決の手がかりを見出せないだろうかというのも、この企画の一つのねらいである。

狭義の歴史学の研究者だけでなく、多くの分野ですぐれた業績をあげている著者たちを迎えて、従来見られなかった規模の大きな人物史の叢書として、「ミネルヴァ日本評伝選」の刊行を開始したい。

平成十五年（二〇〇三）九月

ミネルヴァ書房

ミネルヴァ日本評伝選

企画推薦
梅原　猛
ドナルド・キーン
佐伯彰一
角田文衞

監修委員
上横手雅敬
芳賀　徹

編集委員
石川九楊
伊藤之雄
猪木武徳
今谷　明
今橋映子
熊倉功夫
佐伯順子
坂本多加雄
武田佐知子
竹西寛子
西口順子
兵藤裕己
御厨　貴

上代

*俾弥呼　古田武彦
日本武尊　西宮秀紀
仁徳天皇　若井敏明
雄略天皇　吉村武彦
*蘇我氏四代　遠山美都男
推古天皇　義江明子
聖徳太子　仁藤敦史
斉明天皇　武田佐知子
小野妹子・毛人　大橋信弥
*額田王　梶川信行
弘文天皇　遠山美都男
天武天皇　新川登亀男
持統天皇　丸山裕美子
阿倍比羅夫　熊田亮介
藤原四子　木本好信
柿本人麻呂　古橋信孝
*元明天皇・元正天皇　渡部育子
聖武天皇　本郷真紹
光明皇后　寺崎保広
孝謙天皇　勝浦令子
藤原不比等　荒木敏夫
吉備真備　今津勝紀
*藤原仲麻呂　木本好信
道　鏡　吉川真司
大伴家持　和田　萃
*行　基　吉田靖雄

平安

*桓武天皇　井上満郎
嵯峨天皇　西別府元日
宇多天皇　古藤真平
醍醐天皇　石上英一
村上天皇　京樂真帆子
花山天皇　上島　享
*三条天皇　倉本一宏
藤原薬子　中野渡俊治
小野小町　錦　仁
藤原良房・基経　瀧浪貞子
菅原道真　竹居明男
*紀貫之　神田龍身
源高明　所　功
*安倍晴明　斎藤英喜
藤原実資　橋本義則
*藤原道長　朧谷　寿
藤原伊周・隆家　倉本一宏
藤原定子　山本淳子
清少納言　後藤祥子
紫式部　竹西寛子
和泉式部　ツベタナ・クリステワ
大江匡房　小峯和明
阿弖流為　樋口知志
坂上田村麻呂　熊谷公男
*源満仲・頼光　元木泰雄
平将門　西山良平
藤原純友　寺内　浩
空　海　頼富本宏
最　澄　吉田一彦
*空　也　石井義長
奝　然　上川通夫
*源　信　小原　仁
後白河天皇　美川　圭
式子内親王　奥野陽子
建礼門院　生形貴重
藤原秀衡　入間田宣夫
平時子・時忠　元木泰雄
平維盛　根井　浄
守覚法親王　阿部泰郎
藤原隆信・信実　山本陽子

鎌倉

源頼朝　川合　康
*源義経　近藤好和
源実朝　神田龍身
後鳥羽天皇　五味文彦
九条兼実　村井康彦
九条道家　上横手雅敬
北条時政　野口　実
熊谷直実　佐伯真一
*北条政子　関　幸彦
北条義時　岡田清一
曾我十郎・五郎　杉橋隆夫
北条時宗　近藤成一
安達泰盛　山陰加春夫
平頼綱　細川重男
竹崎季長　堀本一繁
西　行　光田和伸
藤原定家　赤瀬信吾
*京極為兼　今谷　明

*兼好　島内裕子
重源　横内裕人
*運慶　根立研介
快慶　井上一稔
法然　今堀太逸
慈円　大隅和雄
明恵　西山　厚
親鸞　末木文美士
恵信尼・覚信尼　西口順子
覚如　今井雅晴
道元　船岡　誠
叡尊　細川涼一
*忍性　松尾剛次
*日蓮　佐藤弘夫
一遍　蒲池勢至
夢窓疎石　田中博美
*宗峰妙超　竹貫元勝

南北朝・室町

後醍醐天皇　上横手雅敬
護良親王　新井孝重
*赤松氏五代　渡邊大門
*北畠親房　岡野友彦
楠正成　兵藤裕己
*新田義貞　山本隆志
光厳天皇　深津睦夫
足利尊氏　市沢　哲
佐々木道誉　下坂　守
円観・文観　田中貴子
足利義詮　早島大祐
足利義満　川嶋将生
足利義持　吉田賢司
足利義教　横井　清
大内義弘　平瀬直樹
伏見宮貞成親王　松薗　斉
山名宗全　山本隆志
日野富子　脇田晴子
世阿弥　西野春雄
雪舟等楊　河合正朝
宗祇　鶴崎裕雄
*満済　森　茂暁
一休宗純　原田正俊
蓮如　岡村喜史

戦国・織豊

北条早雲　家永遵嗣
毛利元就　岸田裕之
毛利輝元　光成準治
*今川義元　小和田哲男
*武田信玄　笹本正治
*武田勝頼　笹本正治
*真田氏三代　笹本正治
三好長慶　天野忠幸
*宇喜多直家・秀家　渡邊大門
*上杉謙信　矢田俊文
島津義久・義弘　福島金治
長宗我部元親・盛親　平井上総
吉田兼倶　西山　克
山科言継　松薗　斉
*雪村周継　赤澤英二
織田信長　三鬼清一郎
豊臣秀吉　藤井讓治
*北政所おね　田端泰子
*淀殿　福田千鶴
前田利家　東四柳史明
*黒田如水　小和田哲男
*蒲生氏郷　藤田達生
*細川ガラシャ　田端泰子
伊達政宗　伊藤喜良
*支倉常長　田中英道
ルイス・フロイス　エンゲルベルト・ヨリッセン
*長谷川等伯　宮島新一
顕如　神田千里

江戸

徳川家康　笠谷和比古
徳川家光　野村　玄
徳川吉宗　横田冬彦
*後水尾天皇　久保貴子
光格天皇　藤田　覚
崇伝　杣田善雄
春日局　福田千鶴
*池田光政　倉地克直
シャクシャイン　岩崎奈緒子
*田沼意次　藤田　覚
*二宮尊徳　小林惟司
末次平蔵　岡美穂子
*高田屋嘉兵衛　生田美智子
*林羅山　鈴木健一
吉野太夫　渡辺憲司
中江藤樹　辻本雅史
山崎闇斎　澤井啓一
山鹿素行　前田　勉
*北村季吟　島内景二
貝原益軒　辻本雅史
松尾芭蕉　楠元六男
*ケンペル　B・M・ボダルト＝ベイリー
荻生徂徠　柴田　純
*雨森芳洲　上田正昭
石田梅岩　高野秀晴
前野良沢　松田　清
平賀源内　石上　敏
本居宣長　田尻祐一郎
杉田玄白　吉田　忠
上田秋成　佐藤深雪
木村蒹葭堂　有坂道子
*大田南畝　沓掛良彦
菅江真澄　赤坂憲雄
*鶴屋南北　諏訪春雄
良寛　阿部龍一
*山東京伝　佐藤至子
*滝沢馬琴　高田　衛
平田篤胤　山下久夫
シーボルト　宮坂正英
本阿弥光悦　岡　佳子
小堀遠州　中村利則
狩野探幽・山雪　山下善也
尾形光琳・乾山　河野元昭
*二代目市川團十郎　田口章子
与謝蕪村　佐々木丞平
伊藤若冲　狩野博幸
鈴木春信　小林　忠
円山応挙　佐々木正子
*佐竹曙山　成瀬不二雄
葛飾北斎　岸　文和
酒井抱一　玉蟲敏子

孝明天皇　青山忠正
＊和宮　辻ミチ子
徳川慶喜　大庭邦彦
島津斉彬　原口泉
＊古賀謹一郎　小野寺龍太
＊栗本鋤雲　小野寺龍太
西郷隆盛　家近良樹
＊塚本明毅　塚本学
＊月性　海原徹
＊吉田松陰　海原徹
＊高杉晋作　海原徹
ペリー　遠藤泰生
オールコック　佐野真由子
アーネスト・サトウ　奈良岡聰智
緒方洪庵　米田該典
冷泉為恭　中部義隆

近代

＊明治天皇　伊藤之雄
＊大正天皇　F・R・ディキンソン
＊昭憲皇太后・貞明皇后　小田部雄次
大久保利通　三谷太一郎
山県有朋　鳥海靖
木戸孝允　落合弘樹
井上馨　伊藤之雄
＊松方正義　室山義正
北垣国道　小林丈広
板垣退助　小川原正道
長与専斎　笠原英彦
大隈重信　五百旗頭薫
伊藤博文　坂本一登
井上毅　大石眞
井上勝　老川慶喜
＊桂太郎　小林道彦
渡辺洪基　瀧井一博
＊乃木希典　佐々木英昭
林董　君塚直隆
＊児玉源太郎　小林道彦
＊高宗・閔妃　木村幹
山本権兵衛　室山義正
高橋是清　鈴木俊夫
小村寿太郎　簑原俊洋
＊犬養毅　小林惟司
加藤高明　櫻井良樹
加藤友三郎・寛治　麻田貞雄
牧野伸顕　小宮一夫
田中義一　黒沢文貴
内田康哉　高橋勝浩
石井菊次郎　廣部泉
平沼騏一郎　堀田慎一郎
宇垣一成　北岡伸一
宮崎滔天　榎本泰子
＊浜口雄幸　川田稔
幣原喜重郎　西田敏宏
関一　玉井金五
水野広徳　片山慶隆
広田弘毅　井上寿一
安重根　上垣外憲一
＊グルー　廣部泉
＊永田鉄山　森靖夫
東條英機　牛村圭
今村均　前田雅之
蔣介石　劉岸偉
石原莞爾　山室信一
木戸幸一　波多野澄雄
＊岩崎弥太郎　武田晴人
伊藤忠兵衛　末永國紀
五代友厚　田付茉莉子
大倉喜八郎　村上勝彦
＊安田善次郎　由井常彦
渋沢栄一　武田晴人
益田孝　鈴木邦夫
山辺丈夫　宮本又郎
武藤山治　阿部武司・桑原哲也
西原亀三　森川正則
小林一三　橋爪紳也
大倉恒吉　石川健次郎
大原孫三郎　猪木武徳
＊河竹黙阿弥　今尾哲也
イザベラ・バード　加納孝代
＊林忠正　木々康子
＊森鷗外　小堀桂一郎
二葉亭四迷　ヨコタ村上孝之
夏目漱石　佐々木英昭
巌谷小波　千葉信胤
樋口一葉　佐伯順子
＊島崎藤村　十川信介
泉鏡花　東郷克美
有島武郎　亀井俊介
永井荷風　川本三郎
北原白秋　平石典子
菊池寛　山本芳明
宮澤賢治　千葉一幹
正岡子規　夏石番矢
高浜虚子　坪内稔典
与謝野晶子　佐伯順子
＊種田山頭火　村上護
＊斎藤茂吉　品田悦一
＊高村光太郎　湯原かの子
萩原朔太郎　エリス俊子
＊原阿佐緒　秋山佐和子
＊狩野芳崖・高橋由一　古田亮
竹内栖鳳　北澤憲昭
黒田清輝　高階秀爾
中村不折　石川九楊
横山大観　高階秀爾
＊橋本関雪　西原大輔
小出楢重　芳賀徹
土田麦僊　天野一夫
岸田劉生　北澤憲昭
松旭斎天勝　川添裕
中山みき　鎌田東二
佐田介石　谷川穣
ニコライ　中村健之介
出口なお・王仁三郎　川村邦光
島地黙雷　阪本是丸
＊新島襄　太田雄三
木下広次　冨岡勝
嘉納治五郎　クリストファー・スピルマン
柏木義円　片野真佐子
津田梅子　田中智子
＊澤柳政太郎　新田義之
河口慧海　高山龍三

山室軍平　室田保夫
大谷光瑞　白須淨眞
*久米邦武　高田誠二
フェノロサ　伊藤　豊
三宅雪嶺　長妻三佐雄
*岡倉天心　木下長宏
志賀重昂　中野目徹
徳富蘇峰　杉原志啓
竹越與三郎　西田　毅
内藤湖南・桑原隲蔵　礪波　護
岩村　透　今橋映子
*西田幾多郎　大橋良介
金沢庄三郎　石川遼子
上田　敏　及川　茂
柳田国男　鶴見太郎
厨川白村　張　競
天野貞祐　貝塚茂樹
大川周明　山内昌之
西田直二郎　林　淳
折口信夫　斎藤英喜
九鬼周造　粕谷一希
辰野　隆　金沢公子
シュタイン　瀧井一博
*西　周　清水多吉
*福澤諭吉　平山　洋
福地桜痴　山田俊治
田口卯吉　鈴木栄樹

*陸　羯南　松田宏一郎
黒岩涙香　奥　武則
宮武外骨　山口昌男
*吉野作造　田澤晴子
野間清治　佐藤卓己
山川　均　米原　謙
岩波茂雄　十重田裕一
*北　一輝　岡本幸治
穂積重遠　大村敦志
中野正剛　吉田則昭
満川亀太郎　福家崇洋
*北里柴三郎　福田眞人
高峰譲吉　木村昌人
田辺朔郎　秋元せき
*南方熊楠　飯倉照平
寺田寅彦　金森　修
石原　純　金子　務
J・コンドル　鈴木博之
辰野金吾　河上真理・清水重敦
*七代目小川治兵衛　尼崎博正
ブルーノ・タウト　北村昌史

現代

昭和天皇　御厨　貴
高松宮宣仁親王　後藤致人
*李方子　小田部雄次
吉田　茂　中西　寛
マッカーサー　柴山　太
石橋湛山　増田　弘
重光　葵　武田知己
市川房枝　村井良太
*池田勇人　藤井信幸
高野　実　篠田　徹
和田博雄　庄司俊作
朴正熙　木村　幹
竹下　登　真渕　勝
*松永安左ヱ門　橘川武郎
鮎川義介　井口治夫
*出光佐三　橘川武郎
松下幸之助　米倉誠一郎
渋沢敬三　井上　潤
*本田宗一郎　伊丹敬之
井深　大　武田　徹
*佐治敬三　小玉　武
幸田家の人々　金井景子
*正宗白鳥　大嶋　仁
大佛次郎　福島行一

*川端康成　大久保喬樹
*薩摩治郎八　小林　茂
松本清張　杉原志啓
安部公房　鳥羽耕史
*三島由紀夫　島内景二
井上ひさし　成田龍一
R・H・ブライス　菅原克也
金素雲　林　容澤
柳　宗悦　熊倉功夫
バーナード・リーチ　鈴木禎宏
イサム・ノグチ　酒井忠康
川端龍子　岡部昌幸
藤田嗣治　林　洋子
*井上有一　海上雅臣
*手塚治虫　竹内オサム
山田耕筰　後藤暢子
古賀政男　藍川由美
*吉田　正　金子　勇
武満　徹　船山　隆
*力道山　岡村正史
*西田天香　宮田昌明
安倍能成　中根隆行
サンソム夫妻　平川祐弘・牧野陽子
和辻哲郎　小坂国継

矢代幸雄　稲賀繁美
石田幹之助　岡本さえ
*平泉　澄　若井敏明
安岡正篤　片山杜秀
島田謹二　小林信行
前嶋信次　杉田英明
保田與重郎　谷崎昭男
*福田恆存　川久保剛
井筒俊彦　安藤礼二
佐々木惣一　松尾尊兊
*瀧川幸辰　伊藤孝夫
矢内原忠雄　等松春夫
福本和夫　伊藤　晃
*フランク・ロイド・ライト　大久保美春
大宅壮一　有馬　学
今西錦司　山極寿一

*は既刊
二〇一三年三月現在